PETER STRASSER
Über Selbstachtung

Peter Strasser

Über Selbstachtung

Wilhelm Fink

Umschlagabbildung:
Richard Hamilton, Release, 1972
© VG Bild-Kunst, Bonn 2008

Bibliografische Information der Deutschen Nationalbibliothek

Die Deutsche Nationalbibliothek verzeichnet diese Publikation in der
Deutschen Nationalbibliografie; detaillierte bibliografische Daten sind im
Internet über http://dnb.d-nb.de abrufbar.

Alle Rechte, auch die des auszugsweisen Nachdrucks, der fotomechanischen
Wiedergabe und der Übersetzung, vorbehalten. Dies betrifft auch die
Vervielfältigung und Übertragung einzelner Textabschnitte, Zeichnungen
oder Bilder durch alle Verfahren wie Speicherung und Übertragung auf
Papier, Transparente, Filme, Bänder, Platten und andere Medien, soweit es
nicht §§ 53 und 54 URG ausdrücklich gestatten.

© 2009 Wilhelm Fink Verlag, München
Wilhelm Fink GmbH & Co. Verlags-KG, Jühenplatz 1,
D-33098 Paderborn

Internet: www.fink.de

Einbandgestaltung: Evelyn Ziegler, München
Herstellung: Ferdinand Schöningh GmbH & Co KG, Paderborn

ISBN 978-3-7705-4734-0

INHALT

VORWORT 7

BRÜCHIGE SELBSTACHTUNG 11
1. Mit den Füßen kopfstehen 13
2. Wissen, woran man nicht glaubt 21
3. Banalerweise, jedoch edel 31
4. Immer noch nach Auschwitz 41

ELEMENTE EINER LOGIK DER SELBSTACHTUNG 57
5. Das bin ich mir selbst schuldig 59
6. Das Recht, ein guter Verlierer zu sein 73
7. Ich bin es mir schuldig, mich selbst zu verachten 85
8. Ruhmsucht und Kadavergehorsam 95

SICH SELBST TREU BLEIBEN 111
9. Verbesserung glücklicher Naturanlagen 113
10. Ein Schicksal haben, ein Schicksal sein 123
11. Sozial aufsteigen 133
12. Sich selbst verwirklichen 143

GLEICHE UNTER GLEICHEN 151
13. Darwins Sklave 155
14. Ishiguros Butler 171
15. Mazlishs Homo comboticus 183

ANHANG 195
16. Streber. Versuch über die philosophische Passion 199

ANMERKUNGEN 219

VORWORT

„Ich bin, der ich bin." Das ist eine der Auslegungsweisen, wie Jahwe, der Gott des Alten Bundes, geantwortet haben soll, als er von Moses nach seinem Namen gefragt wurde (Exodus 3,14). Ich bin, der ich bin. In diesem göttlichen Beharren auf der eigenen namenlosen Identität könnte man auch eine der Grundformen der Selbstachtung erblicken. Dass man der ist, der man ist, wäre demnach Grund genug, von den anderen geachtet zu werden. Aber wie wir im Folgenden sehen werden, handelt es sich hier um eine ganz und gar herrische Form der Selbstachtung. In ihr steckt ein Moment des Stolzes, welches nur demjenigen erreichbar ist, der ernsthaft glauben kann, aus seiner Existenz allein folge schon ein höchstes Maß an Würde. Nur der Anbetungswürdige kann so denken.

Dem Menschen hingegen entspricht es, das „Ich bin, der ich bin" als einen existenziellen Absoluthorizont zu betrachten, dem anzunähern man sich bemühen sollte, ohne hoffen zu dürfen, ihn als das endliche Wesen, das man ist, jemals zu erreichen. Für den Menschen gehören Selbstachtung und Bewährung zusammen. Man muss, damit man sich selbst achten kann, um ein achtenswertes Leben besorgt sein. Man ist dieses Leben nicht schon dadurch, dass man der ist, der man ist.

Aber bei aller Bewusstheit um die eigene Endlichkeit und Fehlbarkeit darf doch nicht völlig verloren gehen, dass Selbstachtung kein reines Konstrukt bildet. Menschen, die sich im Laufe ihres Lebens gleichsam erst selbst erfinden, weil sie den Eindruck haben, vorher identitäts- und substanzlos gewesen zu sein, bringen es kaum zu Wesen, die ein Wesen haben. Sie haben sich höchstens eines geborgt. Sie sind Sekundärgestalten, stets davon bedroht, von dem Nichts, das sie im Ursprung zu sein glaubten, eingeholt und doch noch der Schande ihrer Wesenlosigkeit überantwortet zu werden.

Die Selbstachtung eines Menschen baut sich um seine Natur herum ebenso auf wie um seine Freiheit, sich zu bewähren. Man achtet sich selbst nicht, weil man der ist, der man ist; noch, weil man der ist, der man niemals war. Gäbe es eine Formel der Selbstachtung, so müsste sie lauten: „Werde, der du bist." Freilich, auch sie wäre irreführend. Denn in der Natur eines jeden Menschen gibt es – im Gegensatz zum Wesen Gottes – Züge, gegen die man ankämpfen oder die man zivilisieren sollte. So liegt ein Moment der Wahrheit in der Bemerkung, dass man erst, indem man wird, zu ahnen beginnt, wer man ist; dies aber nur insoweit, als hinter dem Werden ein „Werde!" steht, das heißt, die ethische Anstrengung, derart zu leben, dass man sich schließlich als der, der man ist, selbst achten darf.

Wo die Dialektik zwischen Natur und Freiheit, Persönlichkeit und Transzendenz fehlt, bleibt jeder Versuch der Selbstachtung defekt.

***

Selbstachtung: Bei diesem Wort denkt man heute gleich an die „Zornigen", die sich ständig darüber beschweren, dass man ihren Gott, ihren Propheten, ihren Glauben und damit sie selbst beleidigt habe. Dadurch bekommt das Thema „Selbstachtung" eine theologisch-politische Qualität. Selbstachtung kann bedeuten, dass man in den Heiligen Krieg ziehen muss, um alle demutslosen Achtungsverweigerer von Gottes blutiger Erde zu tilgen.

Es sind solche Beleidigtenexzesse, die das Thema „Selbstachtung" – im Englischen: *self-esteem, self-respect* – mittlerweile anrüchig erscheinen lassen. Je mehr einer Selbstachtung fordert, umso weniger scheint er bereit, mit anderen über die Grundlagen, die erst durch ein Modell wechselseitiger Anerkennung als Gleicher unter Gleichen bereitgestellt werden, friedlich verhandeln zu wollen. Selbstachtung als politisch-theologische Größe ist ebenso unansprechbar, wie es militante Haltungen sind, die einer Gottesdienerschaft das Wort reden, um damit die Dauermobilisierung des religiösen Zorns zu rechtfertigen.

Gerade deshalb sollte das Thema „Selbstachtung" nicht jenen überlassen bleiben, die, um sich selber achten zu können, einen Missachtungsgegner benötigen – einen, der keine Achtung verdient. Selbstachtung ist aber auch nicht bloß ein Inventarstück menschlicher Archaik, das durch Lebensstile der Selbstrelativierung zu ersetzen wäre: durch skeptische Modernität und Ironie, durch die psychoanalytische Reflexion und kulturelle Dekonstruktion von Pathosbegriffen wie Ehre, Würde, Stolz. Im Gegenteil, das Thema „Selbstachtung" ist ein zentrales Lehrstück der Zivilisationsgeschichte.

Die *Brooklyn Follies* von Paul Auster schildern eingangs, wie der Erzähler episodisches Material zu einem geplanten Buch namens „The Book of Human Folly" sammelt. Dabei kommt ihm folgende Jugendepisode in den Sinn: Einem elfjährigen Klassenkameraden unterlief während des Unterrichts etwas Peinliches, nämlich ein Geräusch, das beschrieben wird als „a long trumpet-shrill fart". Nun gilt, fährt der Erzähler fort, für laute Furze ein ungeschriebenes Gesetz der amerikanischen Etikette. Sie stammen von niemandem und kommen von nirgendwo her. Das Problem des lauten Furzers jedoch besteht darin, dass *das* eine Lüge ist. Normalerweise hilft es freilich der bedrohten eigenen Selbstachtung, dass man weiß, dass es die anderen wissen, aber sich so verhalten, dass man sich selbst getrost so verhalten kann, als wüsste es niemand. Im besonderen Fall des – wie der Unglücksfurzer hieß – Dudley Franklin kam nun allerdings hinzu, dass er zu ehrlich war, um dieses Spiel mitzuspielen. Seine Selbstachtung erforderte es, zu seinem Geräusch zu stehen, was er dadurch bewerkstelligte, dass er errötend auf sein Schreibpult starrte und in die Klasse hinein sagte: „Excuse me." Ein Outing, ehrenwert, aber am falschen Ort zur falschen Zeit, und daher lächerlich. Seither hieß Franklin nur noch „Excuse-me Franklin".[1]

Das ist eine gute Geschichte über die Selbstachtung als Teil der menschlichen Zivilisationsgeschichte.

***

Ohne Selbstachtung keine Zivilisation. Doch eine Zivilisation, die nicht auch das Komische spürt, das im Selbstachtungspathos steckt, droht zu einer ressentimentgeladenen Beleidigtenkultur zu degenerieren. Denn nichts ist leichter zu beschädigen als die Selbstachtung des Menschen.

Warum ist das so? Warum ist es für Menschen so wichtig, sich selbst achten zu können? Weil wir hier am gemeinsamen Ursprungsort des Überlebens *und* des Moralischen, unserer ererbten Natur wie unserer „Gegennatur" – unserer Würde – sind.

Würde, das ist der unbeugsam aufrechte Gang, eine letzte Zuflucht, das Unantastbare. Die Würde, als Ideal, ist der Sphäre des absoluten Pathos verpflichtet. Gäbe es den Würdigsten, über den hinaus sich kein Würdigerer mehr vorstellen lässt – eine Phantasie aller Heldenepen –, dann wäre er kaum anders vorstellbar als ein Popanz, der unter der Masse seiner Selbstachtung einen Gravitationskollaps erleidet. Er wäre ein schwarzes Loch, das nichts mehr nach außen abgibt, aber alles in sich hineinzieht, was ihm zu nahe kommt – und vernichtet.

Die Würde ist absolut, doch das menschliche Streben danach, der Würde Ausdruck zu verleihen, ist der menschlichen Natur unterworfen. Und die menschliche Natur ist endlich, unvollkommen, ein

Produkt des Überlebenskampfes. Sie ist schmutzig, krank, dem Tod überantwortet. Der Mensch kommt aus dem Schlamm, er besteht aus Kot und Verwesung. Dagegen steht sein Verlangen nach Würde. Der Anspruch, gegen seine Schlammnatur Würde zu *verkörpern,* bildet die Grundlage seiner Selbstachtung.

Das Würdeverlangen kann totalitär werden, eine unversiegbare Quelle zorniger Aufgeblasenheit gegen alle Zeugnisse der Unvollkommenheit hinter dem Wohlgeruch und der schönen Larve. Die Zivilisierung des Würdeverlangens hingegen setzt die Fähigkeit zur Einsicht in das Ungelenke menschlichen Strebens nach dem Absoluten voraus. Es gibt eine Komik der Würde, die erfasst zu haben und zwanglos ausdrücken zu können, zugleich ein unabdingbarer Bestandteil jeder humanen Form der Selbstachtung ist.

Pathos und Komik sind also die Stimmungslagen, welche die folgenden Erkundigungen durchziehen, nicht aus einer bloßen Laune des Autors heraus, sondern der Etikette gehorchend, die der arme Excuse-me-Franklin einen Moment lang verfehlte: sich selbst dadurch zu achten, dass man sich selbst nicht allzu ernst nimmt.

BRÜCHIGE SELBSTACHTUNG

1.
MIT DEN FÜSSEN KOPFSTEHEN

Es gibt solche Tage. In der Nacht hat ein eisiger Wind die Stadt blank gefegt, und nun, am Morgen, steht der Himmel blau im Fenster. Der Himmel ist der Himmel ist der Himmel, mit Wolkentupfen drauf. Auf dem Fensterbrett schiebt sich das erste Blütenrot durch die harten, kugeligen Knospen der Zimmerkamelie. Es ist, wie es ist, und ist sich selbst genug. Ich aber sitze beim Frühstückstisch und denke an die Transzendenz des Ego. Die Folge: Morgengrausen.
Später am Tag: Vorlesung zur „Transzendenz des Ego". Hinterher kommt ein Student in meine Sprechstunde und schaut mich herausfordernd an. Er habe, sagt er, kein Ego, daher habe er auch nichts, was transzendent sein könnte. Er ist da, sagt er, einfach *da,* und dabei ist er – „Entschuldigen Sie die Störung" – schon wieder draußen bei der Tür. Ich bleibe zurück. Ich habe keine Ahnung, wie das ist, kein Ich zu haben, doch wenn ich darüber nachdenke, ob ich eines habe, weiß ich nicht einmal, worüber ich nachdenke. Es klopft, eine Seniorenstudentin stürmt herein, sie hält mir Sartres *Transzendenz des Ego* entgegen, wobei sie mir durch die Rezitation einiger Stellen quer durch das Buch hindurch zu erkennen gibt, dass sie es auswendig gelernt hat. Jetzt, sagt sie, wisse sie, dass sie ein Ego habe und transzendent sei. Ich sage sofort: „Herzlichen Glückwunsch!" Freilich, so billig lässt sie sich nicht abspeisen. Während sie in einem Besucherstuhl Platz nimmt (meine einladende Geste kommt ein wenig zu spät), werde ich den Eindruck nicht los, sie will mich auf ihre Höhe bringen. Das kann dauern ...
Dann, spätabends im Fernsehen, eine philosophierende Runde: Zwei Philosophen, eine Philosophin, ein berühmter Schauspieler (Klaus Maria Brandauer), der gerade in Lessings *Nathan der Weise* die Titelrolle gibt. Das Thema: Toleranz. Der berühmte Schauspieler agiert außer Konkurrenz, seine Reden ernten freundliche, amüsierte, bewundernde Blicke. Er ist er. Philosophen, außer die ganz dummen, können das kaum von sich behaupten. Auf die Frage, wer ich sei, habe ich jedenfalls noch nie, ich meine, noch nie im vollen Ernst, mit dem ganzen vollen Gewicht des Wortes, geantwortet: „Philosoph".
Einer der Philosophen in der Runde hat eine Monographie zum Thema „Toleranz" verfasst. Es ist der einzige hier, den man im enge-

ren Sinne als Experten bezeichnen dürfte. Akkurat ihn scheint die Philosophin nicht zu mögen, denn sie weist ihn zurecht, und zwar mit den Worten: „Sie reden wie ein Philosoph!" Das finde ich kurios. Ich stelle mir eine Runde von Physikern vor, in der ein Kollege den anderen tadelt, indem er sagt: „Herr Kollege, Sie reden wie ein Physiker."

Was also stört die Philosophin daran, dass der Philosoph wie ein Philosoph redet? Der Zuschauer erfährt, dass die Philosophin keine Abstraktbegriffe mag. Sie lässt nur Konkretes gelten, Handfestes. Zum Beispiel das Verbot des islamischen Kopftuchs an den öffentlichen Schulen Frankreichs: Das sei etwas Konkretes, über das man produktiv diskutieren könne. Ich sehe regelrecht vermummte islamische Mädchen, die von ihren vollbärtigen Vätern gezwungen werden, sich für den Schulbesuch in Kopftücher zu hüllen, während die Prinzipienreiter des säkularen Staates ihr kategorisches „Kopftuch runter!" wie einen Rohrstock der Toleranz schwingen. Der abgekanzelte Kollege glaubt, Oberwasser zu bekommen. Ob denn die Frau Kollegin glaube, man könne für oder gegen das Verbot argumentieren, wenn man sich nicht auf allgemeine Grundsätze berufe – Gleichberechtigung, Religionsfreiheit, Trennung von Kirche und Staat, und eben auch Toleranz? Darauf die Philosophin: „Sie reden wie ein Philosoph."

Und dann die andere Frage, die gerade aufgeworfen wird: Ob nämlich die Toleranzedikte *wirklich* tolerant waren! Das sind doch seichte Provokationen, Peanuts, denke ich salopp – ich bin ja schon im Pyjama und knabbere Erdnüsse in meinem Fernsehfauteuil –, gemessen an den himmelstürmenden, seelenumstürzlerischen, tiefentrunkenen Fragen der Philosophie. Existiert Gott? Existiere ich? Gibt es eine Außenwelt der Innenwelt? Und was ist mit der Transzendenz, dem Reich „jenseits" von Raum und Zeit? Immerhin, der zweite Philosoph in der Runde, mein Freund Josef Mitterer, nimmt die rhetorische Frage, ob die Toleranzedikte *wirklich* tolerant gewesen seien, zum Anlass, um die rhetorische Frage zu stellen, was denn das heiße: „wirklich".

Mein Freund J. M. hält, wie ich aus vielen Gesprächen weiß, in denen ich ihm nie und nimmer zustimme, die Wirklichkeit für das Ergebnis ihrer fortlaufenden Beschreibung. J. M. ist der Ansicht, dass die, die behaupten, die Wirklichkeit existiere unabhängig von unseren Beschreibungen, damit bloß eine weitere Beschreibung der Wirklichkeit anfertigen, und zwar eine, die in der Geschichte der Menschheit schlimme Folgen hatte. Die Menschen, so J. M., begannen daran zu glauben, dass es einen objektiven Richter gäbe, der unabhängig von den Ansichten der Menschen über die Ansichten der Menschen urteile. Man nannte diesen Richter, der stets auf der Seite derer stand, die irgendwelche anderen zu richten begierig waren, „Gott", „die Wahrheit", „die Realität", *anyway*. Und die anderen, das waren immer die Ungläubigen, Teufelsanbeter, Häretiker, die, die man am Scheiterhaufen verbrennen oder sonstwie mundtot machen musste.

Meinem Freund fehlt, so scheint mir, jegliches Interesse an der Beantwortung der Frage, was „wirklich" wirklich bedeutet, während mich an der ganzen Diskussion eigentlich nur interessiert, wie man leben muss, um *wirklich* tolerant zu sein. Und so dämmere ich vor mich hin, während die Philosophin erklärt, dass das islamische Kopftuch die Mädchen, die es zu tragen haben, daran hindere, am Turnunterricht teilzunehmen. Im Halbschlaf ertappe ich mich bei dem Gedanken, es wäre vernünftig und daher rechtgläubig – gepriesen sei Allah und sein Prophet –, das Kopftuch beim Turnunterricht abzunehmen. Oder ist das zu philosophisch gedacht? Vernünftige Gedanken, denke ich mit Kant, sind niemals zu philosophisch, und wenn sie vernünftig sind, dann sind sie auch rechtgläubig. Eine Religion, die das nicht akzeptiert, ist philosophisch indiskutabel.

Übrigens: Schauspieler schlafen unter keinen Umständen ein, wenn andere Schauspieler reden. Schauspieler finden das, was andere Schauspieler sagen, prinzipiell atemberaubend, zum Niederknien, Füßeküssen, Anbeten. Physiker finden das, was andere Physiker sagen, immerhin „interessant" *(interesting)*, manchmal sogar „tief" *(deep)*. Und sie bemühen sich, angesichts der Tiefe ihrer Fragen, witzig zu sein. Damit verändern sie die Welt. Mein Freund J. M. würde sagen: Sie verändern die Welt, indem sie deren existierende Beschreibung nicht nur fortsetzen, sondern bisweilen auch durch eine neue ersetzen. Bekanntlich besteht die Welt bloß deshalb aus drei Arten Dreikäsehochs („Quarks"), weil ein Physiker einen witzigen Namen für ein Dings suchte, das eines Tages immer wieder in Beschreibungen auftauchte, die in wissenschaftlichen Zeitschriften publiziert wurden.

Vom Standpunkt des Witzigseins aus ist die deutsche Philosophie (im Gegensatz zur angloamerikanischen) eine Katastrophe. Unter allen Philosophen deutscher Zunge war bisher nur ein einziger witzig, und der hat, zum Ausgleich für tausend Jahre deutschen Bierernst, nicht selten des Witzigen zuviel getan: Odo Marquard. Man muss, um Marquard-Witze flüssig zu erzählen, Zungenbrecher beherrschen wie „Inkompetenzkompensationskompetenz", ein unmögliches Wort für einen unmöglichen Zustand, der laut Marquard für Philosophen typisch sein soll.

Zum Beispiel: Philosophen sind inkompetent, die Frage des Lebens nach dem Tod zu beantworten, was aus der Tatsache folgt, dass überhaupt alle inkompetent sind, diese Frage zu beantworten, außer eben jene, die sie nicht mehr beantworten können, weil sie tot sind. Der Philosoph hingegen glaubt, kompetent genug zu sein, um seine Inkompetenz kompensieren zu können, indem er die Frage so lange umformuliert, bis sie mit den Mitteln der Sprachanalyse eine Antwort erhält. Hier ist sie (der Name des Philosophen, der sie gefunden hat, soll, da ich selbst vor ähnlichen Sottisen womöglich gar nicht gefeit bin, gnadenhalber ungenannt bleiben): „Angenommen, ein Flugzeug, das zehn Passagiere an Bord hat, stürzt ab. Drei Passagiere überleben, sieben sterben. Gäbe es ein Leben nach dem Tod, so hätten alle überlebt. Also gibt es kein Leben nach dem Tod. Q.E.D."

Wie ist es, ein Philosoph zu sein? Das ist eine Frage, die so ähnlich klingt wie jene, die lautet: *What is it like to be a bat?* Und das ist zugleich der Titel einer berühmten Abhandlung des amerikanischen Philosophen Thomas Nagel. Wie ist es, eine Fledermaus zu sein? Auf diese Frage gibt es, denke ich, zwei Antworten, eine verwirrender als die andere: Erstens könnte nur eine Fledermaus wissen, wie es ist, eine Fledermaus zu sein, vorausgesetzt, sie könnte so etwas überhaupt wissen, was sie nicht kann, denn es mangelt ihr an Selbstbewusstsein. Zweitens, selbst wenn die Fledermaus so etwas wissen könnte, ist doch unklar, ob die Fledermaus dann mehr wüsste als eben bloß, dass sie eine Fledermaus ist. Demgegenüber habe ich, selten genug, das Gefühl, dass ich weiß, wie es ist, ein Philosoph zu sein, und in solchen Momenten finde ich es natürlich, von mir zu denken, ich sei einer. Damit will ich etwas ziemlich Pathetisches sagen, nämlich, dass das Wissen darüber, *ob* man ein Philosoph ist, voraussetzt, dass man weiß, *wie* es ist, ein Philosoph zu sein.

Ich denke, man weiß, wie es ist, ein Philosoph zu sein, wenn man weiß, wie es ist, an den Dingen das erfassen zu wollen, was sich uns an ihnen *entzieht*. So sitze ich also, ausgerüstet mit Erdnüssen und Eventuallektüre – Peter Straubs *Mystery* –, vor dem Fernseher und schaue mir ein Philosophicum über Toleranz an. Dabei erinnere ich mich an einen Bekannten, der mir gestand, dass er oft nicht mehr in der Lage sei, im anderen „das lebendige Wesen" zu sehen (und es ist gut möglich, dass dieser Bekannte ich selbst war, wie ich mir begegnete, gerade als ich dabei war, um eine entfremdete Ecke meines eigenen Lebens zu biegen).

Zuerst hatte ich keine rechte Vorstellung davon, was er damit meinte. Ich dachte, er sehe im anderen statt einer Person eine Art Untoten oder Maschine. Und war es nicht so? Was ihn bedrängte, beschrieb er als den Umstand, dass die Menschen rund um ihn zu sehr *da* seien. Zu sehr da? Ja, sie seien durch und durch anwesend, zu nahe, „übernah". Er schaue ihnen in die Augen und sehe bloß Organe, Wimpern, zuckende Lider; das Weiße des Augapfels, das sich hin und her bewege; das schwarze Loch der Pupille, das pulsiere. In solchen Momenten habe er das unheimliche Gefühl, er sei das einzige lebendige Wesen auf der Welt, und zugleich habe er den Eindruck, als wären seine eigenen Wahrnehmungen, Erlebnisse, Gefühle ebenfalls dabei, abzusterben.

In meinem Buch *Die verspielte Aufklärung* (1986) habe ich die Situation angedeutet. „Es gibt eine Angst am Rande des Wahnsinns", schrieb ich, „die von der Möglichkeit einer Welt handelt, in der das Gesicht des Anderen seine Transzendenz verloren hat." Wenn ich das heute lese, klingt es für mich nach Emmanuel Lévinas, und ehrlich gesagt, es klingt für mich zu sehr danach. Jedenfalls begann ich damals, darauf zu achten, wie es ist, ein Philosoph zu sein in einer Welt, die nur noch aus sich selbst zu bestehen scheint, aus Masse und Energie, aus Empfindung und Information. Ich habe begonnen, über die Mechanismen der „Immanenzverdichtung" nachzudenken, und darüber, dass das lebendige Wesen der Dinge im Grunde nichts Biologisches meint. Lebendig sind die Dinge, und zwar die lebenden wie die sogenannten toten, erst dadurch, dass sich etwas an ihnen der Immanenz – dem, was bloß da ist – entzieht.

Das Absolute ist das Sichentziehende. Ihm – so die Formel, an der ich festhalte, obwohl ich sie beargwöhne – gilt der dumme, weil uneinlösbare Weisheitsdrang des Philosophen. Das ist seine Form der Inkompetenz, eine radikale Inkompetenz, gegen die es keine Maßnahmen der Kompensationskompetenz gibt, weder schulische noch außerschulische. Der berühmte Schauspieler sagt gerade, er liebe seine katholische Kirche, tadle an ihr aber, dass sie behauptet, sie sei im Besitze des wahren Glaubens, nämlich des christlichen; auch der Jude und der Moslem – siehe Lessings Ringparabel – hätten in ihrem Glauben recht, und zwar ebenso viel oder ebenso wenig wie die Christenheit. Ich spüre, wie mir eine Erdnuss am Gaumen klebt. Das macht mich wieder halbwegs munter: Alle haben recht? Warum?

Keiner will dem berühmten Schauspieler widersprechen, ich auch nicht. Warum? Weil alle Religionen, die diesen Namen verdienen – und nicht alle verdienen ihn, da ist mir Nathan der Weise denn doch zu weise –, vom Sichentziehenden handeln. Toleranz im Ursprung ist die Haltung, die im anderen das Wesen sieht, das sich entzieht, weil dieses Wesen – wie man selber, der andere des anderen – am Absoluten, an der Transzendenz, am Göttlichen teilhat. Darin sind wir alle gleich, und darin haben wir einander gleichermaßen zu achten, nicht darin, dass wir da sind. Aus dem Menschsein an sich folgt nichts.

Also soll man nun das islamische Kopftuch in den Schulen verbieten, ja oder nein? Ich habe keine Ahnung, da ich nicht weiß, ob dieses Stückchen Stoff ein kleines Zeichen der Transzendenz ist oder bloß der Unterdrückung der Frau. Oder beides zugleich, und was dann? Während ich dösend vor mich hinsinniere mit dem Fernsehgemurmel als Hintergrund, kann ich immerhin noch registrieren, dass ich nicht mehr weiß, ob das, was ich vor mich hinsinniere, nicht der reinste Unsinn ist. Dieses Nichtwissen gehört zum Wissen darüber, wie es ist, ein Philosoph zu sein, mit dazu.

Je mehr sich meine Zunge vergeblich damit abmüht, die mir am Gaumen klebende Erdnuss wegzubekommen – ich werde wohl einen Finger nachstecken müssen –, umso stärker regt sich in mir Sympathie für die Philosophin, die keine sein will. Sie will glauben, was sie sagt, das kann ich ihr nachfühlen. Einmal hatte ich, in einem Seminar über Metaphysik, in dem es von Welträtseln wimmelte, die Existenz Gottes bewiesen. Dann allerdings, nach der Besprechung der Eigenschaften, die Gott absolut zukommen – und alle Eigenschaften, die Gott zukommen, kommen ihm absolut zu –, stellte ich fest, wir *wüssten* jetzt, dass Gott existiert, aber wir wüssten *nicht*, was das *bedeutet*. Darauf fragte ein Student, ob das nicht so gut oder so schlecht sei, wie festzustellen, man habe gar nichts bewiesen.

Ich antwortete etwa Folgendes, und ich gab mir Mühe, meine Worte klingen zu lassen, als wären sie alle längst schon gedruckt: „Irgendwo im Laufe des Beweises haben unsere Begriffe wohl ihren Sinn verloren, doch da ist kein Punkt, der Sinn von Unsinn ein für alle Mal trennte, sodass es hier also bloß darum ginge, auf eine feststehend scharf gezogene Grenzlinie zu achten. Und deshalb lässt sich auch nicht sagen, wir hätten gar nichts bewiesen, oder? Bewiesen ist nur, dass wir ins Leere deuten, sobald wir von der Liebe, welche die unsere ist, der menschenmöglichen Liebe eben, zu jener Gottes fortschreiten, der absoluten Liebe, die weder durch Auschwitz noch Aids noch sonst ein gottverdammtes Übel jemals widerlegt werden kann. Am göttlich Absoluten zerschellt unsere Sprache." Das war, dachte ich, eine schöne kleine Rede, aber ich fühlte, wie sich die Fühler der Studenten vor mir zurückzogen. Da ist einer, dachten die Jungen, der im Grunde nichts weiß; und die Senioren dachten, da ist einer, der die Jugend verdirbt.

Und es stimmt ja, alle haben sie recht, denke ich jetzt kleinlaut, indem ich mich schon anschicke, zur Philosophin überzulaufen. Ein abergläubischer Tick, eine kleine Konversionsmagie macht mich glauben, ich könnte mich dadurch der Erdnuss entledigen, die mir noch immer am Gaumen klebt. Ach, ich glaube nicht wirklich an das, wofür ich die besten philosophischen Gründe habe. Glaubte Hume wirklich daran, dass er kein Ich habe? Glaubte Kant an das transzendentale Subjekt? Glaubte Leibniz, er würde in der besten aller möglichen Welten leben? Und Nietzsche, war er zuinnerst davon überzeugt, dass es zwar keinen Gott, aber die ewige Wiederkehr aller Dinge gebe, einschließlich seines eigenen verquälten Lebens bis hinunter zum winzigsten Schmerzatom?

Das kann doch nicht sein, denke ich, während ich in den Gesichtern der Diskutanten am Fernsehschirm zu lesen versuche. Die dort scheinen zu glauben, was sie sagen! Das entschuldigt sie in meinen müden Augen, das Fernsehen ist es, das Medium, die Inszenierung einer Quasirealität, welche die dort glauben macht, dass sie glauben, was sie sagen. Hume, Kant, Leibniz, Nietzsche: sie alle hatten gute Gründe für das, was sie sagten, aber wie hätten sie daran glauben können? Unmöglich, denke ich und lese, um mich von meinem Denken abzulenken, das Motto in Peter Straubs *Mystery*. Es stammt von Carlos Fuentes und lautet: „I need, therefore I imagine." So ist es, denke ich, ein Philosoph zu sein: Dinge zu wissen, an die man nicht glaubt. Das ist, wie mit den Füßen kopfstehen, und es ist der Philosophin nicht zu verübeln, dass ihr davor graut.

Mir ist mulmig bei der Vorstellung, jemandem zu begegnen, der an philosophische Nichtdinge wie das Sichentziehende ernsthaft glaubt. Es soll Kantianer gegeben haben, die mit dem Schlachtruf „Es lebe die Transzendentalphilosophie!" in den Tod stürzten, weil sie an die Existenz des transzendentalen Subjekts glaubten. Mir ist mulmig bei der Vorstellung, ich wäre in einer Verfassung, in der mir die Existenz dessen, was das Wort „Transzendenz" bedeutet, so fraglos schiene wie die Existenz des Radiergummis, mit dem man das Wort „Transzendenz", nachdem man es hingeschrieben hat, auch wieder weglöschen kann.

Kaum höre ich noch, zusammengekauert in meinem Fernsehfauteuil, die Stimme der Philosophin am Fernsehschirm: „Herr Kollege, Sie reden wie ein Philosoph!" Ich denke: „Recht hat sie", dann nimmt mich, wie man so schön sagt, der Schlaf in seine Arme. Im Traum stehe ich vor einer Tür mit einem Schild, auf dem zu lesen ist: ZUR TRANSZENDENZ. Das finde ich derart lächerlich, auf eine sich mir entziehende Weise mich derart beschämend, dass ich hochfahre – gerade rechtzeitig, um zu hören, wie der Moderator, über dessen Gesicht schon der Abspann läuft, uns allen eine gute Nacht wünscht. Gute Nacht. Mein Gaumen ist, ohne dass ich einen Finger hätte nachstecken müssen, wieder erdnussfrei.

2.
WISSEN, WORAN MAN NICHT GLAUBT

Kurze Zeit, nachdem ich die obenstehende Grille publiziert hatte, bekam ich den Tadel eines guten Freundes zu hören, der das, was er mir sagte, mir – wie er beteuerte – nur deshalb sagte, weil er es nicht gerne sehe, dass sich sein Freund (also ich) in aller Öffentlichkeit kleiner mache, als er (also ich) sei. Hätte ich nicht wenigstens auf das Detail der am Gaumen klebenden Erdnuss verzichten können? Was mich an dieser Frage alarmierte, war das Wörtchen „wenigstens".

Und in der Tat, die Erdnuss war, sozusagen, nur die Spitze des Eisbergs, der sich nun vor mir zu heben begann. Er, mein Freund, sehe es als mein guter Freund nicht gerne, wenn ich, der Philosoph, dessen Schriften er zu einem nicht geringen Teil schätze, es an der nötigen Selbstachtung fehlen lasse. So weit, so gut. Ich wollte schon, scherzhaft auf die Erdnuss Bezug nehmend, zurückfragen, ob das nicht im Grunde *peanuts* seien, als ich zu hören bekam, worüber sich mein guter Freund im Grunde beklagen wollte: dass ich nämlich nicht mit der einem Philosophen geziemenden Autorität sprachlich in Erscheinung getreten sei. Statt in Hemd und Krawatte gleichsam vom Pult herunter meinen Vortrag haltend, hingelümmelt in meinen Fernsehfauteuil, dabei mit nichts weiter bekleidet als einem Pyjama: *das* sei ein Szenario, in dem ein Mensch sich dem Publikum darbiete, der offenbar demonstrativ darauf Wert zu legen scheine, dass das, was er zu sagen habe, den Anstrich des Clownesken, ja Lächerlichen erhalte.

Der Anklagepunkt also: mangelnde Selbstachtung. Ich kann ganz und gar nicht sagen, dass mir dieser Punkt gleichgültig wäre, obwohl ich mit der Wilhelm Busch'schen Maxime durchaus sympathisiere: „Ist der Ruf erst ruiniert, lebt sich's gänzlich ungeniert." Denn *in einem bestimmten Sinne* hängt unsere Selbstachtung davon ab, dass wir imstande sind zu lernen, mit dem Urteil der anderen über uns zu leben. Die anderen haben einen scharfen Blick für unsere Mängel, und daran ändert sich nichts, wenn wir bloß auf das Urteil unserer treuen Freunde achten. Auch diese wissen um unsere Mängel (ihr Blick ist genauer und daher oft schärfer als der unserer Feinde), sie spielen sie nur nicht gegen uns aus; sie betrachten unsere Mängel als nicht so tiefgehend oder schwerwiegend, dass sie unsere Freundschaft gefährden könnten. Nein, gänzlich ungeniert lebt sich's nicht, wenn man seinen eigenen schlechten Ruf kennt. Busch ist ein Zyniker. Sein ungenierter Mensch ist jener, der alle Achtung vor sich selbst bereits verloren hat. In diesem Sinne sympathisiere ich nicht mit Buschs Maxime. Dennoch: Aus der Selbstachtung folgen Verpflichtungen sich selbst gegenüber, und eine davon besteht darin, sich mit Bezug auf die Honorigkeit der Rolle, auf welcher der eigene Ruf wesentlich ruht, nichts vorzumachen. Gehe ich zu weit, wenn ich sage, die Philosophie heute sei eine *achtungsschwache Disziplin?* Ich denke nicht. Stimmt es aber, was ich sage, dann käme gerade *das* einem Mangel an Selbstachtung gleich: sich als Philosoph zu gebärden, als ob man den Schatten der Lächerlichkeit abstreifen könnte, der doch nichts weiter ist als eine Mitgegebenheit der Würde, die aus der Anstrengung des Denkens im Feld der „ewigen Fragen", der „existenziellen Probleme", der vorletzten oder gar letzten Dinge möglicherweise erwächst.

Achte ich mich selbst? Zweifellos steckt in der Behauptung, Philosoph zu sein, noch immer etwas von einem hohen Anspruch, der heute anachronistisch wirkt. Mache ich mich anderen gegenüber als „Philosoph" kenntlich, so habe ich das peinliche Empfinden, mich ein bisschen aufzuführen wie ein Clown, der behauptet, er sei ein Magier, wobei rundum doch schon alle wissen, dass er gleich über den Hut stolpern wird, aus dem er einen Hasen zaubern will. Ein Philosoph, der das nicht sieht, hat weniger von seiner eigenen Situation verstanden als der Zuschauer, der ein *Philosophicum* konsumiert, in dem Philosophen sich an philosophischen Themen „abarbeiten", bloß, wie es scheint, um die meiste Zeit mit Plattitüden oder aber mit Ideen aufzuwarten, die der gesunde Hausverstand rasch als „überkandidelt" erkennt und dann einfach auf sich beruhen lässt.

Warum schaut man einer solchen Aufspreizung zu? Warum schaue ich zu? Ich denke, der müde Mensch, der nachts noch wach ist, weil er nicht schlafen kann, erhofft sich ein wenig mehr als den gesunden Hausverstand, der einem durch den Tag hilft, doch allzu oft allzu nüchtern und nicht selten überernüchtert zurücklässt. Man erhofft sich ein wenig Erhebung über den Alltag, und sei es nur, dass ein geschickter, vielleicht inspirierter Rhetoriker mit Begriffen jongliert, als ob die Sache, um die es geht, nicht den gewöhnlichen Gesetzen der Schwerkraft unterworfen wäre. Aber das ist nur die eine Seite. Gehe ich von mir selber aus, dann ist mindestens ebenso wichtig jener andere, gegenläufige Effekt, der sich einstellt, sobald man die Geistesmenschen dabei beobachtet, wie sie einander auf kleinliche Weise mit kleinlichen Tricks argumentativ zu übervorteilen suchen. Das also sind, lautet die Botschaft für den vom Alltag durchschnittlich Desillusionierten, auch nur Wichtigtuer, Oberlehrer, Wadelbeißer, die nicht mehr wissen, als ohnehin jeder weiß, der seine fünf Sinne beisammen hat. *Auch sie kochen nur mit dem Wasser, das sich niemals in Wein verwandelt!*

Würde das nicht bloß negativ klingen, würde ich sagen, Philosophen sind Begriffsschaumschläger. Ihre Fakten sind immateriell, Abstraktionen, letztlich Gedankengespinste ohne handfesten Anhalt im Tatsächlichen. Liegt etwas vor Augen, schon ist es für den Philosophen etwas anderes als für den gesunden Menschenverstand. Für diesen ist das vor Augen Liegende das, was es ist, mit den üblichen Unschärfen behaftet, vielleicht banal, vielleicht überraschend und neu: aber immerhin etwas, das vor Augen liegt, *punktum*. Für den Philosophen verhält es sich anders. Selbst wenn er zur Schule derer gehört, die behaupten, dass das, was vor Augen liegt, eben nichts weiter ist als das, was vor Augen liegt, so wird diese Behauptung dann eben mit einer besonderen Art von Betonung ausgesprochen, nämlich so, als ob die Behauptung nicht einfach trivial, sondern gerade wegen ihrer offenkundigen Trivialität zugleich irgendwie alarmierend wäre: Wie kann etwas einfach vor Augen liegen?

Mit einer solchen Art von Betonung statten Philosophen das vor Augen Liegende aus, wenn sie sagen wollen: Das ist das, und mehr ist da nicht! So reden Sensualisten oder subjektive Idealisten, die damit sagen wollen, dass es keine von unseren Eindrücken unabhängige Realität gibt, auf die sich unsere Eindrücke davon, dass das uns vor Augen Liegende einer unabhängigen Realität angehört, beziehen könnten. Und so reden auch die Philosophen des Alltags, die „Commonsensisten", die wie George Edward Moore oder Ludwig Wittgenstein eine Philosophie daraus gemacht haben, dass die richtige Einstellung der Philosophie darin bestehe, die Dinge „so zu lassen, wie sie sind". Der Commonsensist macht eine Philosophie daraus, sich als Philosoph zu den Dingen des Alltags so zu verhalten, *als ob er ein Mensch wäre, der sich alltäglich verhielte*. Dabei besteht der Unterschied zwischen dem Philosophen und dem Alltagsmenschen freilich darin, dass der Philosoph aller Welt zu erklären versucht, warum er sich philosophisch korrekt verhält, indem er sich verhält wie alle Welt – indem er also beispielsweise daran glaubt, dass es Dinge der Außenwelt gibt, die sich dadurch beweisen lassen, dass man sie *vorzeigt*: Schau her, das liegt dir doch vor Augen und daher auf der Hand!

Moore hat in seiner Schrift *Beweis einer Außenwelt* (1939) dargetan, wie so etwas geht: Er hebt die eine Hand und sagt „Hier ist eine Hand", und dann hebt er die andere Hand und sagt „Hier ist noch eine".[2] Durch das Heben seiner beiden Hände, sagt Moore, zeige er zwei Dinge der Außenwelt vor, an deren Existenz sich nicht zweifeln lasse, und deshalb beweise er jedes Mal, wenn er seine beiden Hände hebe und dabei wisse und sage, dass es sich um seine beiden Hände handle, eben dadurch die Existenz der Außenwelt. Wittgenstein hat sich gelegentlich gefragt, was unvorbereitete Menschen wohl denken würden, die zufällig ihn, Wittgenstein, in Moores Cambridger Garten dabei beobachten würden, wie er mit Moore über dessen Beweis einer Außenwelt diskutiere. Sie würden, so Wittenstein, vermuten, dass die beiden im Garten verrückt seien.

Was indessen von außen als Verrücktheit abstößt, erscheint – eingehüllt in ein Gespinst tiefer Fragwürdigkeiten – aus der Innenperspektive als ein *tiefes* Wissen, Vermuten oder Ahnen, das erst den richtigen Blick auf die Dinge der Welt ermöglicht. Philosophische Schulen stellt man sich am besten so vor, dass sie einen Garten bevölkern, um den ein Zaun gezogen ist, sodass zufällig Vorübergehende nicht einfach einen unbefangenen Blick auf die seltsamen Ansichten werfen können, welche die Gartenbewohner teilen. Der Zaun, den man sich auch als Dickicht vorstellen mag, besteht aus dem Gestrüpp der Schulengeschichte und den daraus emporgewachsenen Problemzweigen und Begriffsranken. Tritt aber ein Gartenbewohner nach außen, indem er das Dickicht durchquert und sich als Philosoph zu erkennen gibt, dann haftet ihm die zweifelhaft zweideutige Aura desjenigen an, der einen Bereich verlassen hat, dessen Bewohner möglicherweise über einen besonderen, nichtalltäglichen Zutritt zur Welt verfügen oder aber vielleicht bloß nicht ganz richtig im Kopf sind, verdreht, versponnen.

Man könnte sich also Moore vorstellen, wie er aus seinem Garten hervortritt – und er ist ja hervorgetreten –, und wie er die eine Hand hebt und sagt „Da ist eine Hand", und dann die andere Hand hebt und sagt „Da ist noch eine". Und wie diejenigen außerhalb des Gartens, die neugierig, bereit, ja womöglich begierig sind, etwas von den Geheimnissen des Inneren zu erfahren, nun diesen ganzen Mooreschen Akt als eine Art Ritual und – warum nicht? – Offenbarung verstehen. Dieser Eindruck könnte sich dadurch verstärken, dass Moore bekanntgibt, er hätte etwas getan, wovon zuvor außerhalb des Gartens niemand angenommen hätte, dass es getan zu werden brauchte oder getan werden sollte, ja dass es überhaupt sinnvoll wäre, Derartiges zu tun: nämlich die Existenz der Außenwelt zu beweisen.

Wer zum ersten Mal die Erfahrung des Rätsels der Wirklichkeit macht („Es gibt eine Außenwelt"), der macht eigentlich das Gegenteil von dem, was eine Erfahrung ist. Durch die Erfahrung dessen, was vor Augen liegt und dabei alltäglich beredt ist („Hier ist eine Hand und hier ist noch eine"), erfährt der metaphysisch Berührte plötzlich die Grenze des Erfahrbaren, das Nichtbegriffliche. Dem solcherart *tief* Berührten werden sich, indem Moore behauptet, er habe die Existenz der Außenwelt bewiesen, die Nackenhaare aufstellen. Es gibt den Abgrund des Seins und die ihm entsprechende Erschütterung: *mysterium tremendum et fascinans.*

Aber es gibt auch die Unbeeindruckten. Die, die draußen vorbeigehen und zufällig, über den Zaun hinweg und durch das Dickicht hindurch, einen Blick auf das seltsame Gebaren der Garteninsassen erhaschen: Da hebt einer nacheinander seine Hände und sagt, er habe gerade die Außenwelt bewiesen, während neben ihm einer sitzt und sagt: „Moore, wenn du das bewiesen hast, dann glauben wir dir alles Weitere!" Kein Zweifel, die beiden proben entweder ein absurdes Theaterstück – Beckett? Ionesco? –, oder sie sind verrückt. Dieser Eindruck ist möglicherweise die Folge davon, dass der vorübergehende Betrachter blind ist für das Rätsel der Wirklichkeit. Oder es ist einfach seine Problemignoranz. Er weiß nicht, dass es seit alters her ein Realismusproblem gibt, dessen zentrale Frage lautet: Wie lässt sich angesichts des Umstandes, dass alle unsere Erfahrungsdaten subjektiv, weil aus unseren Sinnesempfindungen gewonnen sind, die Existenz einer objektiven, von uns unabhängigen Realität beweisen? Moores Demonstration ist auf dieses ehrwürdige Problem die lakonische Antwort des Commonsensisten: *So,* indem wir zweifellos existierende Dinge der Außenwelt *vorweisen,* oder gar nicht. Das eben, dieses Vorweisen, ist schon der einzig mögliche Beweis, und er ist ebenso vollkommen banal wie ausreichend.

Da Moore ein chronisch humorloser Mensch gewesen sein soll, mag ihm – im Unterschied zu Wittgenstein, der auch chronisch humorlos, aber dabei metaphysisch infiziert war („Es gibt das Mystische") – die Komik an seinem „Beweis einer Außenwelt" entgangen sein. Die Komik resultiert daraus, dass einer all den akademischen Zweifeln an der Außenwelt, die ihren Niederschlag in ganzen Bibliotheken gefunden haben, nun einfach seine Hände entgegenhält, als ob diese niemals Teil dessen, woran die Philosophen Jahrhunderte lang zweifelten, hätten sein können. Das ist fast so, als ob man jemandem den nackten Hintern hinhält, um zu bedeuten, was man von ihm hält: Ich, Moore, halte *das* von der Ernsthaftigkeit deines Zweifels! Und ebenso viel halte ich von all den Ansprüchen der Philosophenschulen, die versuchen, die Existenz der Außenwelt oder aber das Gegenteil davon zu beweisen, sei es deduktiv, aus abstrakten Lehrsätzen, oder induktiv, aus konkreten Sinnesdaten. Wäre Moore kein Cambridge-Professor gewesen, hätte er seinen sogenannten Beweis einer Außenwelt dem staunenden Publikum als eine Art zen-buddhistischen Kommentar serviert (inklusive nackten Hintern) – einen lakonisch, gar grobianisch paradoxen Kommentar zum Tiefenanspruch allen philosophischen Wissens: *Dieses Wissen ist deshalb so tief, weil niemals irgendjemand ernsthaft daran glauben kann!*

Die Philosophie bietet dem Betrachter eine wundersame Sammlung an Wissensvorräten, die von den verschiedenen Schulen umfänglich verwaltet werden, ohne dass irgendjemand außerhalb des Schulbetriebs jemals ohne Augenzwinkern erwogen hätte, sich diese Vorräte als sein *Glaubensgut* anzueignen. Und innerhalb des Schulbetriebs? Sagen wir, man kann darauf trainiert werden und schließlich sich selbst trainieren, daran zu glauben, dass – beispielsweise – keine Außenwelt existiert, weil man doch nach allen Regeln der Schulkunst ihre Unmöglichkeit bewiesen hat, während man gleichzeitig in allen praktischen Angelegenheiten des Lebens sich so verhält, als ob man wüsste, dass die Außenwelt existiert. Ein derartiges Verhalten fällt natürlich auf die Ernsthaftigkeit der Achtung, die man den Schöpfern philosophischer Wissensvorräte entgegenbringt, zurück.

Johann Gottfried Leibniz hatte gewiss gute metaphysische Gründe, davon zu sprechen, dass die Welt, in der wir leben, die beste aller möglichen Welten sei. Und so hatte auch Friedrich Nietzsche seine Gründe, die freilich weniger rationalistisch und mehr „inspiriert" waren als jene von Leibniz, um sich und andere davon zu überzeugen, dass es ein Prinzip der Ewigen Wiederkehr gibt, demzufolge alles, was ist, in genau derselben Art und Weise, bis ins kleinste Teil, ja Atomteil hinein, unendlich oft so wiederkehren wird. Beide Lehren, die eine scholastisch ausargumentiert, die andere vom Schlag einer Privatoffenbarung, haben einen Tiefenpunkt, in dem sie sich treffen: Alle Dinge sind derart beschaffen, dass man ihnen nichts weiter als absolute Anerkennung entgegenbringen sollte, auch allem, was sich uns als Übel in den Weg stellt und das Leben schwer macht.

Doch niemand, der nicht Leibnizianer oder Nietzscheaner ist, wird *ernsthaft* an die beste aller möglichen Welten oder an die ewige Wiederkehr des Gleichen *glauben,* und es ist sehr fraglich, wie und ob ein eingefleischter Leibniz- oder Nietzscheanhänger allen Ernstes, sozusagen todernst („darauf würde ich meinen Kopf verwetten"), an eine solche „Gewissheit" zu glauben vermöchte. Nichtsdestoweniger spricht für derlei Gewissheiten eine Gattung von Gründen, eben typisch philosophische Gründe. Um Leibniz zu verstehen, ist nicht sehr viel an spekulativem Vorlauf notwendig. Denn sein Ausgangspunkt ist einfach der, dass die Existenz der Welt nicht sinnvoll ohne die Annahme Gottes als der absolut ersten, aus sich selbst heraus existierenden Ursache denkbar ist, und dass nun aber die Idee Gottes das Merkmal absoluter Vollkommenheit einschließt, was seinerseits wiederum ausschließt, dass eine Schöpfung besser sein könnte als diejenige, die wir als unsere Welt kennen.

Um mit Nietzsche klarzukommen, muss man schon weiter ausholen. Denn man muss sich mit dem Gedanken vertraut machen, dass der Urgrund der Welt Lust und Wille zur Macht ist. Von hier bis zur Lehre von der Ewigen Wiederkehr sind freilich noch einige kühne Ideenbögen notwendig, hinter denen einige pseudowissenschaftliche Vermutungen über den Anfang und das Ende und den Wieder-Anfang der Welt stecken, Vermutungen, die sich zu einer deterministischen Pulsationstheorie des Universums verdichten, hinsichtlich derer man nicht sicher sein kann, ob sie Nietzsche selbst buchstäblich wörtlich oder doch zu einem guten Teil bloß metaphorisch verstanden haben wollte. Sicher ist nur, dass ihn die Lehre von der Ewigen Wiederkehr wie ein Blitz, eine plötzlich Erleuchtung hoch über dem mediterranen Mittagsmeer, traf und nicht das Ergebnis einer Argumentationskette war, die sich ihm als zwingend nahegelegt hätte.

Das philosophisch Zwingende, ob heißer Blitz oder kühl triumphaler Abschluss einer Gedankenfolge *(quod erat demonstrandum)*: immer ist es von der Art eines Wissens, das wie ein hohes Seil über den Tatsachen gespannt ist, und der, der auf diesem Seil balanciert – der Philosoph –, hat etwas von einem jener Jahrmarktsakrobaten von einst, die, solange sie sich behände auf dem Seil entlang bewegten, die Menge der Zuschauenden mit Staunen und der Bereitschaft erfüllten, an die Überwindung der Schwerkraft zu glauben; doch immer mit dem Vorbehalt eines ungläubigen Grinsens tief drinnen, das bloß darauf wartete, dass die Sturzphase begänne, den harten, nackten, konkreten Tatsachen tief unten entgegen. Dann, mit einemmal, würde auf der Hand liegen, dass die ganze Begriffszauberei, ob aus den Fäden der Logik gesponnen oder einfach wundersam durch die blanke Luft hindurchgefädelt, nichts weiter war als die Illusion eines überhitzten Gehirns, ein Taumel der Abstraktionssucht oder bloß akademisch versponnene Großrednerei – *Panglosserei* könnte man sagen in Anlehnung an Pangloss, die Leibniz-Karikatur in Voltaires satirischer Erzählung *Candide*. Einen Augenblick lang hatte es so gewirkt, als ob die

Katheder im freien Raum schwebten, umgeben vom Glanz der Engel, die das Lichtwesen der Dinge schauen.

Philosophisches Wissen ist also eine ebenso hypnotische wie prekäre Haltung des Geistes. Angestachelt vom Rätsel der Welt, vom Leben als Existenzereignis, wird man hinausgetrieben in die Räume der Spekulation. Was will man denn finden? Es ist immer der Punkt, von dem aus sich die Illusion aus den Angeln heben ließe, und sei es nur der Punkt, der selber aus nichts bestünde als aus Traum und Wahnsinn. Immer will man hinaus und hinauf und dabei in die tiefste Tiefe schauen: in das Herz der Dinge.

Philosophie ist Wesenssuche auch dort noch, wo schon das Hochheben der einen und dann der anderen Hand genügen soll, um das Wesen aufzudecken. Oder gar dort, wo man, als Wesensdekonstrukteur, dem Verlangen gehorcht (Zeitgeistige sprechen von einer *condition postmoderne*), die Wesenlosigkeit der Dinge als das Eigentliche, das negative Sein des Seins, sich selbst und der Welt vorzuführen. Egal, solange die Suche nach Wesen und Unwesen und Nichtwesen den Geist des Menschen antreibt, er also frei philosophiert, begibt er sich in eine prekäre Lage. Denn das, wonach er sucht, findet er, ob begrifflich aufgezäumt oder in Bilder auseinandergelegt, nur in der Form eines Wissens, das sich vor den Anforderungen der Alltäglichkeit, des Gewöhnlichen und Gewohnten, des Handfesten und Lebenstüchtigen ausnimmt wie die luziden Träume des Ritters von der traurigen Gestalt.

Don Quichotte sieht alles, sein ganzes Glück, seinen ganzen Sieg, seine Apotheose, Dulcinea, die Windmühlen, Tugend und Ritterschlag, in großer Klarheit vor sich. Und doch: Tief in seinem Inneren weiß er, dass nichts von all dem brauchbar ist, wenn es darum geht, in die Welt, in der man überleben muss, hinein aufzuwachen. Er weiß etwas, was ihn in seinem Seelengrund erschüttert, er ahnt etwas vom Grund der Dinge, dem Sein und Sinn des Ganzen, doch vor die Tatsachen des Lebens gestellt, ist er unfähig, daran zu glauben. Denn er ist nicht verrückt gleich jenen, die in den Irrenanstalten ihre Offenbarungen empfangen, woraus sie dann schöpfen wie aus den Brunnen, die durch das Weltinnere hindurch an die unnennbare Quelle führen, die irgendwo im verwirrten Gehirn entspringt.

Achte ich mich selbst?

Sagen wir so, ich tue mein Bestes. Ich wüsste nicht, wie ich es besser machen sollte. Als Philosoph weiß ich Dinge, an die ich nicht glaube. Ich stehe mit den Füßen kopf. Aber sind denn das nicht, wie mein guter Freund gutmeinend beanstandete, alles Zeichen eines Zuwenig an Selbstachtung? Ist der Mensch, der sich selbst achtet, nicht vor sich selbst dazu verpflichtet, das Uneigentliche aus seinem Leben auszuscheiden, so wie man giftige Substanzen ausscheidet? Sind die Clownerien, zu denen jemand wie unsereiner neigt, wenn er gefragt wird, ob er etwas wisse, nicht würdelose Camouflagen des Umstandes, dass er aufgegeben hat, *authentisch* zu sein oder jedenfalls sich anzustrengen, authentisch zu *werden?*

Das alles sind einschüchternde Fragen, die ich mir oft selbst gestellt habe. Und meine Antwort darauf lautet: Naja. Denn ich denke nicht, dass es eine philosophische Authentizität über jenes Wissen hinaus gibt, welches, je mehr es sich dem Wesen der Dinge zuneigt, umso gespinsthafter vor den Härten, der Ironie und den Relativitäten des Alltags zergeht. *Wesensneigung:* Darin eben liegt jene Passion, an die ohne ein Zuviel an Ernüchterung und flachem Alltagsernst sich hinzugeben, die wacklige Würde der Philosophie ausmacht.

Es geht hier um delikate Nuancen der Uneigentlichkeit. Philosophen, die sich subjektiv ernst nehmen, sind objektiv lächerlich. *Das* zu demonstrieren, mag ein Wahrheitsmoment der Kyniker, der „hündischen" Philosophen des vierten vorchristlichen Jahrhunderts in Griechenland gewesen sein, die zunächst vor allem der Bedürfnislosigkeit huldigten. Der Typus des Kynikers freilich, so wie ich ihn sehe (und ich sehe ihn gewiss parteiisch), ist dadurch charakterisiert, dass er einer Selbsttäuschung unterliegt. Indem er öffentlich defäziert, onaniert, die Konventionen des guten Lebens mit Hohn überschüttet, erniedrigt er bloß die Sache der Philosophie, die Liebe zur Weisheit, statt seinen eigenen wackligen Stand *als* Philosoph zu *verkörpern.* Der Zyniker unterliegt stets der Gefahr, dass er schließlich nichts weiter verkörpert als die eigene Widerwärtigkeit, die eine Folge davon ist, dass er sich nicht mehr dem Ideal, dem Wesen und Seinshorizont der Dinge, zuneigt.

Wenn der Kyniker am Marktplatz öffentlich onaniert, dann nicht, um die Unaussprechbarkeit, Unausdenkbarkeit, die zarte Intimität des Ideals vor den gierigen, schmutzigen Augen des Pöbels zu schützen. Mag sein, das war ursprünglich sein Antrieb, schließlich jedoch führt die aggressive Ablehnung des zivilen, bürgerlichen, „fetten" Lebens und seiner Umgangsformen dazu, dass aus dem Kyniker ein Geistesverächter wird, der sich, indem er andere anpisst wie ein Hund, sich selbst besudelt – seine menschliche Würde. Man kennt das aus vielen Revolten des Alltags, aus dem Sturm und Drang, der immer idealistisch beginnt und, falls er nicht bei einer neuen Klassik endet, seine Akteure antisozial und terroristisch werden lässt.

Philosophen, die sich subjektiv ernst nehmen, sind objektiv lächerlich. Das hat mein guter Freund missverstanden, der die Erdnuss an meinem Gaumen beanstandete, die dort während meines Dahindämmerns beim spätabendlichen TV-Philosophicum klebte, sozusagen als kynischer Zitierrest. Es gibt Haltungen, die lassen sich authentisch nur verkörpern, indem man gerade nicht so tut, als ob irgendein Mensch berufen wäre, sie authentisch zu verkörpern. Ich rede von der Wesensneigung des Philosophen. Kein Mensch kann diese Haltung authentisch verkörpern, dazu ist das, worum es bei ihr geht, zu weit, zu tief, zu hoch. Wesen und Sinn der Dinge, das Sein, das Absolute, das vielgeschmähte Wahre, Gute und Schöne: das sind, streng genommen, *Kategorien der Transzendenz*, an denen unsere Existenz hängt wie das Leben an der Quelle des Lebens. Es geht hier im Grunde um alles, und gerade deshalb sollten wir nicht so tun, als ob uns die Transzendenz, das unbedingte Wesen hinter dem Schein – dem Schein, worunter auch das Konstrukt fällt, das die Wissenschaft für die Realität nimmt –, offenstünde. Auch dieses Konstrukt hängt an der Struktur unseres Gehirns und damit an der genetischen Bedingung der Möglichkeit von menschlicher Erkenntnis überhaupt.

Philosophie ist indessen keine Religion und die Priester sind keine Philosophen. Die Priester erheben, unter dem Ewigkeitsdach einer Offenbarung, in der Fraglosigkeit von Dogma und Ritual, den Anspruch, das Sichentziehende positivieren zu können. Die göttliche Aura ist jedenfalls in unseren Gefühlslandschaften, die monotheistisch geprägt sind, frei von der Zwielichtigkeit, dem Verwackelten, der Erdnuss am Gaumen jener, die um die Nichtpositivierbarkeit der Transzendenz wissen, ohne das Wort – *Transzendenz* – deshalb gleich als bedeutungsloses Geräusch abzutun.

Und nun die Frage: Ist nicht die Würde dessen, der aus der Not des Nichtsagenkönnens die Tugend der Stummheit macht, überzeugender als die Begriffsmünchhausiade des Philosophen, die darin besteht, sich beim eigenen Schopf aus dem Sumpf der Immanenz (der Immanenz des Gehirns, der Gene, der Welt) ziehen zu wollen? Und hier die Antwort: Naja. Die Stummheit ist, wie der Zynismus, oft bloß ein Zeichen dafür, dass man das Menschlichste am Menschen verraten hat – seine Neigung zum unerreichbaren Wesen hin, zum Absoluten, Göttlichen.

3.
Banalerweise, jedoch edel

Natürlich war meinem guten Freund auch nicht entgangen, dass das Buch, von dem ich behauptete, ich hätte es als Eventuallektüre mit mir in meinen Fernsehfauteuil mitgenommen, ein typisches Produkt der amerikanischen Populärliteratur war: *Mystery*. Peter Straub ist ein Autor, der uns wie Stephen King mit Schmökern aus dem Reich des Supranaturalen und des „suspense" beglückt. Straub (der mit King zusammen Bücher geschrieben hat, *The Talisman, The Black House*) ist einer jener # 1 *New York Times Bestselling Authors*, die wohl nie den Literaturnobelpreis bekommen werden. Ich glaube zwar zu wissen, warum, finde es aber nicht unbedingt gerecht.[3] In dem, was diese Autoren schreiben, in ihrer Sicht des Menschen und der Welt, steckt nämlich – ich sage das ohne viel Federlesens – mehr an Moral, Menschlichkeit und Trost als, beispielsweise, im vielbejubelten Stoizismus eines Philip Roth oder den zufallsgebeutelten Helden des Paul Auster.

Verständige Leser der Bücher von King und Straub sehen, eingebunden in ein robustes Wissen um Gut und Böse, die schrecklichen Ereignisse vor einem mitschwingenden Horizont, von dem aus nicht alles Bemühen um Erlösung vom Übel einer kindischen Illusion entspringt, die durch den sinnlosen Weltlauf und den Zufall Lügen gestraft wird. Es ist Roths Buch *Everyman,* das mit drei lakonischen Feststellungen zum Leben seines Helden endet, die zusammen genügen, um den Sinn allen menschlichen Lebens endgültig in das Reich der Ammenmärchen zu verbannen und darüber hinaus die Sinnsuche selbst zu entlarven: „Cardiac arrest. He was no more, freed from being, entering into nowhere without even knowing it. Just as he'd feared from the start."[4] Alles endet, wie man es von Anfang an befürchtet hatte: ohne Bedeutung, im Nichtmehrsein.[5]

Als ich Stephen Kings *Dreamcatcher* (2001) las, erhielt ich die Anfrage eines Feuilletonchefs, der sich nach meiner Lektüre erkundigte. Erwartet wurde eine qualitätsvolle Antwort mit einer respektablen Buchangabe, von Jacques Derrida über Don DeLillo bis Christoph Ransmayr (oder so ähnlich), also legte ich mich ins Zeug:

Kings Figuren – schrieb ich – zeichnen sich durch eine Art Familienähnlichkeit aus, nach der man als Leser immer wieder verlangt, wie, sagen wir, nach den Einwohnern von Entenhausen oder Prousts Zauberreich der Guermantes. Bei King spielen Kinder und Halbwüchsige eine wichtige Rolle, weil sie es sind, die das Land der Möglichkeiten erst betreten. Vieles wird in Rückblenden erzählt, und so weiß der Leser, der mit dem Autor zusammen in der Erzählgegenwart lebt, ohne die Möglichkeit einer falschen Hoffnung, was aus den Jungen geworden ist. Die Hoffnung scheiterte oft genug. Am Horizont lauern Traurigkeit und Überdruss. Aber da bleibt immer noch etwas, das aus der Hoffnungslosigkeit hinausführt. Das Spiritistische bei King bedeutet die Teilhabe der vom Leben Gebeutelten an dem, was mehr ist als bloß von hier. Der Einbruch des Grauens, das sich in mannigfachen Formen Zutritt zur Welt verschafft, ist zugleich die Lebensprobe aufs Exempel, Charakterprüfung und Versprechen. *Man muss sich nicht umbringen, weil man sich bewähren kann.* Die Banalität des Lebens war der Schlaf des Bösen. Nun tobt es, Invasion aus dem All, die Erde ist dabei, sich in ein Krebsgeschwür zu verwandeln. Dank einiger durchschnittlicher Helden aus Maine, USA, Leuten wie du und ich und Familie King, die auch da lebt, kann das Schlimmste abgewendet werden. Am Schluss wird die Welt wieder in Ordnung sein, freilich immer nur zart verzittert, bis auf Widerruf, mit den Dunkelstellen der Bäume im Hintergrund: Altweibersommer, Würstelbraten auf der Veranda, Kindergeschrei, Bierdosen und nasse Windeln, *gossip* über Gottes unerforschlichen Ratschluss. Nicht alle kommen durch, aber die, die es schaffen, sehen die Dinge neu, entspannt und dabei gleichsam *sub specie aeternitatis*, „unter dem Gesichtspunkt der Ewigkeit". Maine, das ist dort, wo man zu Hause ist ...

Wieso gehört das hierher? *Weil Bewährung und Selbstachtung eng zusammengehören.* Menschen, die sich selber achten, tun dies, weil sie – aus welchen Gründen auch immer – glauben, der Meinung sein zu dürfen, dass ihnen von anderen Menschen Achtung entgegengebracht werden *sollte*. Das ist nicht unbedingt dasselbe, wie *tatsächlich* von den anderen geachtet zu werden. Selbstachtung ist vereinbar mit der Verkennung und sogar Missachtung durch andere, die möglicherweise nicht zu erkennen imstande sind, dass ihre Ignoranz oder abfällige Haltung ungerecht und moralisch womöglich verwerflich ist.

Achtung verdient man, wenn man das, was einem das Leben an Aufgaben stellt, meistert oder jedenfalls nach besten Kräften zu meistern versucht: sich nicht drückt, die Dinge nicht einfach laufen und aus dem Gleis laufen lässt, nicht feige ist, aber auch nicht heimtückisch oder hinterhältig. Vom Meistern einer Aufgabe wird nur die

Rede sein dürfen, wenn man sich dabei nicht illegitimer oder schändlicher Mittel bedient. Deshalb verdient der, der es redlich versuchte und dabei unglücklicherweise scheiterte, mehr Achtung als jener, der sein Ziel nur erreichte, indem er andere und deren Rechte missachtete. Und deshalb tadeln wir auch den Verlierer, der, obwohl er ohnehin tat, was er konnte, nun denkt, er könne und dürfe sich selbst nicht mehr achten; denn zur Selbstachtung gehört mit dazu, sich ihrer nicht leichtfertig, nicht grundlos zu begeben. Unter den *Aufgaben,* die einem das Leben stellt, ist jene nicht die geringste, die darin besteht, sich selbst zu achten.

Das ist eine Lehre, die hinter vielen Werken der Trivial- und Populärliteratur steckt. In ihnen lebt weiter, was der Ritterroman in *seinem* Rahmen, dem Rahmen der höfischen Welt, zu vermitteln suchte, indem er seine Helden (durchwegs männlich) in die Welt reiten und *aventiuren,* „Abenteuer", erleben ließ. Dagegen ist der Roman der neuzeitlichen, zumal modernen Hochkultur zutiefst zwiespältig, was das Thema „Selbstachtung" betrifft. Thomas Mann, der für seinen Erstlingsroman *Buddenbrooks* (1901) den Nobelpreis erhält, lässt den Senator Thomas Buddenbrook, welcher, achtenswert und von allen geachtet, ein Inbild auch an Selbstachtung abgeben könnte, ganz und gar „ironisch" zugrunde gehen: Als Vierzigjähriger bereits ermattet, wird er seiner selbst unsicher, beginnt an seinem Wesen und seiner Bestimmung (erfolgreicher Kaufmann, angesehener Stadtpolitiker) zu zweifeln, verfällt schließlich einer schon ans Lächerliche grenzenden Passion für Schopenhauers Philosophie, bloß, um fast beiläufig, unter höchst banalen, aber höllischen Zahnschmerzen und einem dadurch verursachten Sturz aufs Pflaster, in einer höchst prosaischen Lache eigenen Blutes zu sterben. Sein künstlerisch begabter Sohn Hanno wiederum stirbt, bevor er sich noch bewähren kann, als Jüngling, mir nichts, dir nichts, an Typhus.[6]

Doch ein Romanheld stirbt nicht einfach, er wird von seinem Autor sterben gelassen. Der Kunsttod steht in einem viel intimeren Verhältnis zum Leben der Kunstfigur als der natürliche Tod zum Leben der realen Person. Was im natürlichen Leben ein Unglücksfall ist (der Sturz aufs Pflaster infolge einer schmerzbedingten Unachtsamkeit), ein Unglücksfall, der das ihm vorausliegende Leben in seinen Qualitäten nicht verdirbt, hat im Roman unter Umständen, und ganz gewiss bei Thomas Mann, eine symbolische Qualität, die rückwirkend verdirbt: Der ärgerlich banale Tod zeigt gleichsam auf die Hohlheit der anscheinend tieferen Werte, die das Leben jenes Menschen, der einen solchen Tod stirbt, ausgezeichnet hatten.

Im Falle des armen Senators Buddenbrook, der so kaltschnäuzig, weil kalkuliert, vom Autor im Stich gelassen wird, geraten Achtung und Selbstachtung auf eine schiefe Bahn dadurch, dass sich im Menschen Buddenbrook ein Gefühl der möglichen Sinnlosigkeit seines Lebens auszubreiten beginnt. Das ist typisch modern, die überkommenen Werte werden „fraglich" und damit die ganze Kultur, die einem erst ein Gefühl dafür gibt, was achtenswert ist und was nicht. Zugleich taucht aus der Tiefe, wie der Vorbote einer unheilbaren Krankheit, das „Psychologische" auf. Der Geschäftsmann Thomas Buddenbrook beginnt sich zu fragen, ob er in Wahrheit nicht ein Träumer sei, ein Gefühlsmensch, eigentlich eine „literarische" Person. Und wie es der Zufall (oder der Teufel) will, fällt dem Sinnenden, der sich krampfhaft um äußere Haltung bemüht und äußeren Erfolg hat, Schopenhauers Hauptwerk, *Die Welt als Wille und Vorstellung* (1819, 1844), in die Hände. Er vertieft sich in das Kapitel über den „Tod und sein Verhältnis zur Unzerstörbarkeit unseres Wesens". Dort steht es: Alles im Bewusstsein schmerzhaft Vereinzelte, alles Geschäftige und Geschäftliche, ist nur Vorstellung, Schein, nichts wirklich Wirkliches. Alles das will zurück in die große schmerzlose Unbewusstheit des ungeschiedenen Seins, ungefähr so, wie jede sich am Strand eilfertig verlaufende Welle vom ewigen Wechsel der Gezeiten zurückgezogen wird in den Urschoß des Meeres. Das ist zugleich der Anfang vom Ende aller Selbstachtung: diese Dekonstruktion des Individuums, seiner Ganzheit, seiner Echtheit und Würde, durch philosophische Reflexion erzeugt, aber gedacht als Vorgang im Wesen des Lebendigen selbst.

Indem die Moderne das Individuum entdeckt, jene phantastische Gestalt der Authentizität ober- und unterhalb der Kultur, der Konvention, löst sie es in seinem innersten Anspruch, echt zu sein, auch schon wieder auf. Sie psychologisiert noch seine tiefsten Wertüberzeugungen, knüpft sie an natürliche Bedingungen, an das Unterbewusste, an die Biologie, *und macht es ihm eben dadurch unmöglich, sich selbst zu achten.* Wofür denn? Jede noch so ambitionierte Aufgabe ist nichts, was aus der Natur der Sache, als ein objektiv Wertvolles, an das einzelne Leben heranträte mit der Forderung: Löse mich, und löse mich, so gut du kannst! Alles, was Aufgabe ist, ist ein „Konstrukt", das sich möglicherweise lösen, aber vor allem durchschauen lässt. Darin liegt die Dynamik der Dekonstruktion: Im Durchschauen wird erkannt, dass zwar unter den und den Bedingungen (gesellschaftlich, kulturell, ökonomisch, sexuell) eine Aufgabe besteht, doch nichts in der Natur des Lebendigen ihre Bewältigung *fordert*.

Ja, es gibt ein Drängen und Zerren und Drücken, in die eine Richtung oder die andere, und es gibt Tausende von Richtungen; indessen gibt es keine Wertnatur des Seins, weder des Natürlich- noch des Sozialseins, wodurch eine bestimmte Richtung als die *richtige* festgelegt wäre. Das gilt sowohl für Kollektive wie für den Einzelnen, aber der Einzelne in seiner Einzelheit ist nun einmal die Passion der Moderne. *Weil er sich selbst nicht achten kann, beginnt er sich zu befreien,* nach außen hin von allen Zwängen, die seine Selbstverwirklichung behindern, nach innen hin aber von sich selbst. Das mag, wie im Nachkriegseuropa der zwanziger Jahre, durch sexuelle Libertinage, Drogen, Spiritismus und künstlerische Avantgarde, das heißt durch Hemmungslosigkeit, Irrationalität und Vergangenheitsbruch, geschehen – das Montparnasse-Syndrom; es mag freilich auch dadurch geschehen, dass sich der Einzelne von seiner Vereinzelung im Kollektiv hysterisch erlöst, revolutionär und konterrevolutionär, wie im Vorkriegseuropa der dreißiger Jahre.

Unter den Gestalten der modernen Hochliteratur finden sich nur selten, und dann schillernd, schräg, zweideutig, Ausnahmen vom Hauptstrom der Psychologisierung und Dekonstruktion. Diese Ausnahmen haben, wenn nicht mit Dostojewskischem „Idiotentum" (durch das der Autor versucht, der *condition moderne* gegenzusteuern), häufig etwas mit Nostalgie zu tun, mit dem Verlorenen, das im Helden noch obstinat nachwirkt und ihn auf eine verschrobene Weise davor schützt, sich jener Substanz zu begeben, die erst Selbstachtung – und das Ringen um sie – ermöglicht. Eine dieser Ausnahmen ist Vladimir Nabokovs Professor Timofey Pnin. *Pnin,* so heißt auch der Roman, der 1959 veröffentlicht wird. Er zeigt das Schicksal eines russischen Gelehrten, der vor den Bolschewiki fliehen musste und in Amerika eine Heimat findet, die nie die seine wird. An einem Provinz-College im Staat New York unterrichtet er vor so gut wie keinen Studenten mitten im Kalten Krieg seine Heimatsprache Russisch, während er sich ein Jahrzehnt lang unfähig zeigt, richtiges Amerikanisch zu erlernen. Was diese tollpatschige, überängstliche, auch überschwängliche Figur, deren Leben aus nichts als Verlusten zu bestehen scheint, so liebenswert macht, ist die *vitale* Anhänglichkeit an eine Kultur und einen Lebensstil, die unwiederbringlich in die Vergangenheit zurückgesunken sind.

Das Wort „vital" ist hier wesentlich. Denn es meint eine Form der Bindung, über deren Wert und Existenzberechtigung nicht reflektierend entschieden werden kann. Und eben diese Bindung im fernen, unverständigen Land zu kultivieren, macht, durch die schier endlosen

Missgeschicke hindurch – ja gerade durch sie hindurch –, jenes Moment an Pnin aus, das ihn davor bewahrt, bei allem, was er verloren hat, ob Eltern, Heimat, Frau oder Anstellung, auch noch seine Selbstachtung zu verlieren. Er bewährt sich, indem er etwas zu bewahren sucht, wovon die anderen nicht einmal wissen, dass es jemals existierte, nämlich das Andenken an die Kultur des vorrevolutionären Russlands, die Erinnerung an Landschaften, Menschen, Salons und Städte, in denen jemand wie Pnin, der Gelehrte, sich hätte glanzvoll bewähren können. So ist die Bewährung zu einer Art Bewahrungsclownerie geworden. Doch der Clown, der einer ist, weil er sich kraft seines nostalgischen Wesens davor zu bewahren weiß, sein Wesen aufzugeben, sich aufzulösen im Medium einer Kultur, die ihm als ein buntes, kompliziertes, apparatedurchsetztes Nichts alles, was er an Anpassungskräften hat, abverlangt (und ihm, worüber er sich kindisch freut, statt seiner alten schmerzenden russischen Zähne mit einem neuen Gebiss ausstattet) – dieser Clown macht sich unserer Achtung würdig. Denn seine Clownerien, die er gar nicht bemerkt, sind der Ausdruck eines Wesens, das auf verlorenem Posten um Selbstachtung ringt.

Weil hingegen der typisch moderne Held aus Mangel an Substanz und objektivem Sinn im Grunde keine Bewährungsmöglichkeit hat, kann er sich selbst auch nicht achten; und weil er sich selbst nicht achten kann, beginnt er sich von einer Kultur zu befreien, die ihm die Bedingungen der Möglichkeit von Selbstachtung vorenthält. Und das heißt schließlich, da man ja doch in eine Kultur hineinsozialisiert wurde und also in seinem Wesen oder Nichtwesen immerfort auch Kultur *ist:* sich von sich selbst zu befreien, von all dem, was in einem Konvention, Sitte, Herkunft sein mag. Man beginnt gleichsam, nackt in der Wüste zu tanzen, wobei man jeden Schritt, jeden Sprung, jede Drehung gegen alles, was man bisher am Parkett sehen konnte, spontan neu erfindet.

Natürlich rechtfertigt das Leiden an der Anomie, begrifflich herausgeputzt und weggerückt, noch nicht, dass man im Fernsehfauteuil mit einem Buch herumlümmelt, das früher auf gut bildungsbürgerlich „Schund" hieß. Es ist ja – so das Argument jener, die zumindest ungefähr verstehen, worum es hier geht – keinesfalls angängig, nachdem man aufgehört hat, an Substanz und Bewährung zu glauben, sie akkurat bei denen finden zu wollen, die sich mit dem *bullshit,* der das moderne und postmoderne Reflexionswissen auszeichnet (mit diesem ganzen Syndrom aus Zweideutigkeiten, Relativitäten, Ironismen und Simulakren), erst gar nicht abgeben wollen. Peter Straub und Stephen King wollen sich nicht abgeben, dazu sind sie viel zu konservativ in ihrer Haltung, was die Möglichkeit von Herausforderung, Krise, Bewährung, Tugend und das Böse betrifft. Also retten sie sich mit ihren Gestalten und Handlungen in eine Welt, wo die Moderne mit ihrem ewigen Wenn und Aber, ihren Halbwahrheiten und Scheinrealitäten nicht hinkommt: in die ewig gleichbleibend archaische Welt des Übernatürlichen und menschlich Dämonischen, nach dorthin, wo es noch immer darum geht, entweder auf der hellen oder der dunklen Seite des Lebens zu stehen.

Schön, so ist es. Ich sagte nicht, dass es mir nachts, in meinem Fauteuil, darum ginge, authentisch dazusitzen mit einem authentischen Buch im Schoß. Ich wollte nichts besser erscheinen lassen, als es ist. Von Heimito von Doderer (1896–1966) wird berichtet, ihm sei irgendwann gegen Ende der Volksschulzeit, wie das in diesem Alter eben üblich war, die Welt des Karl May aufgegangen. Das ist eine Welt der Tugend und des Kampfes, Winnetou und Old Shatterhand reiten ein in die aufnahmebereite Seele, die nach Abenteuer, Edelmut und Bewährung dürstet. Bei Doderer entwickelte sich daraus ein Faible für Pfeil und Bogen, das ihn sein Leben lang nicht mehr verließ. Aber als Erwachsener empfand er es wohl unter seiner Würde, eine Passion dieser Art auf die schlicht-pathetische Gemütswelt des Karl May zurückzuführen, der noch nicht einmal den Wilden Westen mit eigenen Augen gesehen hatte. Also zitierte er stattdessen gerne die Beschreibung des Bogenschusses bei Homer, während, wie Doderers wenig zimperlicher Biograf bemerkt, am Anfang – „banalerweise, jedoch edel" – der Häuptling Winnetou gestanden hatte.[7] Sollte ich, der auch seinen Karl May intus, aber als Lektüre hinter sich hat, nun, in Stilisierung meiner philosophischen Fauteuilexistenz, ein Werk des tragisch griechischen Menschentums vorschieben? Es gibt eben, wie Theodor W. Adorno sagte, kein wahres Leben im falschen, das spricht für mein Gefühl eher gegen die „Aktualität" des Bogenschusses bei Homer als gegen jene *adventures*, die uns, im Gegenlicht des Abgründigen und Bösen, die Sonntagsgrillwürstelwelt Mainescher Alltagshelden als das gute Leben, das *happy end* unserer Existenz, vorführen.

Doderers griechisch-humanistische Selbstmythologisierung war, als ein Ringen um Authentizität inmitten der modernen Nachkriegs- und Schotterwelt (und es waren zwei Weltkriege und ihr Schotter zu überwinden, darunter der Karl-May-Verehrer Hitler), doch eher das Gehabe der „zweiten Wirklichkeit". Denn darin, in der Unterscheidung zwischen einer ersten und zweiten Wirklichkeit, glaubte Doderer sein Ich aus dem Sumpf der eigenen Schäbigkeit, Triebhaftigkeit und Zeitverfallenheit erretten zu können. Das Ganze war eine immense Übung in Selbstachtungsdisziplin, freilich mit fragwürdigem Ausgang. Doderer hatte eine Idealvorstellung vom wahren Künstler. Dieser vervollkommnet sich in „frei steigender Apperception". Man muss sich das so vorstellen, wie man in manchen luftigen Träumen unbeweglich über einem Gewimmel schwebt, aus dem, zunächst verschwommen und dann immer klarer werdend, einzelne Gestaltungen und Gestalten, schließlich ganze Wahrnehmungskomplexe auftauchen. Der wahre Künstler wird in jenem Schwebezustand – kraft der ästhetisch offenen Exzentrizität, die sein Schöpfertum *ist* – des vorbegrifflichen Seins der Dinge bewusst, um es dann, ohne noch durch persönliche Fixierungen, Vorurteile und tote Konventionen blockiert zu werden, in die Sprache aufzunehmen. Das ist ein sakraler Akt, eine zweite Taufe.

Durch sie, die Kunsttaufe, werden die Dinge erst richtig benannt, und indem der Künstler sie nun so, erhaben – „frei beweglich" und als nicht mehr in die Welt Gepresster – sieht, fällt von ihm der Bann der zweiten Wirklichkeit ab. Diese war die Welt der sozialen, kulturellen, politischen, auch sexuellen Blendung, während die erste Wirklichkeit die Dinge in ihrer vollen Wahrheit erstehen lässt. Unschuld also auf beiden Seiten! Doch Doderers quasireligiöse Ästhetik ist, prosaisch betrachtet, nichts weiter als eine Inszenierung des tief verletzten Selbst. Nicht nur, dass Doderer sich wegen seines Umgangs mit Familie, Freunden und Frauen vor seinem eigenen Urteil in Sicherheit bringen musste – vor allem sein (harmloser) Sadismus bedurfte einer „tiefen" Deutung bei schwebendem Ich –; er hatte auch Grund genug, seine politische Haltung und deren Motive später aus der allergrößten Distanz zu betrachten. Hitlerbewunderer inklusive der üblichen „Weltanschauungs"-Widerwärtigkeiten: damit fiel es nach 1945 schwer, sich selbst zu achten.[8]

Dabei war Doderers phantasierte Loslösung von dem, was ihn als Persönlichkeit hartnäckig ausmachte, weniger originell, als er vielleicht dachte. Sie war nämlich bloß die radikalisierte Variante einer Selbstdistanznahme, die schon Robert Musil seinem Helden Ulrich im *Mann ohne Eigenschaften* fulminant angedichtet hatte. Die Frage der Selbstachtung ist für Ulrich nicht unmittelbar thematisch, mittelbar ist sie es schon, und zwar auf einer Ebene, die nicht weniger tiefliegend scheint als jene Doderers. Doderer kämpfte gegen sich selbst, seine Dämonen. Ulrich hingegen hat, gerade weil er erfolgreich, beliebt, *handsome* ist, längst durchschaut, dass man zwar kämpfen und gewinnen kann, doch wo immer man derlei Exerzitien des Erfolgs mit Erfolg praktiziert, nicht an den Grund der eigenen Entfremdung zu rühren vermag.

Der Mann ohne Eigenschaften, Teil I und II, erschien 1931/32. Ulrich ist eine Romanfigur und zugleich die Spiegelung von Ansichten, die Musils eigene sind. Und eben dies, keine Eigenschaften im substanziellen Sinne des Wortes mehr zu haben, ist Ulrichs Existenzproblem. Natürlich hat Ulrich Eigenschaften, aber, wie Musil räsoniert, es ist ein charakteristischer Zustand der modernen Zeit, dass die Eigenschaften, die man hat, einem irgendwie nicht selbst zu gehören scheinen. Denn es gibt die Wissenschaften, die Kulturinstitutionen, den Journalismus: lauter Medien, die sich jeder menschlichen Besonderheit annehmen, um sie zu untersuchen, zu systematisieren, zu verallgemeinern, in einen historischen und psychologischen Kontext einzuordnen, so lange, bis sie dem Einzelnen getrost überlassen werden können – als typische Exemplare, die immer mehr Allgemeinbesitz bleiben, als dass sie geeignet wären, das höchst Individuelle eines nach Individualität strebenden Individuums auszudrücken.[9]

Sich als Besitzer von persönlichen Eigenschaften unter diesen Bedingungen vervollkommnen zu wollen, ist für Ulrich-Musil eher so, als ob man sich zum Meister in der Bewältigung einer allgemeinen Aufgabe (etwa ein guter Ingenieur, Reiter oder Liebhaber zu sein) entwickeln wollte, anstatt sich zu sich selbst hin zu entwickeln. Individualisierung erscheint als eine Form der Selbstentfremdung: Man wird ganz man selbst, indem man einen Typus möglichst makellos, *sophisticated* und erfolgreich, verkörpert. Kein Wunder, dass Ulrich sich vor dem allumfassenden Medium der sozialen Nährflüssigkeit schließlich, zusammen mit seiner Schwester Agathe, in die sanfte Mystik der schaukelnden Hängematte zu retten versucht. Es folgen, im nie vollendeten dritten Teil, endlose Gartengespräche über den innersten Kern des Selbst, der – wie könnte es anders sein? – hinausführt aus dem Reich der Begriffe, die schon ganz von den Narben des Sozialen, Historischen und allen damit für das kritische Bewusstsein einhergehenden Relativierungen verunstaltet sind.

Dort, in diesem Kern, sind Echtheit und Liebe noch möglich. Aber das Problem, das Musils Roman in eine erlahmende Endlosbewegung hineinschaukeln lässt, besteht darin, wie diese zwei substanzlosen Kerne, der Ulrichs und jener Agathes, die gleich Aureolen um ein Nichts herum schimmern, sich aufeinander zu bewegen und miteinander verschmelzen könnten. Doderer gehorchte da, *nolens volens,* dann doch seinem „inneren Schweinehund", ließ seine Geliebten die Stellung mittelalterlicher Dulderinnen unter der Folter einnehmen, und das war immerhin etwas Greifbares, mit dem sich etwas Handfestes anfangen ließ: freilich edel nur, indem das ästhetische Ich des Dichters mit gleichsam interesselosem Wohlgefallen der unschönen Geilheit des Menschen zusah, der solcher Praktiken weder entbehren konnte noch wollte.

4.
Immer noch nach Auschwitz

Brüchige Selbstachtung – das war bisher mein Leitbegriff. Er zielte auf zerbrechliche Formen der Zivilisationsgeschichte. Da gibt es den Philosophen, der sich objektiv lächerlich macht, wenn er sich subjektiv ernst nimmt. Aber natürlich, gemeint ist damit nicht irgendein Philosoph zu irgendeiner Zeit. Gemeint ist der typisch moderne Philosoph, dessen Reflektiertheit ihn in eine merkwürdige Lage versetzt: Er „weiß" Dinge, an die er nicht glaubt. Deshalb hat er ein Bewährungsproblem, das strukturell ist. Es ist nämlich zugleich ein Problem seiner Zeit. Gerade die Reflektiertheit der Moderne lässt keine kulturellen Gewissheiten mehr zu, keine Tradition im eigentlichen Sinne, die dem Begriff der Bewährungsanstrengung als Hintergrund dienen könnte. Denken wir uns den modernen Philosophen für einen Augenblick als eine Art wacklige Heldenfigur, dann haben wir den Idealtyp des modernen Don Quichotte.

Die Windmühlenflügel, gegen die er kämpft, sind nicht die harten Imperative einer Kultur, sondern die Gespinste seines eigenen Selbst, das sich durch die Substanzlosigkeit seiner Gegenwart zu sich selbst durchreflektieren möchte. Dabei freilich findet er zwar eine Freiheit, aber keine, die ihrerseits eine Substanz hätte. Es ist die Leerheit des modernen Selbst, welche die Selbstachtung des typisch modernen Menschen so windschief macht. Und ob wir diesen Menschen nun modern oder postmodern nennen, ist für sein Leiden – seine Selbstachtungsschwäche – belanglos. Was soll er tun? Er tanzt gleichsam nackt in der Wüste, wobei er jeden Schritt, jeden Sprung, jede Drehung gegen alles, was er bisher am kulturellen Parkett sehen konnte, neu erfinden muss. Das eben ist das Schicksal des sich selbst achten wollenden Menschen in einer späten, sehr späten Kultur, die sich zum größten Fragezeichen, zu einem Ärgernis vor dem Opaken ihres eigenen Überdauerns wurde.

Doch der Leser, der mir bisher geduldig und freundlich folgte, beginnt – ich spüre es – ein wenig unwirsch zu werden. So viel dünnhäutiges Gezappel? So viel verzitterte Nabelschau? Sind die Bewährungsuntiefen des „typisch modernen" Menschen nicht samt und sonders Nichtigkeiten, betrachtet man sie vor dem Gewalthintergrund, der das Thema „Selbstachtung" im 20. Jahrhundert, nach dem

Wüten des Faschismus, zu einer Grundfrage der kollektiven Befindlichkeit machte? Hier geht es ja um nicht weniger als die Frage, ob sich nationale Identität, verkörpert im Zugehörigkeitsstolz der Bürger, durch die Schande des Gewesenen hindurch noch rechtens behaupten darf und kann.

Und plötzlich ist es da, das Wort, in dessen Bannkreis sich das Gerede von der Zerbrechlichkeit des modernen Individuums, seinen fadenscheinigen Schleiertänzen rund ums eigene Selbst, seinen Donquichotterien über dem Bodenlosen seiner angeblich maßlosen Freiheit, regelrecht frivol ausnimmt: Auschwitz. Definiert nicht dieses Wort erst das eigentliche Selbstachtungsproblem unserer Zivilisation? Gewiss. Und doch, was genau soll das heißen?

Auch wenn der Schatten des letzten Tausendjährigen Reiches (1933–1945) in der Abfolge der Generationen rasch blasser, rasch undeutlicher zu werden beginnt, so mag weiterhin richtig sein, dass wir alle, besonders aber wir Deutsche und Österreicher, im „Schatten von Auschwitz" leben. Dürfen sich also die Kinder, Kindeskinder und Kindeskindeskinder der Holocaustgeneration nicht der gleichen Selbstachtung befleißigen wie die Angehörigen anderer Nationen? Haben wir weiterhin die Pflicht, das Haupt zu senken und leise zu treten, wenn es um unseren nationalen Stolz, um die Würde des Vaterlandes geht?

Es ist erst einige Jahre her, seit der Nobelpreisträger Günter Grass in seinen späten Memoiren *Beim Häuten der Zwiebel* (2006) einbekannte, als junger Mensch kurze Zeit Mitglied der Waffen-SS gewesen zu sein. Grass wurde 1927 geboren. Um der Enge des Elternhauses zu entkommen, meldete er sich freiwillig zur Wehrmacht, um schließlich, im November 1944, in die 10. SS-Panzer-Division eingezogen zu werden. Nach dem Krieg engagierte sich der Schriftsteller Grass, dessen Roman *Die Blechtrommel* (1959) ihn früh zu Weltruhm führte, als erklärter Linksdemokrat: „gegen das Vergessen".

Grass wurde nicht nur für Intellektuelle, sondern auch für eine breitere Medienöffentlichkeit das, was man eine „moralische Instanz" nennt. Er repräsentierte für viele eine Möglichkeit, im Schatten von Auschwitz noch so etwas wie eine *minimierte Art von Selbstachtung* haben zu können und, den guten Willen der anderen vorausgesetzt, haben zu dürfen. Dazu war es notwendig, die Verbrechen der Nationalsozialisten ohne Wenn und Aber zu verurteilen, Vergangenheitsbewältigung in Form ungeschönter Tatsachenaufarbeitung zu betreiben, Trauerarbeit zu leisten und das kollektive Schuldbekenntnis nicht zu einer Formalität verkommen zu lassen. Außerdem unterlag jeder Bürger nach Auschwitz der Pflicht, sich um eine demokratische, menschenrechtssensible, friedliche Zukunft zu bemühen, was einschloss, Wiedergutmachung zu fordern und zu praktizieren. Für all das stand der Name Grass in eminentem Maße.

Wer von Grass kritisiert, getadelt oder gar verurteilt wurde, der wurde den Makel des Gescholtenen, des öffentlich Beschämten nicht mehr so leicht los. Wen die „Faschismuskeule" derer traf, die heute gerne als „Gutmenschen" heruntergemacht werden – und Grass gehörte zu diesen Gutmenschen –, der durfte nicht mehr damit rechnen, von der meinungsrelevanten Öffentlichkeit geachtet zu werden; der musste schauen, wo er sich seine Selbstachtung fortan herholen konnte.

Und woher wohl? Natürlich von den Rechten, die sich schon seit etwa 1960 als Neue Rechte zu formieren begonnen hatten und in den späten 1980er Jahren erstaunlich viele Intellektuelle, die einst links, ja radikal links standen, in ihren Reihen begrüßen durften.[10] Aber die Neue Rechte fand spät erst ein literarisches Aushängeschild: Botho Strauß. In seinem Langgedicht *Diese Erinnerung an einen, der nur einen Tag zu Gast war* (1985) hatte Strauß es niedergeschrieben:

Was vor uns war und was noch kommen wird,
es braucht das gute Gewissen und Beispiel von
Menschen, die nichts zu bereuen haben. Es braucht
ihre Kraft, Waagbalke zu sein zwischen der Früheren
Schuld und der Späteren Klugheit, zwei Schalen
Geschlechter, nach vorn und zurück, geradehin auszugleichen,
achtend, dass nicht die Schuld umso leichter wiege als die
Furcht schwerer.

Was hier sanft zu lesen steht, markiert doch eine typisch rechte Wende.[11] Denn die „Klugheit der Späteren" wird – das betont Strauß immer wieder – in der Gesellschaft der Traditionsankläger und Antifaschisten zum Übel. Diese „Klugheit" entstammt flacher Aufklärung, einer sich universal gerierenden Moral, die jede Kultur über den gleichen menschenrechtlichen Kamm scheren möchte, dabei dem Zensorphänomen der Political Correctness ergeben. Deshalb herrscht heute Furcht, über die Dinge anders als in den verordneten linksdemokratischen, massenmedialen Schlagworten nachzudenken. Um die Blockade zu brechen, braucht es, so Strauß, „das gute Gewissen und Beispiel von Menschen, die nichts zu bereuen haben".

Die Neue Rechte beklagt also, dass gerade eine kollektive Stimmungslage wie jene, die sogenannte moralische Autoritäten à la

Günter Grass verkörperten, das deutsche Volk daran hindere, sich selbst wieder in Achtung begegnen zu können. Stattdessen: ein ewig Volk von Trauerarbeitern! Strauß dichtet dagegen an, sich als Deutscher bloß geduckt achten zu dürfen und dabei immer unter Beobachtung der anderen zu stehen, der „Befreier", die keine Kollektivschuld auf sich geladen hatten (auch wenn zwei Atombombenabwürfe und diverse Angriffskriege nach 1945 auf ihr Konto gingen).

Die Reaktionen, die das späte Einbekenntnis des Günter Grass provozierte und dabei monatelang die Feuilletonspalten füllte, schienen auf indirekte Weise Botho Strauß zu bestätigen. Grass hatte das kompromittierende Detail seines Lebens nie verheimlicht, er hatte es nur nicht an die öffentliche Glocke gehängt. Doch schon diese Art des „Verschweigens" – man dachte, er sei bloß Flakhelfer gewesen –, wurde zum Anlass einer wütenden, scheinheiligen, dem Ausland alle nur denkbaren Angriffsflächen bietenden Demontage des Mannes, der den Deutschen angeblich ein Vorbild dafür gewesen war, wie man nach Auschwitz leben könne, ohne sich selbst für immer verachten zu müssen.

Mag sein, dass ich mich täusche, denn vieles hier bewegt sich im Atmosphärischen. Aber die Grass-Debatte vermittelte den Eindruck, als ob die Medienöffentlichkeit an einem Moralisten Rache nehmen wollte. Moralisten schüren das schlechte Gewissen. Wie anders als mit schlechtem Gewissen sollte man nach Auschwitz leben? Um dennoch einen Funken Selbstachtung zu bewahren, musste man sich einen Habitus des Bedauerns zulegen, und zwar auf allen Ebenen: moralisch, psychisch, politisch, rechtlich. Doch der Beobachter würde das ewig Menschliche, Allzumenschliche unterschätzen, wollte er nicht sehen, dass man diejenigen, die diesen Habitus als nationale Dauerhaltung einforderten – eben die linken Moralisten –, zwar nach außen hin hellauf zu Autoritäten in Sachen Vergangenheitsbewältigung erklärte, freilich bloß, um sie, die Lehrmeister der permanent geduckten Selbstachtung, „klammheimlich" besser verabscheuen zu können. Wenn so einer dann seinerseits plötzlich als Vertuscher dasteht, dann kennt der Revanchismus des gekränkten Kollektivstolzes kein Halten mehr. Lauthals vorgetragen wurde die vollends absurde Forderung, Grass den Nobelpreis wieder abzuerkennen (wozu niemand, nicht einmal das Nobelpreiskomitee, berechtigt ist).

Aber gewährt uns Strauß, dank seines rechten Credos, wirklich Aussicht auf eine bessere Art der Bewährung nach Auschwitz? Wer könnte denn der „Waagbalken" sein, um „zwischen der Früheren Schuld und der Späteren Klugheit" auszugleichen? Betrachten wir das

Personal, um das es jenseits lyrischer Ahnungen gehen könnte, ein wenig genauer!

Die Möglichkeitslosen. – Ich war nicht, wie Günter Grass, Mitglied der Waffen-SS. Ich bin 1950 geboren, das heißt, ich genieße die „Gnade der späten Geburt". Ich habe weder den Krieg erlebt, noch die schweren Jahre danach. Ich habe nie Hunger gelitten. Meine Kindheit verbrachte ich in bescheidenen Verhältnissen, was keineswegs bedeutet, dass ich unglücklich gewesen wäre. Ich bin bei meiner Großmutter aufgewachsen, die unsere Wohnungstüre zu versperren pflegte, wenn es sonntags Huhn gab. Die Nachbarn sollten nicht glauben, wir könnten es uns leisten, obwohl sie bei anderen Gelegenheiten auch nicht glauben sollten, wir könnten es uns nicht leisten.

Meine Position ist die Position danach. Das ist eine sehr profane Gnade. Ich maturierte 1968, in jenem Jahr, als andernorts Studenten gegen den Staat, den sie nach wie vor für faschistisch hielten, und gegen den Kapitalismus, den sie ebenfalls für faschistisch hielten, zu revoltieren anfingen. Die akademische „Generation der Flakhelfer" – also die zwischen 1926 und '30 Geborenen – wurde zum Sprachrohr der Jüngeren. Dazu gehört Günter Grass. Gemeinsam durchlöcherte eine neue Intelligenz die Mauer des wiederaufbausamsigen Schweigens der fünfziger Jahre mit ihren chronischen Stimmungskanonen und unpolitischen Komödianten. Heinz Rühmann als kleinbürgerlicher Lebenskünstler und Heinz Erhardt als reimender Vaterbär juxlauniger Teenagerkinder: das waren die Symbole einer Wohlfühlbetriebsamkeit im Sumpf der Lebenslüge.

Ich hatte im Geschichtsunterricht von der Zeit des Faschismus gar nichts gehört. Unser erzkatholischer Geschichtslehrer, der sich vor jeder Kirche bekreuzigte, kam gerade dazu, uns den Beginn des Ersten Weltkriegs anzukündigen. Das war kein Zufall. Die Zeit Hitlers war tabu. Zweifellos hätte sich Österreich, als kleine Nation mit großer Zukunft, gar nicht erst etablieren können, wäre die Zeit der „Aufarbeitung" zu früh gekommen. Dass sie, bedingt durch die Mentalität von Geschichtslehrern wie dem meinen, dann viel zu spät kam, hatte zur Folge, dass die Zeit des Nichterinnerns nun zur Geschichte Österreichs mit dazugehört.

Der Erinnerungsdiskurs der Zweiten Republik wurde von gebildeten, sensiblen Angehörigen der Mittelschicht in Gang gesetzt, die häufig verabscheuten, was ihre Eltern und Großeltern getan hatten. Dabei entging den Jungen, sei es aus Unkenntnis, sei es aus Unwillen, häufig der geringe persönliche Spielraum, der für die Situation vieler

Menschen vor dem Krieg typisch gewesen war. Im Rückblick der Älteren ließ sich das Erinnerte oft kaum mit der Einsicht verbinden, „man hätte auch anders handeln können". Unter solchen Umständen führt ein moralisch zugespitzter Erinnerungsdruck meist zu nichts weiter als zur Prolongierung, ja Verstärkung der bösen Gefühle von einst. Sicher scheint: *Das* heilsame Erinnern gibt es nicht.

Ein Leben wie jenes meiner Großmutter ist in gewisser Weise typisch. Ihr Vater, ein Polizist, der noch mit dem Lederriemen erzog, gab sie bald weg, „aufs Land". Warum, das ist nicht klar. Meine Großmutter hatte es so empfunden, als ob man sie, das ungeliebte Kind, aus dem Haus haben wollte. Ihre halbwegs menschenwürdige Zeit begann erst, sobald sie einen schlichten, gemütvollen Mann heiratete, von Beruf Buchbinder, der sich freilich bald durch Hilfsarbeiten über Wasser halten musste. Da ich viele Jahre lang bei meiner Großmutter lebte, wurde mir wortlos – und oft schmerzlich genug – klar, dass ein Leben auf diesem Niveau niemals von dem Gefühl durchdrungen sein konnte, andere Möglichkeiten zu haben als eben die, die als Tatsachen in Erscheinung traten. Was war, das war.

Man konnte nur erzählen, über die Schläge, den Hunger, die Lehrer, die einem kaum das Erforderlichste beibrachten; über die große Gleichgültigkeit allerorts für die Not eines armen Mädchens, einer jungen Frau ohne Mitgift. Was die Nationalsozialisten betrifft, so wurden sie von meinen Großeltern begrüßt, weil sie eine Art von Sozialisten waren. Man glaubte ihnen, dass sie diejenigen, die das Alltagselend zu verantworten hatten, davonjagen und alles besser machen würden.

Für Menschen vom Typ meiner Großeltern hatte Erinnern etwas stoisch Expressives. So ging und geht es vielen Menschen, die zu den sogenannten „einfachen Leuten" gehören. Sie haben das Gefühl, gegen die Welt nichts ausrichten zu können. Die Welt macht mit ihnen, was sie will. Und sie übertragen ihre Sichtweise auf alles und jeden, der nicht zu den Mächtigen, den oberen Zehntausend, den Lenkern der Geschicke, den Führern gehört. Sie übertragen sie gleichermaßen auf Opfer *und* Täter.

Das erschien dann, nach 1945, den sensiblen jungen Leuten als Verweigerung der Alten, die eigene Schuld anzuerkennen und mit den Opfern Mitleid zu haben, ihnen Gerechtigkeit widerfahren zu lassen. Ich wurde durchaus empfänglich für diese Botschaft. Nicht nur begann ich die „Sensibilität" der behüteten Bürgerskinder – deren Kreise mir als Kind verschlossen waren – zu übernehmen; ich übernahm auch deren intellektuelle Klischees. Dazu gehörte, obwohl ich fast gar nichts über den Nationalsozialismus wusste, in den Österreichern, die über jene Zeit beharrlich schwiegen, ein Volk von Massenmördern zu sehen.

Diese Sicht der Dinge teile ich heute nicht mehr. Ich teile sie vor allem deshalb nicht, weil die Situation vieler Menschen in ärmlichen und ungebildeten Verhältnissen für politische Schuldzuweisungen kaum geeignet scheint. Und für solche Menschen stellte sich nach 1945 das Problem der Selbstachtung in keiner nennenswert anderen Form als vorher. Sie hatten Hitler gewählt. Sie waren, weil ihnen das seit jeher eingetrichtert wurde, Antisemiten. Aber da sie, stets mit dem eigenen Überleben beschäftigt, auf eine grundlegende Weise unpolitisch waren und dabei tatsächlich machtlos, blieb die Frage der Schuld – der Schuld am Krieg, an den Millionen Toten, an Auschwitz – abstrakt. Sie hatte mit der „Anständigkeit", die man an den Tag legte, indem man sich um die eigene Familie sorgte und eventuell auch um ausgebombte Nachbarn, nur insofern zu tun, als man ständig in Gefahr war, von den Besatzungssoldaten behelligt und an der Beschaffung des täglich Nötigen gehindert zu werden, anfangs vor allem in der russischen Zone. Später dann war man froh, dass es wieder „aufwärts" ging. Für meine Großeltern war der Übergang vom Nationalsozialismus zum Parteibuch der Sozialistischen Partei Österreichs (SPÖ) in erster Linie eine pragmatische, weniger eine ideologische Angelegenheit. Es ging darum, wer bei der Beschaffung von Unterstützungsleistungen und Arbeit am ehesten behilflich sein würde.

Die Mitleidslosen. – Für mich als Heranwachsenden war das Wort „Kollektivschuld" mehr als ein Wort. Spät erst las ich Eugen Kogons *SS-Staat,* ein Werk, das bereits 1947 erschienen war. Mit einem Mal breitete sich vor mir das Schicksal der Juden im Holocaust detailliert aus, und ich weiß noch, dass ich bis dahin überhaupt keinen Juden, der als solcher erkennbar gewesen wäre, in meiner Heimatumgebung gesehen hatte. An zwei Dinge, die mir während meiner Oberstufenzeit am Gymnasium einprägsam wurden, kann ich mich gut erinnern:

Erstens, da war ein Gefühl, als ob sich die Persönlichkeit derer, die mir am nächsten standen, verdunkelte. Bei Menschen, die ich für herzlich hielt, trat eine Form von Ignoranz in Erscheinung, die mir bis dahin unbekannt gewesen war. Was hatte man vom Schicksal der Juden gewusst? Was hatte man sich dabei gedacht, als die Juden aus ihren Häusern geholt, aus ihren Geschäften vertrieben, öffentlich gedemütigt wurden? Und als sie dann für immer verschwanden? Oft machte man sich nicht einmal die Mühe, standhaft zu lügen nach dem Modell: „Weiß nicht, habe keine Ahnung, musste mich um mich selber kümmern." Stattdessen registrierte ich bei denen, die ich fragte, eine wegwischende Geste, ein Achselzucken, einen Blick, der fischig war, kalt, auch ressentimentgeladen. Er schien zu sagen: „Was willst du, Bürschchen? Kümmere dich um deinen eigenen Kram."

Zweitens, woran ich mich ebenfalls mit Beklemmung erinnere, ist der Umstand, dass ich mich plötzlich in ein Land hineinversetzt sah, in dem etwas gang und gäbe war, was ich später „Konversationsantisemitismus" nannte.[12] So wie man misslaunig über das schlechte Wetter oder eine Wespenplage im Sommer spricht, so sprach man anlässlich einer Teuerung oder Bankaffäre davon, dass die Juden ohnehin schon wieder überall ihre Finger im Spiel hätten und ein „kleiner Hitler" gar nicht schlecht wäre. Derartige Dinge sagte man, ohne sich viel dabei zu denken.

Der zynische Karrierekalauer „Von der SA zum BSA" – von der Parteiarmee der Nazis zum Bund Sozialistischer Akademiker – brachte für mich eine deprimierende Wahrheit zum Ausdruck. Ich musste lernen, die Rolle der Bildung im Aufbau zivilisierter Gesellschaften weniger humanistisch, weniger „menschenbildnerisch" und „charakterbildend" zu sehen. Das war ein Problem für einen Naiven wie mich, der in jungen Jahren, indem er sich eine akademische Laufbahn ausmalte, auf die Bildung als Medium der Humanisierung setzte; einen wie mich, der bildungsbeflissen einen Beruf wählen wollte, der zuinnerst mit Bildung zu tun hatte. Bildung, so musste ich begreifen, führt im besten Fall dazu, dass das Gemeinwesen über viele Fehlgriffe und Opfer hinweg schließlich lernt, politisch, rechtlich und bürokratisch Vorkehrungen zu treffen, um der Totalitarismusneigung und kollektiven Bestialität zu wehren – den Einzelnen hingegen schützt die Bildung nur wenig.

Auf die Gebildeten ist in politischen Angelegenheiten notorisch wenig Verlass. 1933 machte keine Ausnahme. Die Zahl der Akademiker, die begeistert zu Hitler standen, war Legion. Das Beispiel Martin Heideggers ist wohlbekannt. Für mich, als Lehrer der Philosophie, ist es nach wie vor alarmierend. Als Heidegger nach dem Krieg befragt wurde, ob er Hitlers *Mein Kampf* gelesen habe, antwortete er sinngemäß: Nie zur Gänze, er habe Hitlers Prosa nicht ertragen. Dafür bewunderte er, wie überliefert, gelegentlich die „schönen Hände" des Führers, dessen erster Universitätsrektor er wurde.

Welche Gewaltmittel notwendig waren, um Hitlers Ziele zu erreichen, darüber machte sich der Philosoph anscheinend kaum Gedanken. Lieber schwelgte er in zackigen Reformideen: Ende der „vielbesungenen" akademischen Freiheit, stattdessen studentischer Arbeitsdienst, Wehrdienst, Wissensdienst. Und während Heideggers Kollegen, die noch bei Verstand waren, den Kopf schüttelten, soll die realpolitische Führung rasch zu der Einschätzung gelangt sein, der Herr Rektor spiele Nazi etwa so, wie Kinder Indianer spielten.[13]

Nach 1945 schwieg Heidegger über seine Verstrickung in den Faschismus. Kein öffentliches Wort der Rechtfertigung, des Bedauerns oder gar des Mitleids für die Opfer. Dass er es dennoch schaffte, auf die deutsche Geistesbühne als einer zurückzukehren, von dem wir Wesentliches über das Sein und Dasein des Menschen lernen könnten, gehört ebenfalls zu den Aspekten, die für mich das Thema „Bildung und Humanität" belasten.[14] Wie konnte man Heideggers Meditationen über den Menschen als „Hüter des Seins" goutieren, nachdem Millionen Juden ermordet worden waren? – ein Punkt, zu dem Heidegger aus Anlass seiner Bremer Vorträge 1949 bloß einfiel, die Fabrikation von Leichen in Gaskammern und der Ackerbau als motorisierte Ernährungsindustrie seien wesensmäßig „das Selbe".[15]

Heute sehe ich in all diesen Reaktionen – im mitleidlosen Nachkriegstrotz („Was weißt denn du schon!"), im antisemitischen Konversations-Ton und im Schweigen über das „Unsägliche" – krampfhafte Versuche, angesichts der eigenen schuldhaften oder jedenfalls fahrlässigen Verstrickung in den Faschismus hintennach die Lage so darzustellen, als ob man recht im Unrecht gehabt hätte. Gewiss, Auschwitz wollte man nicht, aber was die deutsche Sache betraf ... Auf diese Weise konnte man darauf beharren, dass das Geschehene kein Grund der Schande, der Beschämung und also auch kein Grund war, sich nicht mehr selbst zu achten.

Dabei nahm die Rationalisierung der Gebildeten, der Lehrer der Jugend, in meinen Augen eine besonders widerwärtige Form der Besserwisserei an. Heidegger gab zwar zu, sich in seiner Einschätzung der „Bewegung" geirrt zu haben, dachte er doch anfangs, sie sei empfänglich für den „Anruf" des Seins. Er gab dies freilich nur zu, indem er dem realen Nationalsozialismus nun, im Rückblick, bescheinigte, schon immer derselben „Gestellhaftigkeit" verfallen gewesen zu sein, welche er rund um den europäischen Humanismus schon lange zuvor diagnostiziert habe und die jetzt, im Nachkriegsfrieden, erst voll zur Wirkung gelange. Deshalb war es für Heidegger, „ontologisch" gesprochen, nur ein Schritt von Auschwitz bis zur modernen Ernährungsindustrie.[16]

Wie sollte man als junger Mensch, der nach achtenswerten Vorbildern sucht, mit solchen Vätern leben können?

Verletzte Söhne. – Nach dem Krieg sind meiner Familie keinerlei Sanktionen auferlegt worden. Wie ich später bemerken konnte, war das für mich bedeutsam. Denn im Laufe der Zeit traf ich immer wieder Angehörige meiner Generation, für die das Erinnern wenig Heilsames hatte. Es handelte sich dabei um Männer, welche die Schmach, die ihren nationalsozialistisch belasteten Familien zugefügt worden war, nicht verwinden konnten.

Ein typischer Fall ist jener Kollege gewesen, der als Kind ein Gefühl beschämender Ohnmacht durchleben musste, und zwar infolge der von den Alliierten gegen seine Eltern verhängten Sanktionen. Jener Kollege wurde später nicht nur ein zwanghafter Oberlehrer in Sachen Charakter und Demokratie. Darüber hinaus erwies er sich als außerstande, sein Ressentiment gegen die – wie er es empfand – antifaschistischen „Kreuzzügler" ruhen zu lassen. Zogen diese unter dem Deckmantel der „Aufarbeitung" Befriedigung daraus, Ex-Nazis an den Pranger zu stellen, so geißelte er seinerseits unermüdlich den Opportunismus der neuen moralischen Elite, besonders der selbstgerechten Linken.

Ich denke, dass ein Teil der zwiespältigen Faszination, die Jörg Haider als Rechtspopulist in Österreich auszulösen vermochte, sich einem ähnlichen Mechanismus verdankt. Haiders Eltern, so berichten die Quellen, sind von Anfang an überzeugte Nationalsozialisten gewesen. Nach 1945 sahen sie sich – von den Alliierten als „minderbelastet" eingestuft – einer Reihe von Demütigungen ausgesetzt. Jörg Haider ist wie ich Jahrgang 1950. Während seiner politischen Aufstiegsphase zeigte er im Umgang mit dem Thema „Nationalsozialismus und Schuld" einen aggressiven Gefühlsüberschuss, hinter dem zwar Kalkül, aber vermutlich auch ein gerüttelt Maß an Verletztheit stand. Haider sah sich wohl als später Ehrenretter seiner Elterngeneration und damit, indirekt, seiner eigenen Eltern. Zu diesem Zweck verteidigte er Geist und Brauchtum der nicht bloß minder, sondern schwer Belasteten, der Veteranen der Waffen-SS und ähnlicher Gesinnungsbünde.

Haiders Art des Erinnerns bestand darin, im Nazi den Soldaten und im Soldaten den aufrechten Patrioten zu sehen, der – wie Vater Rudolf – sein Leben fürs Vaterland aufs Spiel gesetzt hatte. Ein derart Partei nehmendes Erinnern konnte auf die Sympathie all jener zählen, die es aus zumeist familiären Gründen abstoßend und anstößig fanden, den Österreichern ständig den Spiegel ihrer nazistischen Vergangenheit vorzuhalten. Das war einer der Hebelpunkte, an denen die Ewiggestrigen und jüngeren Gutmenschen-Verächter ansetzten.

Dass sie damit den rechtsradikalen Erinnerungstrends Vorschub leisteten, war teilweise durchaus beabsichtigt.[17]

Einerseits ging es darum, Geschichte als Quelle der Reinwaschung zu nützen: Scheinrechtfertigungen wurden vorgetragen, von „Stalins Krieg", der über Europa gekommen wäre, hätte Hitler den Russlandfeldzug nicht wenigstens gewagt, bis hin zur „Auschwitzlüge", in deren Namen man die Existenz der Konzentrationslager leugnete. Andererseits sollte mit dem Rechtfertigen, dem ewigen „Mea-Culpa-Geschrei" überhaupt Schluss sein.

Die persönlich und ideologisch motivierten Fehllagen des Erinnerns, des Falsch-Erinnerns und Nicht-mehr-erinnern-Wollens, sind Tatsachen der österreichischen Aufarbeitungsmisere nach 1945. Ungeachtet dessen waren jene, die seit jeher auf der Erinnerungspflicht beharrten, ihrerseits nicht selten Menschen, deren eigene Motive unschwer Züge des Zwanghaften erkennen ließen. Hierher gehörten jene enttäuschten, tief verletzten Söhne – ich könnte auch, mit gewissen Abstrichen, von den Töchtern reden –, die nach geeigneten Mitteln suchten, um ihre Nazi-Väter zu „bestrafen", zumindest sich an ihnen „abzuarbeiten".

Auf diese Weise entstand eine ganze Literaturgattung, für die der Titel eines Buches von Peter Henisch stellvertretend stehen mag: *Die kleine Figur meines Vaters*. Dabei ist das Werk des 1943 geborenen Henisch ganz und gar kein Werk des Hasses, sondern – wie er selbst beteuert – eines der unglücklichen Liebe zum jüdischen Vater, dessen Motive, Nationalsozialist zu werden, er besser verstehen wollte.

Viele typisch intellektuelle Söhne, die ich im Laufe der Zeit getroffen habe, litten unter der „kleinen Gestalt ihres Vaters". Nicht selten zeigten sie einen vatermörderischen Hass, und nicht selten bezogen sie daraus auch eine Art von Lust: die Lust, das Objekt des Hasses zu verletzen, ja, es symbolisch zu zerstören. Die intime Hass-Lust-Konstellation war eine Folge der Entdeckung, dass die Männer, die mit ihrer Scheinanständigkeit zu Hause die väterliche Autorität gaben, schließlich, sobald ihre Nazigeschichten bekannt wurden, als familiäre Schmierenkomödianten und womöglich noch Schlimmeres dastanden. Das war eine Wunde, die sich vom Standpunkt der traumatisierten Söhne aus niemals schließen durfte.

Abrüstung der Erinnerung. – Inzwischen sind die Söhne, ob Ehrenretter oder Vatermörder, alt geworden, und Deutsche wie Österreicher sind mittlerweile weit davon entfernt, sich auf die Rolle von Trauerarbeitskollektiven fixieren zu lassen. Neue Generationen sind herangewachsen, das Thema „kollektive Schuld" ist keines mehr. Die Deutschen achten sich wieder als Angehörige einer achtenswerten Nation, die im Großen und Ganzen ihre Nazi-Vergangenheit bewältigt hat; und die Österreicher, die in zehnfach kleineren Maßstäben leben, versuchen redlich, ihren eigenen Stolz darüber, Kulturweltmeister zu sein, vor den lakonischen Blicken des Auslands nicht lächerlich zu finden.

Im österreichischen Gedenkjahr 2005 musste also damit gerechnet werden, dass alle denkbaren Österreichklischees hervorgekramt und bedient werden. Nicht nur 60 Jahre Kriegsende, auch 50 Jahre österreichischer Staatsvertrag: Da wuchs der politische Wille, sich gemeinsam zu erinnern, ins schier Unermessliche. Noch die kuriosesten Erinnerungshilfen wurden in Anspruch genommen, zum Beispiel eine mobile Attrappe des Staatsvertragsbalkons, auf dem der einstige Außenminister Leopold Figl den Satz gesprochen hatte: „Österreich ist frei." Nun mochten die Österreicherinnen und Österreicher leibhaftig ihren Event-Balkon erklimmen und Figls Event-Satz sprechen, der Österreichs neu errungene Selbstachtung offiziell besiegelte.

Staatsvertragsfeiern biegen die „Neugeburt" Österreichs gerne in einen Verhandlungstriumph um. Das ist verständlich. Denn wie sollte eine nationale Feier funktionieren, die vom Entstehen eines exnazistischen, durch Exnazis mitgetragenen, machtlosen Kleinstaates von Siegers Gnaden handelte, geboren aus einer Alliierten-Logistik über die zukünftige Teilung Europas in Ost und West? Allerdings lässt sich erst vor diesem – feiertäglich ausgeblendeten – Hintergrund begreifen, warum das österreichische Selbstverständnis seit 1955 zwischen kultureller Großmachtphantasie und außenpolitischer Musterschülerhaltung schwankt.

Dieses Schwanken deutet auf ein Selbstachtungsproblem, das aus der Tiefe der Zeiten überdauert. Noch immer rumoren da und dort die Gespenster der Vergangenheit. Es ist nicht lange her, da führte die Wanderausstellung *Verbrechen der Wehrmacht, Dimensionen des Vernichtungskrieges 1941–44* zu heftigen Reaktionen. Gezeigt wurde die massive Beteiligung deutscher und österreichischer Soldaten an verbrecherischen Handlungen, zumeist Gräueltaten an der russischen Zivilbevölkerung. Hier – so empörten sich die Gegner der Ausstellung – lernten die jungen Leute bloß, dass Soldaten, die ihrer Heimat dienten, feige Handlanger, Folterer und Schlächter gewesen seien.

Die Gespenster der Vergangenheit haben jedoch in unseren Tagen noch eine ganz andere Form der Materialisierung angenommen. Längst nämlich hätte die Entzauberung jener Aura stattfinden müssen, durch die das Böse die Massen überwältigte. Demgegenüber kann man sich heute des Eindrucks kaum erwehren, dass die Aura Hitlers nach wie vor Konjunktur hat. Das Interesse an „einschlägigen" Themen, besonders solchen, die sich über Personen transportieren lassen, ist enorm. Es vergeht selten ein Tag, an dem man im Fernsehen nicht auf irgendeinem „Bildungskanal" fragwürdige Geschichtslektionen erhält. Getarnt als Information und Aufklärung kann man fast Abend für Abend Sendungen konsumieren, die Titel tragen wie: Hitler und seine Frauen, Hitler und seine Hunde, Hitler und seine Generäle. Es ging und geht um Hitlers Religion, Hitlers Architekt, Hitlers Sekretärin, Hitlers Bayreuth, Hitlers Speiseplan usw. usf.

In letzter Zeit ist die cineastische Hochglanzaufarbeitung des „Grauens" hinzugetreten. Im Film *Der Untergang* spielt sich Bruno Ganz buchstäblich die Seele aus dem Leib. Der große Schauspieler kriecht in Hitler hinein, ja, er wird regelrecht Hitler, um dessen Dämonie mit einer Brillanz zu realisieren, wie Hitler selbst sie niemals hätte verkörpern können. Da darf der ebenfalls große Mime Tobias Moretti nicht zurückstehen. In *Speer und Er* gibt er mit unterkühltem Spiel den Führer als einen faszinierenden Menschen, der natürlich ein Monster war. Natürlich.

All diese mehr oder minder ambitionierten Darbietungen des geschichtlichen Materials lassen in der Darstellung des Verbrecherischen und Inhumanen einen Überschuss an Faszination erkennen. Die Faszination deutet ihrerseits auf eine uneingelöste und zugleich tragisch verfehlte Größe hin. Zu einer demokratischen Kultur der Erinnerung gehört demgegenüber, dass sie die quasireligiöse Aura totalitärer Symboliken und ihrer Vermittler durchschaubar macht und dadurch neutralisiert.

Zugegeben: Mindestens ebenso große Begeisterung wie der Hitlerernst erregen die mannigfachen Hitlerparodien, besonders wenn sie von den Altmeistern der Subversion, etwa Harald Schmidt oder Helge „Katzeklo" Schneider, zum Besten gegeben werden. Doch im Hitlerspaß spiegelt sich weniger der Widerstand gegen ein moralinsaures Lachverbot – Achtung, Political Correctness! –, sondern eher eine entpolitisierte Reaktionsform auf das Politische überhaupt. Herrisch schafft sich ein Unterhaltungsverlangen Raum, das gleichsam total geworden ist. Das wäre ja noch schöner, scheinen uns die Comedians aus allen TV-Kanälen entgegenzufeixen, wenn es etwas gäbe, worüber sich kein Witz machen ließe: „Sie wollen einen Sketch aus den Gaskammern? Kein Problem!" Solchen Hitlerspaß kann sich der Hitlerernst durchaus gefallen lassen.

Bewährung nach Auschwitz ist das alles nicht. Will die nach 1945 langsam wieder errungene Selbstachtung im demokratischen Frieden und Wohlstand die „Gespenster der Vergangenheit" endgültig bannen, dann nur im Rahmen eines kollektiven Vorgangs, den ich gerne als dauerhafte *Abrüstung der Erinnerung* bezeichnen möchte. Es gibt die Erinnerung, die zu der viel zitierten Trauerarbeit führt, zur Anerkennung nicht bloß individueller, sondern „kollektiver", das heißt: öffentlicher Schuld, samt den daraus resultierenden Verpflichtungen der Allgemeinheit gegenüber den Opfern. Zur Kultur der Erinnerung gehört jedoch ebenso, dass man das Vergangene zwar nicht verdrängt, *es aber irgendwann vergangen sein lässt.*

Das Vergangene vergangen sein lassen, bedeutet, die Toten der einen Seite nicht mehr moralisierend gegen die Toten der anderen Seite aufrechnen zu müssen, ein fremdes Volk nicht mehr zu hassen, weil es dem eigenen einst Gewalt angetan hat. Noch immer sprechen sich respektable Stimmen gegen eine „Archivierung" des Holocaust aus. Dahinter steht die Besorgnis, die Opfer könnten relativiert und vergessen werden. Doch wenn Erinnern heilsam sein soll, dann bedarf es einer Entwicklung. Es muss, nach Schuldanerkennung, Reue und Wiedergutmachung, im Generationenlauf zu einem Gedenken anderer Art werden – zu einer bedachtsamen Lehrbucherinnerung.

Lehrbucherinnerung meint, dass die Opfer der Geschichte im Namen der Singularität ihres Leidens nicht dauerhaft gegen die Erkenntnis der Mechanismen isoliert werden, die dazu führten, dass das „Singuläre" – Auschwitz – geschehen konnte. Es gibt historische Stereotypien: wiederkehrende Muster des Anstoßnehmens, Gesetzmäßigkeiten im Aufbau von Rassismen, typische Abläufe bei der Etablierung von Unrechtssystemen. Lehrbucherinnerung meint also, sich über die Allgemeinheit der Bedingungen zu unterrichten, die den Naziterror und seine Vernichtungsmaschinerie erst möglich machten. Nur so nämlich erhebt sich der Vorsatz, „den Anfängen zu wehren", über das hilflos Pathetische. Nur so reichert er sich mit politischem Abwehrwissen an.

In jedem Gedenkjahr gehört zur Erinnerungsrhetorik der Slogan: „Niemals vergessen!" Ich schlage vor, ihn einschränkend zu erweitern: *Demokratisches Leben ist Erinnerung, in Institutionen gegossen.* Man könnte sagen, dass die Bausteine unserer staatlichen Ordnung materialisierte Erinnerung und als solche ein Dammbau auch gegen die Materialisierung der Gespenster der Vergangenheit sind. Man muss, um am demokratischen Leben teilzunehmen, nicht andauernd Erinnerungsarbeit leisten. Es reicht, wenn man begreift, worin die Funktion demokratischer Institutionen besteht, *wovor* sie schützen und *was* sie schützen. Das reicht, aber – und damit komme ich zur Halbwahrheit des Slogans – es reicht nicht für immer und ewig.

Um nämlich den Wert unserer Institutionen auf Dauer zu schätzen, muss man sich darüber im Klaren sein, aus welchen leidvollen Erfahrungen sie hervorgingen. Das betrifft das Prinzip des Parlamentarismus nicht weniger als die Gewährleistung der Menschenrechte, die Gewaltentrennung nicht weniger als das allgemeine Wahlrecht, die Gewerkschaftsbewegung nicht weniger als die Freiheit von Forschung und Lehre.

Alle diese Institutionen sind, historisch gesehen, Novitäten; alle wurden mit großen Opfern erkämpft. Wer sich ihnen unterordnet, handelt zweifellos als Demokrat. Doch lebendige Demokratie kann es nur geben, wenn die Unterordnung unter die demokratische Ordnung kein Formalakt bleibt nach dem Motto: „Gesetz ist Gesetz." Denn das Wissen um den Zweck des Gesetzes schützt vor totalitären Verlockungen nur, falls dahinter die Erinnerung lebendig bleibt, dass es nicht immer so war und dass es, weil es nicht immer so war, schlechter gewesen ist.

***

Es wäre also zuallerletzt ein Zeichen demokratischer Reife, wollte ich Günter Grass verachten, weil er so lange zu einer kleinen, peinsamen Episode seines Lebens schwieg. Wie könnte ich mir eine derartige Haltung anmaßen? Grass sprach glaubhaft über Plage und Qual, die ihm sein eigenes Gewissen auferlegte. Das macht ihn, über Autoreneitelkeit und Moralistenhochmut hinweg, zu einem ehrenwerten Mann. Und sind die hässlichen Reaktionen, die seinem öffentlichen Eingeständnis folgten, nicht Beweis genug dafür, dass er im Grunde recht hatte? Er wusste als Galionsfigur des linken Antifaschismus vermutlich besser als andere – und vermutlich auch aus eigener Unduldsamkeit –, in welchem Ausmaß von einer Abrüstung der Erinnerung die längste Zeit keine Rede sein konnte.

Er irrte bloß in einem, nämlich darin, dass wir heute endlich soweit wären. Denn offenbar ist die kollektive Selbstachtung weiterhin durchsetzt von allerlei Untiefen. Diese werden hysterisch demjenigen unterstellt, der ein winziges Detail aus dem Umkreis der Schuld, die riesig auf den Völkern des Nazismus lastete, unerwähnt ließ. Symptomatisch dabei: Es spielt kaum eine Rolle, ob das Detail überhaupt eine nennenswerte persönliche Schuld begründet oder nicht.

Und so sollte der Fall Günter Grass weniger als ein Spätfall des Verdrängens, Verschweigens, Vergessens nach 1945 beurteilt werden, sondern als Symptom der brüchigen Selbstachtung jener, die aus nichtigem Anlass zu Beschuldigern wurden. Der Fall Grass – der nie ein „Fall" war – gibt uns eine Lehre über die fortdauernde Schwierigkeit, Erinnerungsabrüstung ohne gefestigte kollektive Selbstachtung zu betreiben. Ja, es bedürfte jener, die „Waagbalken" zu sein vermöchten „zwischen der Früheren Schuld und der Späteren Klugheit". Dann nämlich erst wäre ein letzter Schritt in der noch immer anhaltenden Bewährung nach Auschwitz getan.

ELEMENTE EINER LOGIK
DER SELBSTACHTUNG

5.
DAS BIN ICH MIR SELBST SCHULDIG

Selbstachtung, so scheint es, gedeiht nicht in allen Milieus gleichermaßen. Denn Selbstachtung setzt voraus, dass man Pflichten gegen sich selbst hat. Man ist sich selbst etwas schuldig. In der amerikanischen Trivialversion, die uns, je einfacher sie dargeboten wird, umso mehr ans Herz geht, ist man es sich schuldig, angesichts der Wechselfälle des Lebens, besonders der Tiefschläge des Schicksals und Angriffe des Bösen, nicht aufzugeben.

Das Zweitschlimmste ist es für die amerikanische Idee vom guten Leben, trotz menschenmöglicher Anstrengung als Versager zu enden. *Loser,* wer das von sich sagen muss, hat vom tragischen Helden einen Hauch Tragik mitbekommen; man wird ihn bedauern, aber wie einen, der an einer tödlichen Krankheit leidet. Das ist der Unterschied. Der tragische Held stirbt und dafür gilt ihm posthum unsere tiefe Verehrung. Der *loser* hingegen lebt, als ob er schon tot wäre, und dafür verachten wir ihn insgeheim (und er sich selbst). Ist er dann tot, haben wir ihn ohnehin gleich vergessen.

Das Schlimmste jedoch, was dem amerikanischen Menschen zustoßen kann, besteht darin, dass er versagt, weil er es erst gar nicht versuchte – erst gar nicht versuchte, nicht zu versagen. Denn zu versuchen, kein *loser* zu sein, auch wenn man weiß, dass man es nicht schaffen wird können (und die meisten wissen, dass sie es nicht schaffen können, sie können sich am Ende höchstens einreden, es nicht völlig „verbockt" zu haben): *das* ist es, was man sich selbst schuldig ist.

Die amerikanische Trivialversion von dem, was man sich selbst schuldig ist, ist freilich nur deshalb trivial, weil sie sich im Laufe der Zeit – im Anfang war der Mythos: „Vom Tellerwäscher zum Millionär" – unter dem Druck der Ökonomie veräußerlicht hat. Sie hat sich veräußerlicht, weil nicht aufgegeben zu haben nicht mehr reicht. Nun lautet die brutale Gleichung: „Versagt hat, wer arm bleibt." Wer es nicht zum sprichwörtlich bescheidenen Wohlstand bringt, ist ein *loser*.

Aber so dumm und grausam wie das amerikanische Erfolgsklischee ist nicht einmal die amerikanische Trivialliteratur, ja gerade sie nicht. Sie kennt den Helden, den das Leben schwer gebeutelt hat, praktisch alle PI's *(private investigators)* und guten Cops der US-Literatur sind, im konventionellen bürgerlichen Sinne, gescheiterte Existenzen: Trinker, Sprücheklopfer, Zyniker; ihre Frau ist ihnen davongelaufen, von ihren Kindern werden sie verachtet. Und doch: In ihnen verkörpert sich, zumeist widerstrebend, holprig und mit halbschmutzigen Händen (der einfache Weg, der schlicht korrupte oder achselzuckende würde dem eigenen Wohlleben, der eigenen Karriere wesentlich dienlicher sein), die ewige Forderung nach Gerechtigkeit, gewöhnlich in ihrer simplen, zwingenden Form. In ihnen verkörpert sich aber auch die fundamentale Forderung nach Parteinahme und aktivem Schutz für die Opfer. Bei allen sonstigen Unterschieden, nicht zuletzt Unterschieden des literarischen Niveaus: diesbezüglich sind sich Privatschnüffler wie Dashiell Hammetts Sam Spade, Raymond Chandlers Philip Marlowe, Mickey Spillanes einfach gestrickter Mike Hammer oder James Ellroys komplexer Detective Sergeant Lloyd Hopkins innerlich verwandt.

Hopkins aus der *L. A. Noir*-Trilogie ist sogar ein Mörder, wenn auch keiner aus einer engen, bösen Seele, sondern aus der bösen Hitze seines das Böse verabscheuenden Charakters heraus. Hopkins war sich den Mord schuldig, an dem er fortan wie an einem Krebsgeschwür zu leiden hat. Der komplexe Held bewegt sich eben nicht auf einer geradlinigen Tugendlinie, wenn es darum geht, was er sich selbst schuldig ist. In dem, was er sich selbst schuldig ist, liegt oft ein tragisches Moment der Notwendigkeit: Er muss schuldig werden, um das tun zu können, was er sich schuldig ist. Um Selbstachtung gewinnen zu können, muss er ihr vor dem Richtspruch des eigenen Gewissens, und häufig auch vor dem der anderen, verlustig gegangen sein.

An der Selbstachtung als einem Konzept, welches – man könnte sagen – das zuinnerst moralische Problem des Menschen auf den Punkt bringt, fesselt uns, dass sie nichts ist und sein kann, was man einfach *hat*. Nichts, was man einfach hat, hat etwas mit dem moralischen Problem zu tun. Das moralische Problem kreist um das, was man haben sollte, aber in Gefahr ist, zu verlieren; oder schon verloren hat und nun unter Einsatz seiner Würde, die den Einsatz des eigenen Lebens mit bedingen mag, zurückzugewinnen sucht.

Du sollst nicht aufgeben!

Das ist ein kategorischer Imperativ. Aber was soll man nicht aufgeben? Es ist doch das Wichtigste, dabei gewesen zu sein, oder? Nun, das ist zweifellos eine kleine Lüge im Dienste einer größeren Wahrheit. Es ist eine Lüge, weil das, was am meisten zählt, wenn am Ende des Tages die Rechnungen beglichen werden und jeder bei sich Nachschau hält (unter den wachsamen Blicken der anderen), das ist, was unterm Strich übrig bleibt: weil dann zuallererst der Reingewinn zählt, die errungenen Punkte, die Etappensiege, die gewonnenen Schlachten, die von allen anerkannt sind.

Gewiss war es für den Sieger das Wichtigste, dabei gewesen zu sein, und zwar insofern, als er eben nicht zu den Verlierern zählt. Er hat nicht verloren, und das, so bedeutet er nun denen, die verloren haben, war *nicht* das Wichtigste. Das Wichtigste war, dabei gewesen zu sein und das Beste, was man hatte, gegeben zu haben.

Eine kleine Lüge („Gewinnen ist nicht das Wichtigste") im Dienste einer größeren Wahrheit: denn niemand, außer der geborene Gewinner, ist es sich selbst schuldig, am Ende als Gewinner dazustehen. Und der geborene Gewinner ist einer, dem die Welt vielleicht zujubelt. Ja, sie jubelt ihm immer zu. Und dabei tut er aber immer weniger als jener, für den es das Wichtigste ist, sich dem Leben zu stellen – weil er sich *das* schuldig zu sein glaubt –, ohne die geringste Gewähr, als Gewinner aus dem Kampf hervorzugehen. Der geborene Gewinner ist ein Liebling der Götter. Und *in diesem Sinne* ist er sich eigentlich gar nichts selbst schuldig. Seine Schuld, die für andere das Leben *ist,* wurde für ihn schon mit der Geburt beglichen. Er ist nur da, um uns anderen zu zeigen, was wir alles nicht mitbekommen haben, sondern uns erst erkämpfen müssen.

Eine liebenswerte Parodie dieses Grundthemas der menschlichen Existenz finden wir in der Gestalt von Gustav Gans, Walt Disneys aufgeföhntem „Glückskind", gegen den der ewige Verlierer Donald Duck mit seinen Neffen Tick, Trick und Track natürlich keine Chance hat. Unsere ganze Sympathie gehört aber dem unermüdlich gegen die Widrigkeiten des Lebens ankämpfenden „Onkel Donald" und nicht seinem triumphierenden Widerpart, dem alles Glück der Welt in den Schoß fällt. Wir sind ja samt und sonders eher Onkel Donalds. Am Ende des Tages gehören die meisten Menschen nicht zu den Gewinnern. Sie werden unterm Strich keine Siegestrophäen vorweisen können. Dennoch werden viele zu Recht darauf beharren dürfen, dass sie getan haben, „was sie sich selbst schuldig waren". Schuldig ist man sich nicht den Sieg im Leben; schuldig ist man sich selbst, es immerhin versucht und dabei aus den eigenen Niederlagen das Beste gemacht zu haben. Deshalb ist es das Wichtigste, dabei gewesen zu sein.

Weder der Drückeberger noch der Bösewicht waren in diesem zentralen moralischen Sinne dabei. Was dem Drückeberger in den Schoß fällt, ist nichts wert, und was ihm verwehrt bleibt, hat ihm nie gebührt. Ebenso sind die Siege des Bösewichts, seine gelungenen Missetaten nichts, worauf er stolz sein dürfte. Auch wenn er darauf stolz ist, in seinem bösen Tun gegen andere erfolgreich gewesen zu sein – wie der Mafioso, der sich gewissenlos zum Paten nach oben durchgemordet hat –, so ist es doch ein falscher Stolz, der sich da breit macht. Denn niemand ist jemals gerechtfertigt, mit unrechten Mitteln die Hindernisse des Lebens überwunden zu haben. Es kann wohl sein, dass man bisweilen solche Mittel einsetzen muss, um zu überleben. Wer seinen Erfolg indessen „mit Leichen pflastert", der ist am Schluss vielleicht Schützenkönig, freilich als solcher ohne Ehre, die er sich zurechnen dürfte. Er mag sich höchstens die Ehrerbietung jener zurechnen, die ihm mit dem Schleim ihrer Untertänigkeit die Augen vor seiner objektiven Würdelosigkeit verkleben.

Das beantwortet noch immer nicht folgende Frage: *Ich soll nicht aufgeben, aber was ist es, was ich tun muss, um nicht aufzugeben?* Ich bin es mir selbst schuldig, nicht aufzugeben! Na schön, aber was tun? Es gibt Menschen, die dürfen von sich behaupten, nie in ihrem Leben aufgegeben zu haben. Sie haben sich, komme was da wolle, durchgebissen. Doch weil es das war, worum es ihnen ging – ging vor allem anderen, was auch noch zu berücksichtigen gewesen wäre –, deshalb war ihnen jedes Mittel recht. Ja, sie haben nie aufgegeben, haben alle Hindernisse, alle Widrigkeiten des Lebens überwunden, jeder Gefahr getrotzt und sind dabei über Leichen gegangen; oder waren einfach herzlos, schamlose Egoisten, Sozialdarwinisten. Es gibt eben eine gute und eine schlechte Art, nicht aufzugeben.

Denken wir daran, dass es einen guten und einen schlechten Verlierer gibt. Man kann sagen, dass der gute Verlierer sich durch zweierlei Tugenden auszeichnet. Erstens: Er zollt, bei aller Enttäuschung über die eigene Niederlage, dem Gewinner Anerkennung ohne Ressentiment. Und da es nicht in jedermanns Charakter liegt, kein Ressentiment zu hegen, wird der gute Verlierer sich redlich bemühen, seinem schlechten Charakterzug nicht nachzugeben. Zweitens aber: Es gehört zum guten Verlierer, *dass er weiß, wann es Zeit ist aufzugeben.* Ein exzellenter Schachspieler, der sieht, dass er von seinem Gegner in drei Zügen Matt gesetzt wird und trotzdem verbissen weiterspielt, als ob er doch noch gewinnen könnte, stellt sich wider besseres Wissen gegen die Tatsachen blind. Das ist er sich nicht nur nicht schuldig, im Gegenteil. Wenn er sich etwas schuldig ist, dann dies: aufzugeben, sobald es an der Zeit ist.

Wenn also die Selbstachtung eines Menschen daran hängt, dass er dasjenige tut, was er sich selbst schuldig ist, und wenn zu dem, was er sich selbst schuldig ist, wesentlich gehört, angesichts der Wechselfälle des Lebens nicht aufzugeben – jemand zu sein, „der es wenigstens versucht hat" –, so gilt doch auch: Weder ist es mit der Selbstachtung eines Menschen vereinbar, ein schlechter Verlierer zu sein, noch, es „mit allen Mitteln" zu versuchen, insbesondere mit Mitteln, wodurch man Pflichten gegen andere oder gegen sich selbst verletzt. Falls es Pflichten gegen sich selbst gibt (woran hier nicht gezweifelt und wofür im Folgenden argumentiert wird), *dann ist eine der zentralen Pflichten gegen sich selbst, nichts zu tun, was die eigene Selbstachtung beschädigt.* Vielleicht besteht darin der Kern aller Pflichten gegen sich selbst. Doch unter der Voraussetzung, dass es so ist, gehört zu dem, was ein Mensch sich selbst schuldig ist, eben auch, nichts zu tun, was die *Pflichten gegen andere* verletzt.

Selbstachtung ist, bei aller Verankerung in tiefen Schichten der Persönlichkeit, ein genuin moralischer Begriff. Er steht nicht in dem Sinne über der Moral, dass er in Festlegung dessen, was ein Mensch sich selbst schuldig ist, unter bestimmten Umständen fordern würde, sich anderen gegenüber unmoralisch zu verhalten. Seine Selbstachtung beschädigt man nicht dadurch, dass man darauf verzichtet, ein Gewinner zu sein, wenn zu gewinnen nur möglich wäre, indem man anderen ein Unrecht antut. Wer sein Spiel für verloren erklärt, weil seine einzige Aussicht auf Gewinn darin bestünde, den Gegenspieler zu betrügen, handelt ehrenhaft mit Bezug darauf, was er sich selbst schuldig ist, und pflichtgemäß mit Bezug darauf, was er dem anderen schuldig ist.

Aber es bleibt die Frage: Wodurch ist das, was man sich selbst schuldig ist, allgemein charakterisiert? Dieses Problem bleibt, auch wenn wir wissen, was unsere Pflichten gegen andere sind. Denn dann wissen wir nur, dass – wenn man so will – *eine* Pflicht gegen uns selbst darin besteht, unsere Pflichten *gegenüber anderen* nicht zu verletzen. Aber natürlich gibt es sehr viele Situationen, in denen man seine Selbstachtung gefährden und beschädigen kann, ohne eine seiner Pflichten gegenüber anderen zu verletzen.

Beispielsweise kann ich mich als schlechter Verlierer erweisen, indem ich nicht akzeptiere, dass das der Fall sein wird, wovon ich weiß, dass es der Fall sein wird: ich werde in drei Zügen meinen König verlieren. Dennoch ist es mir gemäß den Regeln des Schachspiels gestattet, bis zum bitteren Ende weiterzuspielen und so zu tun, als ob ich gewinnen könnte. Das ist ein *unwürdiges Schauspiel* unter der Bedingung, dass ich ein entsprechend qualifizierter Spieler bin, denn es offenbart an mir eine unkontrollierte Charakterschwäche. Aber es ist keineswegs ein Schauspiel, bei dem ich irgendjemand anderen als mich selbst schädigen würde.

Im Leben kommt es also nicht immer darauf an, gut dazustehen. Manchmal, so könnte man sagen, steht man im Leben besser da, wenn man es über sich bringt, weniger gut dazustehen. Doch um zu wissen, wann ein solcher Fall vorliegt, muss man wissen, was das ist, das man sich selbst schuldig ist. Denn nur dann kann man wissen, unter welchen Bedingungen man es sich selbst schuldig ist, weniger gut dazustehen, als man nach außen hin, in der Wahrnehmung und im (irrigen) Urteil der Umwelt, dastehen könnte. Es reicht daher nicht aus, dass man seine Pflichten gegenüber anderen kennt, falls man verstehen will, was das Konzept der Selbstachtung von einem fordert.

Doch wie steht es mit den Rechten, die aus meiner Pflicht zur Selbstachtung folgen? Es gibt in der Ethik eine Denktradition, die besagt, dass jeder Pflicht gegen mich selbst, die zu verletzen bedeutet, meine Selbstachtung zu beschädigen, auf meiner Seite ein Recht entspricht: nämlich das Recht, von anderen nicht daran gehindert zu werden, das zu tun, was ich mir selbst schuldig bin. Nun gibt es zweifellos eine Vielzahl von Rechten, die mit meiner Pflicht zur Selbstachtung in keinem direkten Zusammenhang stehen. Aus meiner allgemeinen Fähigkeit, Eigentum zu erwerben („Geschäftsfähigkeit"), mag mir das Recht erwachsen, unbeschränkt über ein bestimmtes Haus zu verfügen, und zwar deshalb, weil ich das Haus gekauft habe und es sich nun in meinem Eigentum befindet. Dieses Rechts, das heißt meines Eigentums, kann ich mich wieder entledigen und niemand wird darin etwas erblicken, wodurch meine Selbstachtung beschädigt würde. Warum auch?

Ja, es kann der Fall eintreten, dass mir mein Eigentum entzogen wird, ohne dass ich mich dagegen auflehnen sollte (oder auch nur dürfte), weil ich es mir selbst schuldig wäre. Nehmen wir an, mein Haus liegt, nachdem ich Jahrzehnte darin wohnte, auf der Planungsstrecke eines staatlichen Autobahnausbaus. Und nehmen wir an, die Sache gedeiht soweit, dass mir schließlich von der öffentlichen Hand eine Ablöse für mein Haus angeboten wird. Wenn ich mich weigere, sie anzunehmen, werde ich eines Tages enteignet und, im nächsten Schritt, zwangsdelogiert. Es ist das Demütigende dieses letzten Aktes in einem längeren Rechtsstreit, in dem ich mein Interesse gegen das der Öffentlichkeit stellte, wodurch ich mich in meiner Selbstachtung verletzt fühle. Aber ist das dann nicht eine ähnliche Situation wie jene, auf die wir beim schlechten Verlierer stießen? Nicht die anderen, sondern ich selbst bin schuld daran, dass ich mich am Ende gedemütigt fühle. „Die haben keine Achtung vor mir!" Mag sein, doch der Grund dieser quasi amtlichen Achtungslosigkeit liegt in meiner egozentrischen Einsichtslosigkeit, was die Erfordernisse des Gemeinwohls betrifft.

Stärker ist die Position des Gekränkten in den typischen Michael-Kohlhaas-Situationen. Ein Mensch glaubt anfangs zu Recht, recht zu haben, ähnlich wie der legendäre Brandenburgische Rosshändler aus dem 16. Jahrhundert, Hans Kohlhase, der zum brandschatzenden Rädelsführer gegen Machtmissbrauch und Adelsunrecht wurde. Doch die Situation, in der Heinrich von Kleists Michael Kohlhaas in der gleichnamigen Novelle (1810) gegen das Unrecht ankämpft, erscheint rasch als aussichtslos. Die anderen haben materiell die Stärke, institutionell das Gesetz und schließlich sogar die Moral auf ihrer Seite. Das Problem der Selbstachtung, wie es sich hier stellt, ist ein komplexes und kompliziertes. Der Kohlhaas-Typ mag ein Sturschädel sein, und das spricht eher gegen sein Beharren auf dem, was er als sein „unverbrüchliches" Recht im höheren ethischen oder naturrechtlichen Sinne zu erkennen glaubt. Und wesentlich für das hier vorliegende Problem ist jedenfalls auch die Frage, ob durch das Beharren des Widerständigen auf der vermeintlichen Unverbrüchlichkeit seines Rechts andere in Mitleidenschaft gezogen werden.

Angenommen, dies ist nicht – jedenfalls nicht unmittelbar – der Fall, wir haben es mit einem Kohlhaas-Typ als Einzelkämpfer zu tun, sagen wir, mit dem Eigentümer eines Hauses, der auf sein Recht pocht, obwohl er weiß, dass das Gesetz gegen ihn steht. Dieser Eigentümer, dessen Haus auf der geplanten Trasse einer Autobahn liegt, glaubt zu wissen, dass der Gemeinwohlgedanke, der allein eine Enteignung nach dem Buchstaben des Gesetzes rechtfertigen könnte, in Wirklichkeit bloß vorgeschoben ist: dass in Wahrheit das Interesse der Straßenbaulobby entscheidend war (und natürlich hat die „Öffentlichkeit" der Autofahrer nie etwas dagegen, wenn es ihr noch leichter gemacht wird, noch schneller von A nach B zu kommen, wo immer A und B liegen mögen).

Unser Kohlhaasscher Hauseigentümer, so wollen wir annehmen, beruft sich nun in seinem Beharren und Widerstand darauf, dass es gar nicht an ihm liege, sich seiner *Pflicht* zu entledigen, *für sein Recht zu kämpfen*. In früheren, gläubigen Zeiten wäre das gleichbedeutend mit der Aussage gewesen, dass man von diesem Recht und der daraus folgenden Pflicht nur von Gott selbst entbunden werden könne. Kein Mensch sei dazu imstande, auch nicht derjenige, um dessen Recht – göttliches Recht, Naturrecht – es sich handle.

Wie immer man die Idee, dass es Rechte gibt, deren man sich nicht entledigen kann, *begründen* mag, ja unabhängig davon, ob man sie überhaupt zu begründen imstande ist: Tatsache bleibt, dass solche Rechte mit dem Konzept der Selbstachtung innerlich *verknüpft* sind.

Man versteht demnach nicht, was es bedeutet, das zu tun, was man sich selbst schuldig ist, wenn man nicht versteht, dass den Pflichten gegen sich selbst „unabdingbare Rechte" korrespondieren, also Rechte, die einem unabhängig davon zukommen, ob sie einem von jemandem zugebilligt oder von einem selbst beansprucht werden.

Normalerweise entspricht einem Recht, das ich habe, die Pflicht anderer, mich in dem, was mir durch mein Recht zusteht, nicht zu behindern. Und nicht selten besteht für die Öffentlichkeit sogar die Pflicht, in einem gewissen Umfange dafür zu sorgen, dass die Voraussetzungen zur Ausübung meines Rechts vorhanden sind. Wenn ich ein Recht auf Bildung habe, dann darf mich niemand daran hindern, die Bildungsanstalten, die allen offenstehen, auch selbst zu besuchen. Darüber hinaus hat der Staat die Pflicht, soviel an öffentlichen Mitteln in das Bildungssystem zu investieren, dass ich mein Recht auf Bildung *tatsächlich* wahrnehmen kann, und zwar in jenem Umfang, der allgemein für ausreichend gehalten wird.

Haben andere ein Recht, dann erwächst mir daraus eine Pflicht zur Nichtbehinderung, vielleicht sogar Förderung, sofern es sich dabei um Personen handelt, die auf meine Fürsorge und meinen Schutz zählen dürfen, zum Beispiel meine Kinder. Habe ich jedoch eine Pflicht gegen mich selbst, dann müsste derjenige, der jenes Recht hat, auf das sich meine Pflicht richtet, logischerweise *ich selber* sein. Das mag in manchen Fällen natürlich klingen, es gibt aber auch Fälle, die sich dieser Logik zu entziehen scheinen.

Angenommen, eine meiner Pflichten gegen mich selbst bestehe darin, mich nicht als schlechter Verlierer zu erweisen oder, um ein anderes, umstrittenes Beispiel zu wählen, mir nicht selbst das Leben zu nehmen. Das sind immerhin *mögliche* Beispiele für Pflichten einer Person gegen sich selbst. Doch welches Recht auf meiner Seite könnte ihnen korrespondieren? Sicher, ich habe ein Recht auf Leben, aber dieses Recht *entsteht* aus der Pflicht der *anderen,* mein Leben nicht zu gefährden, meine körperliche Unversehrtheit nicht zu verletzen. Und was meine Pflicht betrifft, ein guter Verlierer zu sein – *falls* es sich dabei um eine Pflicht im eigentlichen Sinne des Wortes handelt –, so ist auf den ersten Blick weder ein Recht meinerseits noch ein solches anderer zu erkennen, das meiner Pflicht korrespondieren würde. Vielleicht ist das ein Grund, warum manche bezweifeln, dass hier überhaupt eine Pflicht gegen sich selbst vorliegt.

Bevor wir diesen Punkt weiter verfolgen, sollten wir ein Beispiel betrachten, das eine differenziertere Ausgangslage bietet: die Menschenrechte. Nimmt man das Konzept der Menschenrechte in seiner starken Version, dann sind sie „unabdingbar". Das heißt zunächst, dass es keinem irdischen Gesetzgeber, unter welchen Bedingungen immer, gestattet oder auch nur möglich ist, mir diese Rechte *wirklich* zu entziehen. Natürlich kann mir der Gesetzgeber im Rahmen seiner formalen Ermächtigung, neue Gesetze zu erzeugen, ein Menschenrecht absprechen oder es mir zumindest nicht zuerkennen. Aber in der starken Version der Menschenrechte setzt der Gesetzgeber, auch wenn er formal im Recht ist (also unter Berücksichtigung aller Verfahrensvorschriften gesetzgebend aktiv wird), einen Akt, aus dem bloß „unrichtiges Recht" entspringt. Unrichtiges Recht ist festgeschriebenes Unrecht, von dem naturrechtlich geneigte Rechtstheoretiker behaupten, es könne gar nie *wirklich* in Geltung kommen.

Der Grund: Menschrechte haften der menschlichen Person gleichsam unablösbar an, sie „inhärieren" der Natur des Menschen. Dabei wird unter „Natur" hier offenbar nicht einfach das verstanden, was die Biologie darunter versteht, sondern so etwas wie die „Wertnatur" des Menschen, welche in dessen Teilhabe an einer Sphäre objektiver Werte besteht. Wichtig scheint, dass in der starken Version dasjenige, was mein Menschenrecht ist – ob mein Recht auf Freiheit, die mir nicht grundlos entzogen werden darf, mein Recht, vor erniedrigender Behandlung und Folter geschützt zu werden, oder gar mein Recht, als Gleicher unter Gleichen behandelt zu werden („Alle Menschen sind gleich"), es sei denn, ein allgemein einsehbarer Grund würde eine Ungleichbehandlung rechtfertigen –, mir von niemandem *wirklich* abgesprochen oder streitig gemacht werden kann. *Und das betrifft auch mich selbst!*

Im starken Verständnis dessen, was ein Menschenrecht ist, kann ich also nicht sagen: „Ich weiß, dass Sklaverei menschenrechtswidrig ist, aber hier und jetzt verzichte ich auf mein Menschenrecht und versklave mich freiwillig." Es mag ja sein, dass der eine oder andere von uns eine solche Möglichkeit zu erwägen bereit ist, sei es aus ökonomischer Not, sei es aus sexueller Obsession („Masochismus"). Doch diese Erwägung bleibt rein theoretisch, genauso gut könnte man erwägen, davon Abstand zu nehmen, der Gattung *Homo sapiens sapiens* anzugehören.

Demgegenüber gibt es eine schwache Version: Ihr zufolge entstehen die Menschenrechte – ebenso wie andere Rechte auch – erst dadurch, dass sie gewährt, beansprucht, zugeschrieben werden. In der schwachen Version ist es keineswegs von vornherein unsinnig, sich die Frage zu stellen, ob man das Folterverbot unter bestimmten, hochqualifizierten Umständen einschränken dürfe. Die Rede ist von potentiellen Informanten, die man dadurch, dass man sie foltert, dazu bringen könnte, Terrorpläne zu verraten, deren Ausführung viele Menschenleben fordern würde.

Die aufgeworfene Frage wäre allerdings bloß ein Zeichen dafür, dass man das *Konzept* des Menschenrechts nicht verstanden hat, *vorausgesetzt,* man geht von der starken Version aus. Denn in ihr wird unterstellt, dass die Ausnahmslosigkeit des Folterverbots in der „Natur des Menschen" wurzelt, was so zu verstehen ist, dass das Foltern eines Menschen dessen „unantastbare" Würde verletzt, welche zentral zur Wertnatur des Menschen gehört.

Im Gegensatz dazu geht die schwache Version davon aus, dass das Folterverbot unter den Rechten zwar besonders hoch rangiert und daher, wie jedes Menschenrecht, eines besonderen rechtlichen Schutzes bedarf; doch seinem Wesen nach – das Folterverbot ist ja eine *Norm* – existiert es dennoch nur dann, wenn es gewährt, beansprucht, zugeschrieben wird. Daraus folgt: Ob ein Recht als Menschenrecht existiert, ist eine Frage, über welche die Menschen immer erst *entscheiden müssen.* Dahinter steht die Überzeugung, dass es keine Werte und keine Sollenstatbestände gibt, die unabhängig von menschlichen Entscheidungen, das heißt, objektiv wie Naturtatsachen, bestehen könnten. In der schwachen Version wäre es daher denkbar, dass das Folterverbot zugunsten einer „Terroristenklausel" eingeschränkt wird (wofür sich George W. Bush als Präsident der USA stark gemacht hatte).

Es gibt nun einen Unterschied zwischen der starken und schwachen Version, der über die soeben besprochene Differenz qualitativ hinausgeht. Sowohl in der starken wie in der schwachen Version schließt mein Recht normenlogisch eine Gegenseite in sich, der gegenüber ich mein Recht *behaupte.* Das ist die aufgrund meines Rechts verpflichtete Seite, es sind die anderen, die mein Recht respektieren sollten, indem sie es mir nicht willkürlich verkürzen oder mich in dessen Ausübung behindern. Aber nur bei der starken Version stellt sich die Frage, ob die Menschenrechte nicht *auch* und *grundlegend* eine Pflicht gegen mich selbst konstituieren.

Denn wenn die Menschenrechte so verstanden werden, dass sie etwas meiner menschlichen Wertnatur unabdingbar Innewohnendes zum Ausdruck bringen, dann *sollte* ich darauf achten, dass ich in meinem Recht nicht geschmälert werde, sei es durch Missachtung oder absichtliche Verletzung. Das führt im Falle der Folter zu einem auf den ersten Blick seltsam anmutenden Ergebnis:

Zunächst – und das ist der weniger seltsame Teil –, ich dürfte keiner Situation leichtfertig Vorschub leisten, die dazu führen könnte, dass ich gefoltert werde, wobei es keinen Unterschied macht, ob diese

Möglichkeit für mich eine praktische Bedeutung hätte oder bloß rein theoretisch wäre. Ich dürfte also keiner wie immer begründeten Einschränkung des Folterverbots zustimmen, denn das würde bedeuten, dass auch ich unter bestimmten, obwohl für mich vielleicht nie relevanten Umständen gefoltert werden dürfte.

Ferner aber – und das klingt nun in der Tat seltsam –, ich dürfte niemals irgendeiner Folter, die an mir praktiziert werden soll, *zustimmen*. Ich würde demnach eine Pflicht gegen mich verletzten, würde ich mich als „williger Gefolterter" zu erkennen geben und mich entsprechend „kooperativ" verhalten. Dadurch würde ich meine Selbstachtung beschädigen.

Bin ich es mir tatsächlich selbst schuldig, mich *nicht* in die Folter zu fügen? Es ist wegen der Seltsamkeit des Falles für uns ungewohnt, aber keineswegs unverständlich, dass jemand, der mit seinem Folterer aus Servilität oder einem eigentümlichen Anerkennungsdrang „gemeinsame Sache" machen wollte – man denke an eine abgewandelte Form des sogenannten Stockholmsyndroms, der Kameraderie zwischen Entführern und ihren Gefangenen –, sich dadurch beschämend würdelos verhielte.

Die Diskussion der starken Version der Menschenrechte hat uns den Gedanken nahegelegt, dass, falls ich eine Wertnatur habe, der gewisse Rechte innewohnen, es nicht an mir liegt, mich dieser Rechte zu entledigen. Es liegt nicht an mir und auch an sonst niemandem, der als menschlicher Gesetzgeber in Erscheinung treten könnte. Nehmen wir an (wofür ich eintrete), dass es die starke Version der Menschenrechte ist, die den *Begriff* des Menschenrechts *adäquat* wiedergibt: dann erhalten wir eine erste Antwort auf die Frage, was das ist, was ich mir selbst schuldig bin.

Die Antwort ist immer noch formal, aber sie enthält einen wichtigen Aspekt, der das Konzept der Pflichten gegen sich selbst zuinnerst charakterisiert: *Pflichten gegen sich selbst sind der Ausdruck von Rechten, deren sich der „Rechtsinhaber" nicht entledigen kann*. Diese Rechte sind Ausdruck seiner Wertnatur, und jeder Versuch des Rechtsinhabers, so zu tun, als ob er auf den Besitz seiner unabdingbaren Rechte keinen Wert legte, sich von ihnen distanzieren und sie zurückweisen wollte, ist ein würdeloses Unterfangen. Menschen, die derlei Eigenrechte geringachten oder gar missachten, beschädigen ihre Selbstachtung, ob sie das wahrhaben oder nicht.

Wenn ich mich eines Rechts entledigen möchte, das mir unabdingbar zusteht, weil es einer Pflicht gegen mich selbst korrespondiert, lasse ich es in dem Maße an Selbstachtung fehlen, in dem ich befähigt bin, *dieses mein Recht zu erkennen,* also nicht zum Beispiel als Sklave im Rahmen einer Sklavenhaltergesellschaft oder als Frau innerhalb einer strikt patriarchalischen Kultur lebe. Demgegenüber – so könnte man argumentieren – muss jemand, der seine Pflicht *anderen* gegenüber ignoriert, deswegen noch nicht selbstachtungslos handeln. Nicht jedes objektiv unmoralische Verhalten verrät ein Manko an Selbstachtung, sondern nur jenes, das aus Motiven begangen wird, die ihrerseits bereits ein Manko an Selbstachtung einschließen. Man denke an Untugenden wie Feigheit, Grausamkeit, kriecherische Untertänigkeit, Hinterhältigkeit.

Aber stimmt dieses Argument? Der Fall des Mafioso, der asoziale Taten setzt, wobei er von seinen Leuten, und im Idealfall sogar von seinen Feinden, hochgeachtet wird, ist oft erzählt worden. Dabei wird stillschweigend vorausgesetzt, dass der achtenswerte Mafioso aufgrund der Umstände, unter denen er lebt, nämlich als ehrenwertes Mitglied einer „ehrenwerten Gesellschaft", *ernsthaft glaubt,* dass die Gesetze des Staates für ihn zwar formal gelten, aber für sein Handeln als Mafioso dennoch keine moralische Bindungswirkung haben. Er muss ernsthaft der Meinung sein, dass es sich bei seiner Art der Gerechtigkeit um diejenige handelt, die ihn *wirklich* bindet. Das heißt, dass auch er an Selbstachtung verlieren kann, und zwar dann, wenn er beginnt, aus Gründen des inneren Verfalls oder unter äußerem Druck seine eigenen Mafia-Grundsätze der Gerechtigkeit, die er wie moralische Grundsätze geheiligt hat, über Bord zu werfen und stattdessen *aus niederen Motiven* handelt. Von solchen Degenerationen berichten die großen Mafiageschichten, allen voran Mario Puzos legendärer Roman *Der Pate.*

Ja, es ist vorstellbar, dass eine objektive Pflicht besteht, die von der Person, die ihr unterliegt, als solche nicht erkannt und anerkannt wird. Diese Person sagt vielleicht: „Nicht für mich, den Paten!" Und wenn der Pate aus Motiven heraus unmoralisch handelt, die wir immerhin als mafiaintern ehrenwerte Motive anerkennen, dann werden wir einräumen, dass es sich hier nicht um einen offensichtlichen Fall mangelnder Selbstachtung handelt.

Nun denken wir an den Fall der Ehefrau, die sich aufgrund ihrer festen Überzeugung untertänig verhält, sie würde das ihrem Geschlecht objektiv Angemessene tun, obwohl sie in Wahrheit ihr unabdingbares Recht auf Gleichheit verletzt. Dennoch – so könnte man auch hier argumentieren – handelt sich um eine Überzeugung, die man in einer dichten Atmosphäre lange tradierter Ungleichheit ohne Verlust der Selbstachtung hegen kann.

Es bleibt indessen ein profunder Zweifel, der daraus resultiert, *dass Selbstachtung und Würde eng miteinander verklammert sind.* Die Würde eines Menschen ist, soweit sie eine Bedingung seiner Selbstachtung darstellt, die Folge davon, dass jeder Mensch zugleich ein verantwortliches moralisches Subjekt ist.[18] Dazu zählt als Minimalvoraussetzung, dass keinem Menschen eines seiner Menschenrechte vorenthalten werden darf, zumal, wenn es sich dabei um Rechte handelt, deren sich nicht einmal der Rechtsinhaber selbst freiwillig zu entledigen vermag.

Eine Kultur also, die ihre Frauen zwingt, sich objektiv würdelos zu verhalten, wirft zugleich einen Schatten auf die *Möglichkeit* der Selbstachtung. Denn es stellt sich mit Bezug auf das sprichwörtlich „schwache Geschlecht" dann folgende, ans Paradoxe grenzende Frage: Ist Selbstachtung für die unterdrückte Frau möglich, wenn sie *ohne niedere Motive* der kulturellen Negation jener Bedingungen zustimmt, die erst die Möglichkeit schaffen würden, sich – im Vollsinn des Wortes – selbst zu achten?

Es gibt natürlich einen Unterschied, der die Grenze zwischen einer Frau markiert, die sich ohne zwingenden Anlass in die Unterwürfigkeit gegenüber Männern fügt, und jener Frau, die das tut, *weil man es tut,* und dabei aber versucht, es nach den Standards ihrer Kultur so gut und würdevoll wie möglich zu tun. Doch dieser nicht geringe Unterschied beseitigt die Klammer zwischen Würde und Selbstachtung nicht. Es gibt eben Lebensformen, die jene, die sich ihnen fügen – fügen müssen oder aus innerer Überzeugung fügen –, daran hindern, das ihnen zustehende Maß an Selbstachtung zu erreichen. Das bedeutet umgekehrt selbstverständlich nicht, dass solche Menschen gar keine Selbstachtung hätten. Der Begriff der Selbstachtung ist komplex und abstufbar.

Von hier aus sehen wir auch den Fall des ehrenwerten Mafioso in einem differenzierten Licht. Denn selbst wenn der Pate ernsthaft glaubt, seine Art der Gerechtigkeit sei es, die ihn wirklich bindet, lässt sich nicht leugnen, dass im Leben des Paten offenbar soziale und persönliche Umstände walten, die ihn daran hindern zu erkennen, was er vom Standpunkt der Moral aus betrachtet *wirklich* tun sollte. Die Beantwortung der mafiarelativen Frage: „Was soll ich *als ehrenwerter Mafioso* tun?", setzt unter moralischem Vorzeichen die Beantwortung der nicht relativierbaren, unpersönlichen Frage voraus: „Was soll ich *als moralisches Subjekt* tun?", das heißt: „Was *soll* ich tun?"[19]

Und nun scheint klar, wie wir das Handeln einer Person einzuschätzen haben, die nicht zu erkennen vermag, dass ihre moralischen Pflichten nur insofern von ihrer Position im sozialen Ganzen abhängen, als diese Position selbst eine moralisch relevante und daher unpersönliche Bedingung des Sollens bildet. Gewiss, *wenn* jemand Richter ist, *dann* soll er nach den herrschenden Gesetzen unparteiisch urteilen: Das ist eine moralisch allgemeine Forderung gemäß dem Prinzip der formalen Gerechtigkeit. Aber *wenn* jemand Mafioso ist, kann das keinesfalls bedeuten, dass *dann* für ihn die allgemeinen Regeln der Moral *nicht* mehr gelten!

Der Typ des ehrenwerten Mafioso stellt also nicht einen legitimen Bedingungstypus *innerhalb* des moralischen Feldes dar. Vielmehr glaubt der Mafioso fälschlich, dass er unter der Bedingung seines Soseins, seines Ehrenwerter-Mafioso-Seins, das moralische Feld ignorieren dürfe, soweit die Moral seine Angelegenheiten als loyales Mitglied der „ehrenwerten Gesellschaft" blockiere.

In diesem Missverständnis liegt, objektiv betrachtet, eine Begrenzung der Möglichkeit, sich selbst zu achten. Man kann sich – im Vollsinn des Wortes, der auf der Verklammerung von Würde und Selbstachtung beruht – selbst nur achten, wenn man erkennt, *dass man, was immer man sonst noch sein mag, ein moralisches Subjekt ist,* also gerade nicht glaubt, für sich eine „Sondermoral" in Anspruch nehmen zu dürfen.

6.
Das Recht, ein guter Verlierer zu sein

In der Literatur über Selbstachtung werden Fälle von Selbstmissachtung diskutiert, deren Überzeugungskraft darauf beruht, dass bestimmte Menschen freiwillig darauf verzichten, als Träger bestimmter Grundrechte angesehen zu werden.[20] Das sind im Prinzip Fälle, die unserem „kooperativ Gefolterten" gleichen, nur wirken sie weniger gekünstelt, sondern sind intuitiv plausibel.

Ein Beispiel ist das Onkel-Tom-Syndrom.[21] Es meint den Schwarzen, der als Sklave seinem „guten" Herrn willig zu Diensten ist. Und nicht nur das: Es dreht sich keineswegs bloß darum, dass der Schwarze sich zu seinem Vorteil in ein menschenunwürdiges Verhältnis fügt und daraus möglicherweise subjektiv Befriedigung zieht. Die Selbstmissachtung des Schwarzen beruht primär darauf, dass er innerlich akzeptiert, ein Sklave zu sein, und sich nun, aufgrund der Überzeugung eigener menschlicher Minderwertigkeit, mit ganzen Kräften bemüht, die Rolle des Minderwertigen zur vollen Zufriedenheit seines Herrn, des Sklavenbesitzers, auszufüllen. Was an diesem Beispiel von vornherein einleuchtet, ist, dass es in der Beziehung des Paares „Herr–Sklave" eine nicht tolerierbare Ungleichheit gibt. Deren Anerkennung durch den Versklavten kommt der Missachtung eines Rechts gleich, das seinem Wesen nach für alle Menschen gleichermaßen gilt.

Auf einem ähnlichen Defekt beruht das Beispiel der servilen Ehefrau, die sich mit Eifer und Freude in ihre Rolle stürzt. Sie füllt ihre Rolle so aus, als ob es keine Gleichberechtigung zwischen Mann und Frau gäbe. Mit anderen Worten: Sie befürwortet durch die Art und Weise, wie sie sich als Repräsentantin ihres Geschlechts verhält, das patriarchalische Modell, in dem die Frau dem Mann untertan ist. Auch hier stößt uns unmittelbar ab (es sei denn, wir sind eingefleischte Patriarchen), dass die Frau durch ihr Verhalten, Denken und Fühlen den alle bindenden Anspruch des Gleichheitsgrundsatzes ignoriert oder sogar zurückweist, indem sie stolz darauf ist, ihrem Mann dienen zu dürfen.

Doch es ist keineswegs völlig sicher, wie diese Beispiele zu analysieren sind. Sind sie denn nicht in höchstem Maße kulturell gebunden? Denken wir nur daran, dass ein Denker wie Aristoteles noch ernsthaft davon ausgehen konnte, dass es – neben Sklaven, die einst Freie waren, aber infolge von kriegerischen Eroberungen *versklavt* wurden – auch *Sklaven von Natur aus* gebe. Der Auffassung des Aristoteles gemäß handelt es sich dabei um Menschen, die nicht in der Lage sind, für sich selbst zu sorgen. Solche Menschen brauchen einen Herrn, der in allen Angelegenheiten des Alltags, ob intellektuell oder praktisch, für sie sorgt. Versklavt zu sein liegt demnach im ureigenen Interesse des geborenen Sklaven.

Wir mögen heute der Sklaverei mit Abscheu gegenüberstehen, und die meisten von uns stehen ihr mit Abscheu gegenüber. Freilich, das war nicht immer so, obwohl man sagen kann, dass die Versklavungen großen Stils zur Zeit der großen Kolonialisierungswellen, die von Europa ausgingen, bereits ein rassistisch und religiös motiviertes Unrecht zur Gewinnung kostenloser Arbeitskraft waren – ein Unrecht, weil die Rede davon, dass ganze Völker, die seit Jahrtausenden frei gelebt hatten, von Natur aus zur Sklaverei bestimmt seien, im Großen und Ganzen nichts weiter gewesen ist als eine zynische Scheinrechtfertigung. Aber nehmen wir an, Aristoteles sprach als Philosoph ohne Hintergedanken, in der Absicht, die legitime politische Ordnung, basierend auf der Erkenntnis der wahren menschlichen Natur, darzulegen. Dann hätte es für gewisse Menschen *keine Beschädigung ihrer Selbstachtung* bedeutet, sich als Sklaven zu begreifen und ihrer sozialen Rechtlosigkeit zuzustimmen. Falls sie tatsächlich Sklaven von Natur aus gewesen wären, hätten sie keinen Grund zu der Meinung gehabt, sie seien es sich selbst schuldig, ihre Rechtlosigkeit aktiv abzulehnen, sich ihr zumindest innerlich zu widersetzen.

Es sind auch noch andere „kulturelle Konstruktionen" der Sklaverei – oder jedenfalls sklavenähnlicher Verhältnisse – bekannt, hinter denen nicht ausschließlich ein Zynismus der Macht steckte. Beispielsweise galt die längste Zeit als „natürlich", dass man in einen Stand und damit in ein abgestuftes System von Rechten hineingeboren wurde. Wer adelige Eltern hatte, war adelig; wessen Eltern hingegen Leibeigene waren, war dadurch an diesen Stand gebunden.

Selbstverständlich lässt sich eine derartige Konstruktion nur auf Dauer stellen, wenn die ständische Gliederung der Gesellschaft zugleich eine religiöse Rechtfertigung hat, also auf einem anerkannten Mythos basiert, der die Erblichkeit des Standes glaubhaft rechtfertigt. So kann etwa gesagt werden, dass Gott den Menschen zum Besten des sozialen Ganzen, das heißt, des Volkes, der Nation, des „Heiligen Reiches", unterschiedliche Positionen und Rechte zugewiesen und dabei die Abstammung, „das Blut", ein für alle Mal zum Kriterium der sozialen Rangordnung bestimmt habe.

Ähnliches lässt sich über die Rolle der Frau im Laufe der Jahrhunderte sagen. Dass diese Rolle, zumeist im Sinne einer dem Mann untergeordneten Position, kulturell gewachsen und definiert war (von gewissen biologischen Grundlagen einmal abgesehen), darüber braucht nicht weiter diskutiert zu werden. *So war es, und so sollte es nicht sein.* Die meisten aufgeklärten Menschen, Männer eingeschlossen, würden diesem Urteil heute zustimmen. Doch worum es hier geht, ist nicht dieses Urteil an sich – das nicht zur Diskussion steht –, sondern die Art und Weise seiner Rechtfertigung.

Angenommen, die Frage, ob Frauen den Männern untertan oder gewisse Menschen erblich Sklaven sein sollten, könnte *bloß nach Maßgabe kultureller Maßstäbe* beantwortet werden: dann wäre nicht einzusehen, warum eine Frau, die ihrem Ehemann als untertänige Gattin zu dienen wünscht, oder ein Diener, der nichts dabei findet, sich seinem Herrn als „guter Sklave" anzubieten, notwenig an mangelnder Selbstachtung leiden müssten. Es bliebe unklar, warum sie es unbedingt an etwas fehlen ließen, was sie sich doch einschränkungslos selbst schuldig wären. Was könnte *das* denn sein? Eine Pflicht gegen sich selbst?

Man könnte natürlich sagen, dass unsere moderne demokratische Kultur, die dem Grundsatz der Gleichheit aller Menschen vorbehaltlos verpflichtet ist, es als Teil der Würde eines jeden Menschen ansieht, dass niemand seine eigene Versklavung oder grundlose Diskriminierung befürwortet. So könnte man sagen und hätte damit doch nichts weiter getan, als eine bestimmte kulturelle Sicht grundlegender menschlicher Angelegenheiten zum Ausdruck gebracht. Auf die Frage, warum irgendjemand akkurat diese Sicht der Dinge teilen sollte, bleibt, falls der Gleichheitsgrundsatz *nichts weiter als ein kulturelles Konzept wäre,* nur die zirkelschlüssige Antwort, dass das eben die Norm sei, gemäß der unsere Kultur urteile: „Unsere Kultur verpflichtet ihre Angehörigen ausnahmslos auf die Gleichheit aller Menschen." Aber *das* wussten wir bereits.

Was wir hingegen wissen *wollen,* ist, worin denn der *Rechtsgrund* unserer Kultur dafür liegen könnte, uns ausnahmslos auf den Gleichheitsgrundsatz zu verpflichten. Dieser Rechtsgrund darf nicht einfach als ein Gebot *unserer* Kultur aufgefasst werden – im Gegensatz zu dem, was andere historisch nachweisbare, sklavenhalterische und patriarchalische Kulturen als *ihren* Rechtsgrund bezeichnen würden. Unsere Kultur kann ihre Prinzipien der menschlichen Würde nicht dadurch rechtfertigen, dass sie in ihnen nichts weiter als Elemente ebenjenes Faktums sieht, welches unsere Kultur als historische Tatsache *ist.*

Das wäre zirkelschlüssig, „ethnozentrisch". Aus dem bloßen kulturellen Sein unseres Konzepts der Würde folgt noch nichts mit Bezug darauf, ob unser Konzept besser oder schlechter ist als das anderer Kulturen. Kurz gesagt: Der gesuchte Rechtsgrund muss *transkultureller Art* sein.

Das bedeutet nun aber keineswegs, dass der Rechtsgrund in der allgemeinen Natur des Menschen, in dessen biologischer und psychologischer Verfassung zu finden sei. Die Biologie macht uns mit den biologischen Tatsachen des menschlichen Lebens vertraut, der genetischen Ausstattung, der Trieb- und Bedürfnisstruktur von *Homo sapiens sapiens*. Das alles sind Fakten, die das Handeln des Menschen mitbestimmen, doch keines unter ihnen taugt als Rechtsgrund. Denn jedes biologisch charakterisierte Faktum ist erst darauf zu prüfen, ob man ihm entsprechen soll oder nicht, ob man es fördern oder unterdrücken soll. Darüber sagt das Faktum *als* Faktum nichts aus, mag es auch unter einer evolutionären Perspektive höchst nützlich oder „wertvoll" sein. Kein Faktum ist sein eigener Rechtsgrund, Rechtsgründe gehören einer anderen Sphäre an.

Dasselbe gilt für Fakten rein psychologischer Natur: Dass wir zum Beispiel bestimmte Wünsche haben, sagt nicht das Geringste darüber aus, wie wir uns unseren Wünschen gegenüber einstellen sollten. Denn sonst müsste der Wunsch eines Dieners, sich als guter Sklave zu bewähren, ein legitimer Rechtsgrund dafür sein können, dass er sich als guter Sklave zu bewähren sucht; und der Wunsch einer Frau, ihrem Ehemann eine untertänige Gattin zu sein, würde unter Umständen ihre Bemühung rechtfertigen, eine untertänige Gattin zu sein. In beiden Fällen gäbe es dann keinen Grund zur Kritik. Man hätte keine Pflicht gegenüber sich selbst verletzt und folglich die eigene Selbstachtung nicht beschädigt.

Wir sagten, um Menschenrechte im starken Verständnis angemessen zu begreifen, ist es notwendig, dass es sich dabei um Rechte handelt, deren ich mich nicht entledigen kann. Genau daraus entsteht nämlich meine Pflicht – meine Pflicht gegen mich selbst –, auf die Nichtverletzung meiner Rechte zu achten. Und nun sind wir mit zwei Fällen konfrontiert, dem „Onkel Tom"-Typ und dem Typ der servilen Ehefrau, die gleichermaßen zeigen, dass ein echtes Menschenrecht nur dort vorliegt, wo wir das entsprechende Recht – in unserem Fall: das Recht auf Gleichbehandlung – tatsächlich im starken Verständnis auffassen müssen. Aber was, so fragten wir, ist die Bedingung, die erfüllt sein muss, der Rechts*grund*, damit dem starken Verständnis entsprochen wird? Und wir antworteten zunächst negativ: Weder die

Kultur noch die natürliche Verfassung des Menschen sind ein geeigneter *Rechts*grund.

Die positive Antwort ist intuitiv ebenso einfach wie in der Detailbegründung anspruchsvoll. Sie lautet, dass der Rechtsgrund ein *objektiver* Wert sein muss, also etwas, das – was immer ich oder andere wollen, was immer mir meine Gemeinschaft, meine Kultur oder Natur diktieren wollen – *um seiner selbst willen angestrebt werden sollte*. Man kann dasselbe auch mit folgenden Worten sagen: Der Rechtsgrund muss etwas an sich (intrinsisch) Wertvolles sein, etwas, das nicht bloß deshalb wertvoll ist, weil es irgendjemand oder irgendein Kollektiv, und sei es die ganze faktisch existierende Menschheit im Sinne eines „Repräsentanten" von *Homo sapiens sapiens,* als gut empfindet und bewertet.

Diese Bestimmung erscheint heute vielen Ethikern als zu stark. Denn sie fragen, woher die Werte in der Welt kommen, wenn nicht aus den individuellen Bewertungen vorliegender oder vorgestellter Sachverhalte. Bewertungen aber sind, direkt oder indirekt, subjektgebunden. Sie wurzeln in Erlebnissen, die zum Teil für sich stehen wie Lust- und Schmerzgefühle, zum Teil aber auf etwas außer ihnen Liegendes verweisen, zum Beispiel auf Dinge, Situationen oder Menschen, die als gut oder schlecht empfunden werden.

Doch es ist ausgeschlossen, dass der ethische Subjektivismus stimmt. Denn soweit ein Urteil über Gut oder Schlecht überhaupt eine moralische Position zum Ausdruck bringt, erhebt es den Anspruch, im Prinzip von allen, die verstehen, wovon die Rede ist, geteilt zu werden. Das ist zugleich die Position der Objektivität, die zur Begründung des Werturteils einen entsprechenden Typus von Gründen fordert: Gründe, die im Prinzip von allen, die sie verstehen, als rechtfertigend eingesehen werden können. Der Anspruch solcher Gründe ist es also, rational zu sein.[22]

Der ethische Objektivismus ist also keine unserer Moral aufgepfropfte Theorie vom Wesen des Erhebens moralischer Ansprüche. Er bringt nur zum Ausdruck, was wir tun, indem wir moralische Ansprüche erheben. Wenn wir beispielsweise davon überzeugt sind, dass zu den grundlegenden moralischen Werten unseres Zusammenlebens die Gleichheit aller Menschen gehört, dann sind wir natürlich auch davon überzeugt, dass, falls nicht qualifizierte Gründe in bestimmten Fällen eine Ungleichbehandlung rechtfertigen, alle Menschen gleichbehandelt werden sollten. Die moralische Idee der Gleichheit aller Menschen schließt ein, dass man sich selbst widersprechen würde, wollte man – in einer Haltung missverstandener Toleranz – sagen: „Ich bin zwar überzeugt, dass alle Menschen gleich sind, aber bitte, falls du überzeugt bist, dass nicht alle Menschen gleich sind, so ist mir das auch recht."

Hätte ich im Mittelalter gelebt, dann hätte ich die Vorstellung, dass allen Menschen gleiche Rechte zukommen, vermutlich als grotesk zurückgewiesen. Heute sind wir, als aufgeklärte moralische Subjekte, nicht nur der Auffassung, dass das Recht in gewissen Ländern allen Menschen Menschenrechte zuerkennt, sondern wir sind darüber hinaus davon überzeugt, dass diese Rechte allen Menschen *tatsächlich* zukommen, unabhängig davon, wie sich die gültige Rechtslage momentan darstellt. Kurz gesagt: Was die ganze zu einer Zeit lebende Menschheit für das hält, was sein soll, ist für die Frage, was *wirklich* sein soll, nicht ausschlaggebend.

„Was soll *ich* tun?" „Was sollst *du* tun?" „Was soll *die heute existierende Menschheit* tun?" Derlei Fragen setzen, moralisch verstanden, stets die Beantwortung einer übergeordneten Frage voraus: „Was *soll* getan werden?" („Was *soll* ich tun?" „Was *sollst* du tun?" „Was *soll* die heute existierende Menschheit tun?") Darin steckt eine wesentliche Einsicht. Sie bedeutet, dass jedes moralische Urteil, das ichbezogen oder sonst wie auf ein Kollektiv relativiert ist, im Prinzip stets kritisiert werden kann durch ein allgemeines Urteil der Art: „Das und das *soll* getan werden, im Gegensatz zu dem, wovon du glaubst, *du* solltest es tun – du als du, als Angehöriger deiner Kultur oder als Mitglied der faktisch existierenden Menschheit."

Wenn ich mich als Ehefrau frage, was ich tun soll unter der Voraussetzung, dass ich mich meinem Mann gegenüber liebend gerne untertänig verhalten wollte, dann darf ich nicht einfach mein subjektives Wollen *als moralischen Grund* geltend machen. Als moralischer Grund nämlich müsste mein Wollen Ausdruck eines allgemeinen Prinzips der Art sein: „Unter der und der Bedingung *soll* das und das getan werden". Doch die Allgemeinheit dieses Urteils wäre bloß eine scheinbare, grammatisch vorgetäuschte, wenn „die und die Bedingung" ihrerseits direkt oder indirekt ichbezogen wäre, sodass die servile Ehefrau beispielsweise sagen dürfte: „Unter der Bedingung, *dass es sich um mich handelt,* habe ich als Ehefrau das Recht, mich meinem Mann gegenüber servil zu verhalten."

Wenn das Recht auf Gleichheit für alle Menschen gleichermaßen gilt, dann folgt daraus, *dass niemand das Recht haben kann, sich seines Rechts auf Gleichheit freiwillig zu begeben.* Und das entspricht der Feststellung, dass die Menschenrechte im moralischen Verständnis, das offenbar mit dem Verständnis der Menschenrechte im strengen Sinne identisch ist, auch Pflichten eines jeden Menschen gegen sich selbst erzeugen.[23]

Kehren wir an dieser Stelle zu unseren Beispielen des schlechten Verlierers und des Selbstmörders zurück. Wir sagten, ich sei es meiner Selbstachtung und damit mir selber schuldig, kein schlechter Verlierer zu sein. Demgegenüber erwies sich die Situation des Selbstmörders als uneindeutig: Während manche den Selbstmord für einen legitimen Ausdruck der jedem Menschen zustehenden Autonomie halten, verdammen ihn andere als Missachtung des Lebens. Beide Beispiele ähneln einander jedoch insofern, als es immerhin möglich scheint, dass ich in ihnen exklusiv mit mir selbst konfrontiert bin, meine Pflicht und Schuldigkeit daher primär keine gegen andere darstellt. Dabei muss ich annehmen, es gebe niemanden, dem ich verpflichtet wäre. Ich bin kein Familienvater, zu dessen Aufgaben es gehört, für das Wohlbefinden seiner Nächsten zu sorgen; und ich bin kein Sportler, der seinen Fans auch menschlich ein gutes Beispiel geben und daher kein schlechter Verlierer sein sollte.

Kants Variante des Selbstmordverbots beruht auf der Idee, dass man nicht widerspruchsfrei wollen könne, sich selbst das Leben zu nehmen. Diese Idee ist mehr als fragwürdig. Denn sie unterstellt, dass man sich das Leben aus „Selbstliebe" nimmt, also, laut Kant, aus einem Antrieb, den die menschliche Natur zum Zwecke nicht der Beendigung, sondern der „Beförderung des Lebens" in uns eingepflanzt hat.[24]

Gehen wir um der Demonstration willen davon aus, dass ich es mir *tatsächlich* schuldig bin, notfalls alles mir Zumutbare zu versuchen, um mir nicht das Leben zu nehmen. Dann ist nach dem vorhin Gesagten klar, dass ich dieser Pflicht gegen mich selbst auch dann noch unterliege, wenn ich auf einer menschenleeren Insel gestrandet bin. Denn mich meinem eigenen Selbstmord gegenüber anerkennend zu verhalten, würde auch unter der Bedingung, dass ich der einzige Mensch bin, moralisch gesehen bedeuten, mich eines unaufgebbaren Rechts entledigen zu wollen – und *das* könnte ich in der Tat als ein Wesen der Vernunft *nicht* wollen!

Aber von welchem Recht ist denn hier die Rede? Das ist nicht schwer zu sagen: von meinem Recht zu leben. Klarerweise begründet dieses Recht die Verpflichtung anderer, mein Leben nicht leichtfertig zu gefährden. Doch davon abgesehen: Warum ist mein Lebensrecht nicht von mir selbst, kraft meiner Autonomie, aufgebbar? Darauf wird man keine Antwort finden, es sei denn, man kann einen Grund dafür nennen – er mag religiös sein oder nicht –, warum das menschliche Leben ein *objektiver Wert* sei.

Man stößt hier geradezu mit der Nase darauf, dass es ein menschlich unabdingbares Recht nur geben kann, wenn dieses Recht seinen Ursprung jenseits menschlicher Rechtzuerkennungsmacht hat. Letzten Endes bleibt die Existenz objektiver Werte vollkommen mysteriös, es sei denn, man nimmt an, es existiere eine „Rechtsetzungsinstanz", die Werte „stiftet", ohne dabei der unhintergehbaren Bedingtheit und Perspektivität aller menschlichen Subjektivität unterworfen zu sein. Objektive Werte und unabdingbare Rechte deuten gleichermaßen in die Richtung eines Stifters oder Gesetzgebers, der über dem Menschen steht. Das ist der wohl offensichtlichste und zugleich tiefste Grund dafür, warum die Existenz objektiver Werte viele Ethiker heute als ein hässliches Überbleibsel aus Zeiten anmutet, in denen die Moralphilosophie noch eine Art Magd der Theologie war.

Ich möchte dazu nur soviel bemerken: Dass es objektive Werte gibt, scheint mir eine Bedingung des Moralischseins überhaupt. Die Unterstellung der Existenz objektiver Werte gehört zur Logik der Moral, weil sich andernfalls deren Objektivitätsanspruch, ausgedrückt in der ich-neutralen, unpersönlichen Form allgemeiner ethischer Urteile, nicht verständlich machen ließe. Insofern nun aber die Logik der Selbstachtung unpersönliche Pflichten gegen sich selbst und die ihnen korrespondierenden Rechte einschließt, kommt sie ebenfalls nicht ohne die Annahme objektiver Werte aus. Doch daraus folgt kein bestimmtes religiöses Dogma, obwohl sich nicht leugnen lässt, dass abzüglich eines jeden metaphysischen Hintergrunds, einer Verankerung der Werte im Sein, das Merkmal des objektiv Guten naturalistisch missverstanden zu werden droht – als eine Art „natürliches Phänomen" *(natural goodness)*, das sich vor dem Hintergrund der Natur des Menschen als nützlich oder funktional erwiesen hat.[25]

Wir sind wieder beim guten Verlierer. Er nimmt ein Recht in Anspruch, dessen er sich nicht entschlagen kann, vorausgesetzt, es gibt *objektive* Werte, die *unpersönliche* Pflichten gegen sich selbst statuieren. Noch immer mag indessen der Sprachgebrauch seltsam anmuten. Worin eigentlich besteht der *Gehalt* des „Rechts" im Falle der Pflicht gegen sich selbst, kein schlechter Verlierer zu sein? Sind Recht und Pflicht hier nicht im Grunde identisch, die Differenzierung zwischen ihnen also substanzlos?

Wenn ich ein Recht habe, dann folgt für gewöhnlich daraus, dass die anderen eine Pflicht haben: nämlich die Pflicht, dieses mein Recht zu respektieren, es nicht in Abrede zu stellen und, soweit wie möglich, darauf zu achten, dass die Bedingungen seiner Realisierung gewahrt und in manchen Fällen gefördert werden. Aber ein Recht, basierend auf einem objektiven Wert, das primär eine Pflicht gegen mich selbst begründet, ist dadurch charakterisiert, dass es keinen *direkten und strikten* Anspruch meinerseits gegen andere erzeugt. Das ist ein ethisch wichtiger Punkt, denn er sagt etwas Grundsätzliches über die Art und Weise des Miteinanderumgehens auf einer grundlegenden menschlichen Ebene aus.

Ich habe keinen Anspruch darauf, dass die anderen mir dabei behilflich sind, ein guter Gewinner zu sein, zumindest nicht in dem Sinne, dass dieser Anspruch irgendetwas wäre, worauf ich moralisch pochen und durch die Einleitung rechtlicher Schritte bestehen könnte. Obwohl meine Würde unverletzlich und ihre Verletzung einklagbar ist, gilt dasselbe für meine Selbstachtung nicht. Zwar gibt es eine Verklammerung von Würde und Selbstachtung; und deshalb gibt es auch Straftatbestände, die zugleich meine Selbstachtung betreffen, namentlich den Tatbestand der Ehrenbeleidigung. Aber obwohl hier Würde *und* Selbstachtung betroffen sind, weil bei Erfüllung des Tatbestands eine Schädigung meines achtenswerten Bildes nach außen hin eintritt, so repräsentiert die Selbstachtung doch *wesentlich* eine Beziehung nicht zwischen mir und anderen, sondern eine Autorelation: Ich achte mich selbst.

Das hat tiefgreifende Folgen für Wesen und Charakter von Pflichten, die andere gegen mich haben, soweit es um Rechte geht, die aus Pflichten gegen mich selbst resultieren, also um typische Pflichten anderer gegenüber meinen typischen „Selbstachtungsrechten":

Einerseits handelt es sich dabei um *strikte* Pflichten, die aber bloß *indirekt* auf die Selbstachtung des Einzelnen bezogen sind. Denn es handelt sich darum, Menschen nicht elende Lebensumstände zuzumuten, in denen sie keine oder nur verkümmerte und beschädigte Formen der Selbstachtung entwickeln können. Es geht also um die Pflicht zur Einhaltung der Menschenrechte, einschließlich des Rechts eines jeden Menschen auf Befriedigung seiner vitalen Grundbedürfnisse wie Hunger, Durst, Behausung, Gesellschaft, Sex. Denn der Schutz jener Rechte ist zugleich die Bedingung der Möglichkeit eines Lebens, in dessen Rahmen sich Personen selbst zu achten imstande sind.

Andererseits hat meine Umgebung hinsichtlich meiner Selbstachtungsrechte zwar auch *direkte,* aber dabei bloß – wie ich sagen möchte – *informelle Pflichten des Wohlwollens.* Informell deshalb, weil sich diese Pflichten nicht formalisieren lassen, weder was geeignete

Handlungen oder Unterlassungen betrifft, noch was deren Verrechtlichung angeht.

Pflichten des Wohlwollens sind, wie schon das Wort sagt, an ein „Wohlwollen" gebunden. Erst dem Wohlwollenden leuchtet als Pflicht ein, den Mitmenschen, dem er wohlwill, in seinen Pflichten gegen sich selbst zu unterstützen. Doch obschon Wohlwollen eine Haltung ist, die sich institutionell „nachbilden" lässt (man denke an die professionelle Pflege), liegt ihr im Ursprung eine Sympathie zugrunde, zu der niemand verpflichtet werden kann. Das wäre so witzlos, wie jemanden zum Mitleid oder zur Liebe verpflichten zu wollen.

Wir alle wissen intuitiv, dass wir unter Berücksichtigung der Situation und des Charakters eines Menschen, zumal eines uns nahestehenden, ihm dabei helfen sollten, ein Spiel, das er im Begriff ist zu verlieren – und es gibt ernste Spiele, bis hin zum „Spiel des Lebens" –, als guter Verlierer zu beenden. Natürlich können und dürfen wir an den Rahmenbedingungen des Spiels häufig nichts ändern. Doch Mut zu machen, Trost zu spenden, nicht unnötig den Zorn des zornmütigen Verlierers zu reizen, die Verzweiflung des depressiven Verlierers zu lindern: das alles sind aktive Möglichkeiten, zu denen wir zwar nicht strikt verpflichtet sind, für die wir uns aber dennoch geneigt machen sollten.

Man könnte auch sagen: Wir sollten uns angesichts der schwierigen Situation des Verlierers in den *Modus des Wohlwollens* begeben, soweit uns das eben möglich ist (und es ist uns vielleicht in nur sehr beschränktem Maße möglich, weil uns der Verlierer kalt lässt oder abstößt). Dafür, dass wir uns geneigt machen, gibt es einen guten allgemeinmenschlichen Grund. Wir wissen, dass wir in unserem Bemühen um Selbstachtung alle einigermaßen gleich sind und, falls wir nicht regelrecht als Tugendbolde geboren wurden, unter schwierigen Bedingungen ebenfalls immer wieder auf das Wohlwollen der anderen hoffen müssen.

Hoffen heißt: keinen strikten Anspruch haben. Niemand kann von einem anderen Menschen verlangen, gemocht, sympathisch gefunden oder gar geliebt zu werden, obwohl es sich dabei um Voraussetzungen dafür handeln mag, dass ich mich in dem, was ich tue und lasse, selbst zu achten vermag. Wie oft werden aus Frustration, Missgunst und dem Gefühl, abgelehnt zu werden, Dinge verbrochen, deretwegen man sich hintennach selber nicht mehr in die Augen zu schauen vermag.

Und nun scheint aber unzweifelhaft, dass innerhalb von Beziehungen, die sich auf Wohlwollen *gründen*, aus der Hoffnung eine berechtigte Erwartung wird. Als Kind darf ich von meinen Eltern erwarten, dass sie mir dabei helfen, meinen Pflichten gegen mich selbst nachzukommen, auch wenn sie kein Recht haben, mich zu Handlungen, die meine Selbstachtung erst gewährleisten *könnten,* nach dem Muster der Bevormundung zu zwingen. Denn das ist ja gerade der Witz der Selbstachtung: dass sie nur aus der freien Einsicht in das, was ich mir selbst schuldig bin, und der dieser Einsicht entsprechenden autonomen Anstrengung erwächst.

Außerdem verweist uns der Begriff der Wohlwollenspflicht auf einen „Horizont", der in jedem Fall über das Gebiet der Pflichtethik hinausgeht: auf den Horizont oder die regulative Idee des guten Lebens, in der sich seit alters her die Vorstellung einer Harmonie zwischen einerseits den Regeln und Tugenden der Gemeinschaft und andererseits der Selbstsuche des Einzelnen ausdrückt. Indem wir uns wechselseitig helfen, unseren Pflichten gegen uns selbst nachzukommen, helfen wir uns zugleich, die Frage nach dem *Warum?* dieser Pflichten praktisch auszuleben.

Dieses „Warum?" erheischt eine individuelle Antwort, eine Erzählung, die vom relativen Gelingen und Misslingen des eigenen Lebens berichtet. Warum kann ich mich des Rechts, ein guter Verlierer zu sein, nicht begeben? Weil ich ohne dieses Recht kein um Selbstachtung ringendes Wesen zu sein vermöchte, und damit auch unfähig, mich in meinem Leben, als der, der ich bin, erst selbst zu verwirklichen.

Nun sehen wir ein Stück weiter und der Weg, den wir weitergehen müssen, erhält die eine oder andere Kontur: Pflichten gegen sich selbst als formende Elemente der Selbstachtung stehen – sofern Selbstachtung nicht bloß ein psychologisches Stimmungskonzept bleiben soll –, in einem wesentlichen Verhältnis zur Tatsache objektiver Werte. Aus ihnen gehen Rechte hervor, deren sich der Rechtsinhaber nicht entschlagen kann, einschließlich jener unabdingbaren Rechte, die Pflichten gegen sich selbst begründen („Selbstachtungsrechte"). Und von da aus entfaltet sich dann die Dialektik zwischen dem unpersönlichen Umstand, dass man ein moralisches Subjekt ist, und der allerpersönlichsten Wertdynamik, die darin besteht, *dass jede Person sie selbst ist, indem sie, sich selbst achtend, danach strebt, sie selbst zu werden.* Deshalb gilt, was Goethes Engel, in der höheren Atmosphäre schwebend, von Fausts Unsterblichem künden: „Wer immer strebend sich bemüht, den können wir erlösen ..."

7.
ICH BIN ES MIR SCHULDIG, MICH SELBST ZU VERACHTEN

Ein Mann misshandelt seine Frau, er ist brutal, jähzornig, kann seine täglichen Frustrationen nicht im Zaum halten. Er nützt die physische Schwäche seiner Frau aus, um sich „abzureagieren". Er verachtet in seiner Frau das weibliche Geschlecht. Dieser Mann ist ein Gegenstand unseres Abscheus; im besten Fall, wenn er aus Verhältnissen kommt, die ihn selbst innerlich beschädigten und seine geistige Entwicklung verhinderten, ein Gegenstand unseres Abscheus *und* Mitleids.

Der Ehe-Unhold ist, bei aller Beschränktheit seines Charakters und Wissens, *ein moralisches Subjekt.* Als solches trägt er die Verantwortung für das, was er seiner Frau antut, und *deshalb* wird er vielleicht versuchen, seine Taten zu rechtfertigen, sobald er zur Rede gestellt wird, zum Beispiel, indem er auf sein Recht als Ehemann, die Geringfügigkeit seiner Brutalität, das geheime Einverständnis seiner Frau, die Verzeihlichkeit von „Schlägen aus Liebe" pocht. Und wichtiger noch: In den Stunden seines Lebens, in denen ihn das Gewissen wegen seiner Untaten quält, wird er *vor sich selbst* dergleichen Rechtfertigungen erfinden. Denn nur, wenn er in seinem brutalen, lieblosen, seine Frau missachtenden Tun etwas erblicken kann, worin er *tatsächlich* gerechtfertigt ist, wird er auch imstande sein, seine Selbstachtung zu bewahren.

Würde er nicht einmal *denken,* er könnte notfalls Gründe für seine sexistische Brutalität nennen (wiewohl er faktisch keine derartigen Gründe nennen könnte, es sei denn vorgetäuschte), so wäre er vor sich selbst damit konfrontiert, sich „wie ein Schwein" zu benehmen und – im verächtlichsten Sinne dieses Wortes – tatsächlich eines zu sein. *Das* würde die Selbstachtung des Mannes empfindlich tangieren. Niemand wird sich gerne als „Schwein" sehen wollen. Aber um keines zu sein, muss man die Rechte anderer achten. Und man ist ein umso größeres Schwein, je mehr durch das eigene Verhalten nicht nur die eigene Selbstachtung beschädigt, sondern vor allem die eines anderen infrage gestellt wird. Der Ehe-Unhold stellt die Selbstachtung seiner Frau infrage, indem er ihr – abgesehen von zugefügten körperlichen und psychischen Schäden – den Respekt verweigert, der jedem Menschen als einem Wesen mit Würde zusteht.

Wir haben festgestellt, dass wir als moralische Subjekte unterschiedlichen Arten von Pflichten unterliegen, was den Schutz jener unverfügbaren Rechte betrifft, auf denen nicht zuletzt auch die Pflichten anderer gegen sich selbst beruhen. Wir sind im strikten Sinne aufgefordert, im Rahmen des Möglichen jene Bedingungen herzustellen, durch die erst der Einzelne in die Lage versetzt wird, seinen Pflichten gegen sich selbst nachzukommen. Aber wir sind nicht im selben strikten Sinne aufgefordert, innerhalb des einmal geschaffenen Rahmens, der ein Leben in Selbstachtung *ermöglicht,* darauf zu achten, dass die anderen auch *tatsächlich* ihr „Selbstachtungsrecht" wahrnehmen.

Dennoch kann man nicht sagen, dass es einfach zulässig wäre, uns in diesem Feld völlig neutral, passiv und ignorant zu verhalten. Da wir wissen, dass die Selbstachtung unserer Mitmenschen, zumal unserer „Nächsten", daran hängt, dass sie nicht nur tun, was sie den anderen, sondern auch was sie sich selbst schuldig zu sein glauben, sollten wir sie, ohne strikt dazu verpflichtet zu sein, dort ermutigen und fördern, wo es um ihren existenziellen Selbstbezug geht. Das sind unsere Wohlwollenspflichten. Denn das Existenzielle hat hier, im Bereich der Pflichten gegen sich selbst, einen normativen Aspekt, der das Ganze des Sozialen berührt. Insofern wir den Mitmenschen als Teil einer Gemeinschaft auffassen, die aus Gleichen – Wesen mit gleicher Würde – besteht, welche samt und sonders nach Selbstverwirklichung streben, ist die gelingende Selbstachtung des Einzelnen zugleich Teil des guten Lebens, das alle umfasst und verbindet.

Unsere Wohlwollenspflichten richten sich also darauf, vor dem Horizont des guten Lebens (und dieser ist praktisch uneinholbar, ein regulatives Prinzip) die anderen dabei zu unterstützen, ihren Pflichten gegen sich selbst gerecht zu werden. Tun wir das nicht, sind wir im moralisch strengen Sinne nicht tadelnswert. Die Frau, die sich aus freien Stücken ihrem Mann gegenüber untertänig verhält, obwohl sie ebenso gut darauf bestehen könnte, ihm in gleicher Augenhöhe zu begegnen, erzeugt auf unserer Seite (mit Ausnahme der ihres Mannes) nur eine schwache Form der Verpflichtung. Wenn es sich sozusagen ergibt, der Augenblick günstig scheint und sonst niemand durch eine allfällige Intervention Schaden erleidet, dann ist es ein Zeichen des Wohlwollens unter Gleichen, die untertänige Frau mehr oder minder nachhaltig darauf hinzuweisen, dass sie, bei aller Freiwilligkeit ihres Tuns, doch dabei ist, nicht zu tun, was sie sich selbst und damit ihrer Selbstachtung schuldig wäre. Und es ist ein besonderes Zeichen des

Wohlwollens, der Frau anzubieten, ihr dabei behilflich zu sein, sich von ihrer unseligen Neigung zur Geschlechtsservilität zu befreien.

Die Situation unserer Verpflichtung ändert sich hingegen grundlegend, wenn wir es mit einem Menschen zu tun haben, in unserem Beispiel: einem Ehe-Unhold, der die Selbstachtung eines anderen, in unserem Beispiel: der eigenen Frau, ohne Grund attackiert und beschädigt. Hier sind wir im strikten moralischen Sinne verpflichtet, Gegenmaßnahmen zu ergreifen, und zwar unabhängig davon, ob der Attacke gegen die Selbstachtung des anderen eine greifbare Form der Gewalt zugrunde liegt oder nicht. Das hat einerseits damit zu tun, dass Selbstachtung und Würde innerlich verklammert sind. Der Mann will der Frau ja insgeheim zu erkennen geben, dass er sie für einen „Menschen zweiter Klasse" hält, auch wenn er, zur Rede gestellt, ein solches Motiv explizit leugnen sollte. Darüber hinaus jedoch demonstrieren Attacken auf die Selbstachtung anderer bisweilen, dass man deren legitimen Anspruch leugnet, genug Würde zu besitzen, um sich selbst achten zu dürfen – man leugnet ihre „Menschlichkeit".

Angenommen nun, dem Ehe-Unhold würde es plötzlich wie Schuppen von den Augen fallen. Er beginnt einzusehen und er sieht schließlich schuldbewusst ein, dass er sich seiner Frau gegenüber „wie ein Schwein" verhalten hat. Damit begreift er zugleich, dass er, indem er ihr den nötigen Respekt verweigerte und ihre Selbstachtung brutal infrage stellte, bloß seinerseits eine Situation heraufbeschwor, in der er sich nun selbst nicht mehr achten darf. Er erfährt, was es heißt, nicht nur von den anderen verachtet zu werden – das ist schlimm genug, muss aber nicht bedeuten, dass man moralisch defekt oder minderwertig wäre –, sondern sich selbst verachten zu müssen. Selbstverachtung markiert zweifellos einen moralischen Tiefpunkt, dem jeder so rasch wie möglich zu entkommen versucht.

Von Ludwig Wittgenstein, der ein extrem ausgeprägtes Gewissen hatte, ist bekannt, und zwar zum Teil aus seinen entschlüsselten geheimen Tagebüchern, zum Teil aus den Berichten seiner Freunde, dass er infolge vergleichsweise nichtiger Anlässe die Konsequenz zog, er sei es als Mensch nicht wert, geachtet zu werden. Sieht man einmal von seinen sexuellen Leiden ab (die ihren Ursprung in religiös fundierten Beschmutzungsphobien hatten), dann waren es vor allem Feigheit und Lüge, die ihn niederdrückten. Er arrangierte Beichten, denen zuzuhören er Familienangehörige, Freunde und Bekannte nötigte, indem er seine Sünden von Zetteln ablas oder frei rezitierte. Eine dieser „Sünden" bestand beispielsweise darin, dass er bei irgendwelchen Gelegenheiten angeblich zu feige war, um einzubekennen, er sei ein Dreivierteljude (was im konfessionellen Sinn gar nicht stimmte, denn die fraglichen jüdischen Großeltern waren getaufte Christen). Am stärksten gelitten schien er unter Vorfällen zu haben, die sich auf seine unglückliche Volksschullehrerzeit im niederösterreichischen Ort Trattenbach bezogen: Damals hatte er Schüler geschlagen, seine Brutalität einem Mädchen gegenüber, das er verwundete, schien ihn noch viele Jahre später verfolgt und gequält zu haben.

Wittgenstein war – abgesehen davon, dass er ein hochfahrendes, in seinen Urteilen wenig liberales, fast autistisches Wesen besaß – ein Selbstbezichtiger. In diesem Zusammenhang ist eine Beichtepisode, die seine Russischlehrerin Fania Pascal berichtet, besonders typisch. Wittgenstein – schreibt Ray Monk, der jene Episode referiert – hatte Pascal zu ungelegener Zeit angerufen, um sich bei ihr anzumelden. Als sie ihn vertrösten wollte, sagte er, es sei dringlich. Als Pascal ihm dann am Tisch gegenübersaß, dachte sie (so hat sie es selbst überliefert): „Wenn jemals etwas Aufschub verdient hat, dann ein solches Geständnis, auch noch in dieser Form abgelegt." Denn Wittgenstein sprach steif und trocken, womit er in der Frau, der er gerade eine Beichte ablegte, jedes Mitgefühl erstickte. Irgendwann wurde es der derart Drangsalierten zu bunt und sie fragte gereizt: „Was ist denn los? Wollen Sie etwa vollkommen sein?" Da richtete sich Wittgenstein, der kalte Beichter und Büßer, nach dem Zeugnis Pascals stolz auf und sagte: „*Natürlich* will ich das."[26]

Was uns das Beispiel Wittgensteins – und nehmen wir das Beispiel weniger als eine historische Episode denn als ein moralisches Lehrstück – drastisch zeigt, ist nicht nur eine Überempfindlichkeit, gepaart mit einem fast empörenden Selbstwertgefühl. Es zeigt uns nicht nur eine Neigung zum Perfektionismus, die zu einer Art eitler Selbstbezichtigungsattitüde führt (denn die Krassheit der Selbstbezichtigung ist eben Ausdruck des Gefühls, man sei im Grunde etwas Besonderes, dem menschlichen Durchschnitt weit überlegen). Es zeigt uns darüber hinaus den Zusammenhang zwischen der Idee des guten Lebens und der Selbstachtung wie im Brennglas. „*Natürlich* will ich das", nämlich vollkommen sein, sagt Wittgenstein, der damit ein eigenartiges Licht auf seine steife, fast rituelle Beichthaltung fallen lässt.

Worum es ihm ging, war, so scheint es, nicht das einfache menschliche Gespräch, in dem man Erleichterung sucht durch das schuldbewusste Einbekenntnis eigener Mängel und die damit verbundene Hoffnung, vom Gegenüber Zuspruch und Trost zu erfahren. Es ging nicht, so hat man den Eindruck, um eine Absolution durch die lösende Kraft des Verständnisses, das uns ein anderer entgegenbringt, indem er zu uns – in unsere Not- und Schuldlage – einfühlend herüberreicht.[27] Wittgenstein ging es offenbar um ein Ritual, bei dem der andere nur die Rolle des reglosen Katalysators spielt. Die Reinigung erfolgt nicht zwischenmenschlich. Sie ist etwas Religiöses, ein mystischer Gnadenakt, der den Beichtenden von der Schlacke seiner Fehlbarkeit befreit, teilweise jedenfalls, um ihn so in die Nähe der Vollkommenheit zu bringen.

Das gute Leben als die Praxis des Vollkommenen im Wittgensteinschen Sinne ist freilich, so hat man den Eindruck, gar kein wirklich soziales Ideal mehr. Es basiert stattdessen auf geradezu solipsistisch gesetzten Tugendakten. Der andere ist nur insofern erforderlich, als er zur Produktion der Tugendhaftigkeit des Tugendhaften unerlässlich ist. Das alles passt zu Wittgensteins *Traktat*-Philosophie, der zufolge sich kein Wert in der Welt realisieren kann. Die Ethik bleibt, wie alles Göttliche, „Höhere", transzendental und daher unsagbar.[28] Das macht auch die Selbstachtung des Menschen von einer *Qualität* seiner Handlungen abhängig, die quasi (und im *Traktat* buchstäblich) transzendental ist. Es ist jedenfalls keine *kommunikative* Qualität, nichts, was sich unter Menschen innerhalb der Welt ereignen könnte. Worin also die Vollkommenheit bei Wittgenstein bestehen könnte, wenn nicht darin, sich im Zustande des Erlöstseins zu befinden (was immer das heißen mag), ist schwer oder gar nicht zu verstehen. Aber es gibt uns Begriffsstutzigen immerhin einen ungefähren Eindruck vom Selbstverachtungsdruck, dem derjenige unterliegen muss, der – bewusst oder unbewusst – einem solchen Ideal anhängt.

Doch so seltsam es klingen mag: Zwischen Wittgensteins schroffer, gleichsam absoluter Misslage und jener des geläuterten Ehe-Unholds, der sich wegen seiner Taten selbst verachtet, gibt es einen inneren Zusammenhang. *Beide glauben, es sich schuldig zu sein, sich selbst verachten zu sollen.* Denn beide sind schuldig, die Idee des guten Lebens aus den Augen verloren und sogar geschmäht zu haben, wobei das „gute Leben" ein Mal als Ideal des menschlichen Zusammenseins, das andere Mal als – man muss sagen – religiöses Ideal („Erlösung vom Übel der Unvollkommenheit") gedacht wird. Unter Außerachtlassung dieses Unterschieds, der freilich in verschiedenen Kontexten von großer Bedeutung sein kann, bleibt folgende Gemeinsamkeit:

Nicht nur hat man gegen moralische Regeln verstoßen, denn dies hätte immerhin (wir erinnern uns an das Beispiel vom ehrenwerten Mafioso) ohne niedrige Motive geschehen können. Es kam noch etwas anderes dazu, etwas, das die Selbstachtung der Handelnden von Grund auf beschädigte. Sie haben sich brutal, feige, arrogant, lieblos verhalten. Das alles waren negativ charakterisierte Eigenschaften, deren positive Komplemente – sensibel, mutig, unprätentiös, nicht anmaßend, liebevoll – am besten als persönliche Tugenden beschrieben werden.

Persönliche Tugenden sind persönlich nur insofern, als es sich um Tugenden handelt, deren Subjekte einzelne Personen und nicht etwa Kollektive sind. Man spricht ja auch gelegentlich von den Tugenden eines Volkes, zum Beispiel von der – imaginären – Fairness der Engländer oder der – nicht weniger imaginären – Korrektheit der Schweizer. Ansonsten sind persönliche Tugenden natürlich Tugenden der Gemeinschaft insofern, als sie von der Gemeinschaft anerkannt werden. Dabei meint „Gemeinschaft" hier, wie auch in anderen ethischen Kontexten, nicht bloß die real bestehende Gesellschaft. Gemeinschaft als moralisches Kriterium dafür, was eine Tugend ist, meint die Solidargemeinschaft der menschlichen Subjekte überhaupt, also, genau besehen, ein nicht realisierbares gedankliches Gebilde, das sich durch die *Anerkennung dessen, was unpersönlich gesollt ist,* konstituiert.

Tugenden gehören zum moralischen Inventar. Sie sind innerlich mit objektiven Werten verknüpft, mit dem, was man um seiner selbst willen anstrebt, weil es an sich oder intrinsisch gut ist. Deshalb sind Tugenden außerdem mit Prinzipien und Pflichten verzahnt; und dabei kommt ihnen im Rahmen des moralischen Feldes eine besondere Aufgabe zu: *Die (persönlichen) Tugenden sind es, die inhaltlich darauf eine Antwort geben, was das ist, was man sich selbst schuldet.* Um sie herum zentriert sich folglich das Konzept der Selbstachtung, das seinerseits dazu beiträgt, die Idee des guten Lebens auszuformen.

Das gute Leben bestimmten wir kursorisch als die Vorstellung einer Harmonie zwischen den Regeln und Tugenden der Gemeinschaft einerseits sowie der Selbstsuche des Einzelnen andererseits. Es ist nun aber die spezifische Funktion der Tugenden, indem sie nicht wie Regeln relativ starre Anwendungsbedingungen kennen, die Selbstachtung des Einzelnen mit seinem Streben nach Selbstfindung innerlich zu verbinden. Ja, man kann sagen, dass die Tugenden aufgrund ihrer Plastizität diese Verbindung überhaupt erst ermöglichen.

Lassen wir, damit wir zu einer differenzierteren Vorstellung des Tugendbegriffs gelangen, die bisher besprochenen Beispiele noch einmal Revue passieren:

Selbstmörder. – Worin könnte sein Tugenddefizit bestehen? Gewiss, es gibt den Menschen, von dem wir sagen, dass er sich feige aus dem Leben gestohlen hat. Aber das setzt voraus, dass einem das Leben die Pflicht auferlegt, es nicht kampflos zu beenden, sich den Herausforderungen, Tiefschlägen, Depressionen, Schmerzen, die einen plagen mögen, beherzt und mutig und mit Durchhaltewillen zu stellen. Ist es so? Erlegt einem das Leben eine derartige Pflicht auf?

Ich denke nicht, dass es das Leben an sich ist, sondern der Weg, den man im Leben beschritten hat. Es ist das, was noch nicht aufgegangen, vollendet ist, und das, was sich bereits zum Teil einer Lebensgeschichte geformt hat – kurz, das Leben als Bildungserzählung und Auftrag –, wodurch uns, falls überhaupt, Pflichten gegen unser Lebendigsein erwachsen. Daran ändert sich nichts, ob wir nun in einer Millionenstadt leben oder auf einer Insel, die nur wir allein bewohnen. Als Wesen, die nach Selbstachtung streben, mag für uns hier der ethisch sensible Punkt des Selbstmords angesiedelt sein. Der Punkt beläuft sich auf die Vernachlässigung einer Grundpflicht gegen uns selbst, die darin besteht, sich der Aufgabe zu stellen, die das eigene Leben – ideal gedacht als das gute Leben – *ist*.

Was genau unter dieser Aufgabe verstanden werden kann, erlaubt natürlich keine allgemeine Antwort. Denn das hängt von der Person ab, die ihr Leben nach ihren Vorstellungen zu leben hat. Sicher ist nur: Kapituliert ein Mensch angesichts schwerer Lebenskrisen und Bedrohungen zu früh, obwohl er das Gefühl hat, „noch eine Aufgabe zu haben", und sei es bloß die, noch einen Tag lang zu leben, dann beschädigt er damit seine Selbstachtung. Er stirbt ohne Achtung vor sich selbst (und die Achtung der anderen ist bloß geheuchelt); er stirbt wie einer, der sich vor einer schwierigen Aufgabe drücken will. In diesem Fall ist die Frage der Tugend berührt, und zwar negativ, ganz im Gegensatz zu jenem Selbstmörder, der aufgibt, weil er weiß, dass er menschlich nicht mehr weiterkann.

Schlechter Verlierer. – Das Problem des schlechten Verlierers gibt es auch angesichts des Todes. Es ist eine Tragik unserer Kultur, dass sie dieses Problem verschleiert, nicht absichtlich, sondern einfach dadurch, dass kaum ein Mensch angesichts der medizinischen Möglichkeiten und der darauf beruhenden Dauerinterventionen noch für sich selbst und vor sich selbst – wie in der Bach-Kantate – wissen kann, ob es bereits genug ist.[29] Und ähnlich wie im Falle des Selbstmords gilt auch für den schlechten Verlierer, dass sein Verhalten die Umgebung beeinflussen kann, dies aber nicht unbedingt sein muss.

In beiden Fällen ist man geneigt, die Frage der Pflicht gegen sich selbst zu stellen, weil der zentrale Eindruck ja der ist, dass es sich beim Suizid wie beim schlechten Verlieren eines Spiels um Angelegenheiten handelt, die sich *primär* auf die Person, die handelt, beziehen und erst in zweiter Linie auf andere, die durch die Handlung des

Selbstmörders oder des schlechten Verlierers eventuell negativ mitberührt werden. Es könnte aber auch ebenso gut sein, dass sie „positiv" berührt werden, zum Beispiel, weil der Tod eines alten Menschen den geplagten Familienangehörigen und hoffnungsvollen Erben nur recht ist (eines der Dauerprobleme im Feld der aktiven Sterbehilfe); oder weil die unbeherrschten Aktionen des schlechten Verlierers den Sieg des Gewinners nur umso vollkommener erscheinen lassen und damit seinen Fans ein zusätzliches Maß an Siegerfreude und Genugtuung bereiten.

Was den guten Verlierer auszeichnet, sind Tugenden wie Beherrschtheit, Augenmaß und die Fähigkeit, die Stärke des Gegners ohne Ressentiment anzuerkennen. Wer über diese Tugenden nicht verfügt, kann zu Handlungen verleitet werden, die den Regeln des Spiels und sogar moralischen Pflichten widersprechen. In jedem Fall entsteht für den schlechten Verlierer dadurch, dass er es nicht schafft, einigermaßen tugendhaft zu handeln – eben beherrscht, mit Augenmaß für die verbleibenden Möglichkeiten und ohne Ressentiment gegenüber dem Stärkeren – ein Problem der Selbstachtung, immer vorausgesetzt, der schlechte Verlierer begreift, wie es um ihn steht.

Guter Sklave, servile Ehefrau. – Beim guten Sklaven („Onkel Tom") und der servilen Ehefrau scheint von vornherein die Beziehung zum anderen, dem Herrn und Patriarchen, für das Verhältnis entscheidend. Sie ist gewissermaßen ein definierender Bestandteil der Beziehung. Dennoch ist es charakteristisch für beide Formen der Verletzung einer Pflicht gegen sich selbst, dass keine im engeren Sinne moralische Pflicht anderen gegenüber verletzt wird. Und wir gehen auch davon aus, dass kein Vertrag gegen die guten Sitten geschlossen wurde, entweder weil es diesen Vertragstyp (noch) nicht gibt, oder weil die Servilität der Beziehung informell und freiwillig praktiziert wird. Der Mangel, den sowohl der gute Sklave als auch die servile Ehefrau zeigen, ist primär ein Mangel an Selbstachtung, und hier stoßen wir darauf, dass sich selbst zu achten in dem Maße, in dem Selbstachtung angebracht ist, seinerseits eine Art Tugend darstellt – man könnte sagen, *eine Tugend zweiter Stufe.*

Selbstachtung gründet zu einem wesentlichen Teil auf Tugenden erster Stufe, deren Beachtung erst dazu berechtigt, sich selbst zu achten. Doch in den vorliegenden Beispielen ist noch mehr im Spiel. Denn man könnte sich fragen, welcher Mangel an Tugendfähigkeit (welche moralische oder geistige „Schwäche") es jemals rechtfertigen könnte, dass man *zu Recht* die Rolle als guter Sklave oder als servile Ehefrau akzeptiert. Und die Antwort ist: Kein derartiger Mangel kann die Übernahme einer solchen Rolle jemals rechtfertigen! Denn ihre Rechtfertigung wäre gleichbedeutend mit dem Eingeständnis, dass es keine Gleichheit unter den Menschen gibt.

Die Frage der Gleichheit hat mit der Frage der praktizierten oder vernachlässigten Tugenden nur insofern zu tun, als das Gleichheitsprinzip allen Menschen ein fundamentales Recht zuordnet, dessen sie sich nicht entledigen können, nämlich von allen anderen als gleichwertig respektiert zu werden. Wer dennoch so tut, als könnte er sich dieses Rechts entledigen, praktiziert eine Untugend fundamentaler, man könnte auch sagen: „transzendentaler" Art. Denn ein solcher Mensch achtet sich nicht als Gleicher unter Gleichen und zerstört dadurch, mit Kant gesprochen, die *Bedingung der Möglichkeit von Selbstachtung überhaupt.* Und das ist klarerweise mehr und logisch etwas anderes, als durch die Praktizierung von sozusagen einfachen Untugenden (Brutalität, Feigheit, Arroganz, Lieblosigkeit etc.) an seiner Selbstachtung Schaden zu nehmen.

Ehe-Unhold, Self-Deprecator. – Der Ehe-Unhold verhält sich brutal, feige, arrogant, lieblos, er verletzt damit typische Tugenden erster Stufe. Erkennt er die Natur seines Handelns, dann wird er nicht umhin kommen, sich selbst zu verachten für das, was er tut. Denn wie jeder andere Mensch weiß auch er, dass man es sich selbst schuldig ist, soweit als möglich nicht brutal, nicht feige, nicht arrogant, nicht lieblos zu sein. Schafft man es einigermaßen, diese persönlichen Tugenden im eigenen Leben umzusetzen, dann darf man in gewissem Maße mit sich selbst zufrieden und sogar stolz auf sich selbst sein: Man darf sich selbst achten.

So gesehen fällt es nicht schwer zu begreifen, dass es (a) die Tugenden erster Stufe sind, die das Feld der Verpflichtungen gegen sich selbst und damit den Gehalt der Selbstachtung inhaltlich strukturieren, wobei (b) als gleichsam transzendentales Prinzip jenes der Gleichheit aller Menschen hinzutritt. Dieses Prinzip bringt die Bedingung von Selbstachtung überhaupt zum Ausdruck, eine Bedingung, in welcher der Gedanke der unveräußerlichen Würde aller Menschen gründet, aus der dann die Menschenrechte hervorgehen. Darauf gründet (c) die Pflicht zur Selbstachtung oder, anders gesagt, das unveräußerliche „Selbstachtungsrecht" als eine Tugend zweiter Stufe.

Der Selbstbezichtiger hingegen scheint ständig zu klagen: Ich habe kein Recht, mich selbst zu achten![30] Er wiegt jede seiner Schwächen auf der Goldwaage der Tugendhaftigkeit, wobei der Zuschauer den Eindruck gewinnen mag, dass der Selbstbezichtiger aus der Betrachtung seiner Minderwertigkeit eine Art Genuss zieht. Er ist und bleibt eben ein Schwein, und er selbst ist es, der das am klarsten, deutlichsten, unwiderruflichsten erkannt hat. Man kann sich den Selbstbezichtiger als einen Menschen denken, der alle moralischen Regeln des pflichtgemäßen Verhaltens peinlich genau erfüllt und sich dabei andauernd selbst verachtet: Er ist im Grunde feige, hat schmutzige Hintergedanken, achtet in erster Linie auf sein eigenes Wohlergehen, was er aber nicht offen zeigt, indem er seinen Pflichten penibel nachkommt.

Der Selbstbezichtigungsdrang kann Ausdruck einer psychischen Sondersituation sein, und gewiss war eine solche bei Wittgenstein gegeben. Doch das ist weniger interessant, es gibt eben Menschen, die aufgrund ihres Charakters dazu tendieren, sich selbst zu verachten (derartige Menschen verachten auch die meisten anderen, bis auf die ein, zwei Menschen, die sie bedingungslos verehren). Bedeutsamer ist in unserem Zusammenhang die Beobachtung, dass Selbstverachtung auch eine Achtung gebietende Folge davon sein kann, dass jemand ein edles, hochfliegendes Gemüt hat, welches die Bestimmung des Menschen darin erblickt, sich zur Vollkommenheit zu bestimmen. Das war Wittgensteins Ideal. Er hatte eine Vorstellung, wie das gute Leben auszusehen habe, nämlich so, dass es die Folge des unablässigen Vollkommenheitsstrebens um Tugendhaftigkeit bemühter Einzelner sein müsste.

Und hier kann man erkennen, dass es neben der „Metatugend" der Selbstachtung auch eine „Metauntugend", die *Untugend des Tugendfanatismus,* gibt. Denn was wir als edles, hochfliegendes Gemüt bewundern, das gewissermaßen atemlos dem Ideal entgegenfiebert, wird allzu oft gegen die eigene, ursprünglich reine Absicht in einen Rigorismus hineingezogen, der nichts „Menschliches, Allzumenschliches" gelten lässt, nichts, wozu die Mittelmäßigkeit des um ein anständiges Leben durchschnittlich Bemühten fähig wäre. Dem Tugendbold ist immer alles zuwenig, er verachtet die Tugend der anderen, weil sie ihm einen Spiegel dessen vorhält, was auch für ihn selber gilt: Er ist kein Heiliger, sondern ein Mensch mit Mängeln, der sich bemühen, aber nicht endgültig über die Schatten der Endlichkeit obsiegen kann.

In der Vorstellung, dass man es sich schuldig sei, sich selbst zu verachten, steckt manchmal die bittere und richtige Einsicht in die Verachtenswürdigkeit der eigenen Machenschaften. Manchmal jedoch ist ihr ein Vollkommenheitswille eingesenkt, dessen fanatische Gerichtetheit auf das Ideal – das gute Leben, die Erlösung – seinerseits eine Untugend repräsentiert. In der Verachtung der eigenen Person steckt dann die Verachtung der ganzen Menschheit, mit Ausnahme eben bloß jener Genies, ja „Götter", die man bedingungslos verehrt.

8.
RUHMSUCHT UND KADAVERGEHORSAM

Tatsache ist, dass Menschen nach Selbstachtung streben. Und Tatsache ist auch, dass Menschen schwer darunter leiden, wenn ihre Selbstachtung beschädigt wird, sei es, weil man sie demütigt, oder sei es, weil sie sich selbst nicht mehr zu achten vermögen. Es gibt Kulturen, in denen der Verlust der Ehre nur durch den Tod desjenigen, der den Ehrverlust herbeigeführt hat, gesühnt werden kann; und sollte diese martialische Wiederherstellung der verlorenen Ehre nicht möglich sein, muss unter Umständen die entehrte Person mit ihrem Leben bezahlen.

Ehrenmorde in islamischen Ländern sind, wenn auch nicht die Regel, so doch immer noch keine ausgesprochene Seltenheit. Die Opfer sind Frauen, die vor der Ehe sexuellen Verkehr hatten. Ja, Frauen werden von einem Familienangehörigen bisweilen sogar dann ermordet, wenn sie nachweislich selbst Opfer sexueller Gewalt wurden. Denn durch die „Beschmutzung" der Frau wird die Ehre der Familie insgesamt beschädigt. Nur durch das Blutopfer kann sie wiederhergestellt werden, und sei es durch das Leben einer Tochter oder Schwester, deren „Verbrechen" darin bestand, vergewaltigt worden zu sein. Das klingt in unseren westlichen Ohren wie Wahnsinn, obwohl unser christliches Gehör dafür geschärft sein sollte, dass das Blutopfer eines Unschuldigen unabdingbar sein mag. Starb Jesus, der Sohn Gottes, der im Wesen mit Gottvater eins ist, nicht für die Schuld der ganzen Menschheit am Kreuz?

Auch wenn man gerne zur Kenntnis nimmt, dass es sich hierbei um miteinander unvergleichbare Situationen handelt, darf man doch nicht übersehen, dass wir uns in beiden Fällen im Gewaltraum menschlicher (und menschlich-göttlicher) Archaik befinden. Die Beschmutzung entehrt nicht nur den Beschmutzten, sondern alle, die mit ihm in einer wesentlichen Beziehung stehen, das heißt häufig: einer Beziehung des „Blutes". Die Sünde der ersten Menschen, Adam und Eva, scheint so gewaltig zu sein, dass hinterher die ganze Menschheit beschmutzt ist und eine Reinigung nur dadurch möglich wird, dass sich Gott in Gestalt seines Sohnes selber opfert. Man tut sich schwer, diese Sünde in schlichten Begriffen plausibel zu machen. Durfte nur der Vater des Gartens, der biblische Schöpfergott, Eva „erkennen"? War er der Patriarch, dessen Ehre für immer dadurch beschmutzt wurde, dass Adam und Eva einander nicht nur kindlich rein, sondern auch in fleischlicher Liebe zugetan waren? Was sonst könnte das Symbol von der „verbotenen Frucht" denn bedeuten?

Die Verletzung der Ehre bedeutet im archaischen Kontext häufig die Verletzung tiefliegender Besitzansprüche, womit der Besitz von (weiblichen) Geschlechtspartnern, zumal ihr sexueller Besitz, zuallererst gemeint ist. Das geht zurück auf biologische Ursprünge im sozial organisierten Tierreich, und dabei uns besonders nahestehend: das Reich der Menschenaffen, wo der durch einen kräftigen Jüngeren sexuell ausgestochene Overlord zu einer traurigen Gestalt wird, die sich am besten verdrückt und bald stirbt. Unser Ehrgefühl hat genetische Wurzeln, daran kann kein Zweifel bestehen. Ebenso wenig zweifelhaft kann sein, dass es bei diesen Wurzeln um ein Überlebensfundament geht, die Verbreitung des männlichen Samens unter den Weibchen.

Deshalb stehen Ehrenhändel, wie sie in der adeligen Gesellschaft gang und gäbe waren, direkt oder indirekt im Dienste der sexuellen Reputation des Mannes: Er imponiert den Damen nicht bloß dadurch, dass er für sie ins knochenbrecherische Turnier reitet oder ihren Ruf unter dem Einsatz des eigenen Lebens mit Schwert, Degen und Pistole verteidigt. Er imponiert ihnen auch dadurch, dass er mit seiner Ehre pfaut, so wie der Pfau mit seinem Riesenrad. Das bedeutet umgekehrt, dass der Kavalier seine Ehre schon beim nichtigsten Anlass verletzt sieht und blutig zu verteidigen gedenkt. Denn das wiederum gibt den Damen zu denken und macht sie im Falle seines Sieges über den Beleidiger erotisch geneigt.

Auf der Ebene der Kollektivarchaismen wird das Gefühl, in Schmach und Schande gestürzt worden zu sein, „entehrt" als ganzes Volk durch einen übermächtigen, bösartigen Feind, bis heute zum Auslöser des Schlimmsten, was Menschen einander antun können. Es ist müßig, darüber zu spekulieren, wie weit auch im Phänomen der kollektiven Entehrung sexuelle Erregungen mitschwingen. Die Redeweise, dass ein unterlegenes Volk durch den Sieger „vergewaltigt", seine Traditionen „befleckt", das Andenken an seine ruhmreiche Vergangenheit „geschändet" und alles, was ihm heilig war, „besudelt" wird (vorausgesetzt, der Sieger ist nicht bereit, sich „edelmütig" zu zeigen und dem besiegten Kollektiv seine „Würde" zu belassen) - diese Sprache der Kollektivschändung enthält vermutlich ein gerüttelt Maß an konventioneller Metaphorik. Denn die sexuelle Entehrung gehört eben zum Schlimmsten, was einem Menschen und seinen Anverwandten, die dadurch mit entehrt werden, zustoßen kann. Aber ob sich die Völker über die Kulturen und Zeiten hinweg in den Phantasien ihrer bild- und sprachbegabten Repräsentanten (Dichter, Priester, Visionäre) im Allgemeinen selbst als „das Weibliche" *phantasieren*, braucht hier nicht tiefergehend erörtert zu werden. Zumal die Symbolik der Massenvergewaltigungen von Frauen, die zu den Eroberungsgräueln durch die Menschheitsgeschichte hindurch gehören wie das Amen zum Gebet, ohnehin eine Sprache spricht, die brutaler nicht sein könnte. *The winner takes it all.* Dazu zählt die reproduktive Macht an vorderster Stelle: Der siegreiche Same wird den Frauen des unterworfenen Volkes eingepflanzt, weil das den Sieg unauslöschlich in die Generationenfolge hineinträgt.

Doch letzten Endes entscheidet sich die Frage kollektiver Entwürdigung keineswegs am sexuellen Pol allein, ja, er ist in der Tatsächlichkeit der politischen Bemächtigungsrealität nur *ein,* wenn auch zentrales Element. Diese Realität stützt sich auf die Herrschaft über den weiblichen Schoß; aber sie stützt sich ebenso auf die geographische, ökonomische und militärische Verfügungsgewalt. Dementsprechend richten sich die Gefühle des Entehrtseins, die ein Volk erfassen und mobilisieren können, zu keinem geringen Teil auf entrissenen Besitz und Boden, auf oktroyierte Grenzziehungen, die das gewohnte Innen/Außen-Gefüge zerstören, und auf alle gewaltsamen Beschränkungen der Souveränität.

Es handelt sich dabei um Gesetzmäßigkeiten, die weit davon entfernt sind, bloß „primitive" Eigentümlichkeiten mehr oder minder archaisch ausgelegter Welten und Umwelten zu sein. So gründete das Verhängnis der Weimarer Republik wesentlich darin, dass sich das deutsche Volk durch den „Schandvertrag von Versailles" (1919, Ratifizierung 10. Jänner 1920) in seiner Selbstachtung zutiefst verletzt fühlte. Die Deutschen waren aus dem Ersten Weltkrieg, nach infernoartigen Materialschlachten mit riesigen Verlusten an Menschenleben, als Verlierer hervorgegangen. Daraufhin mussten sie akzeptieren, von den Siegermächten zu schmachvollen Gebietsabtretungen, Reparationszahlungen und einem Vereinigungsverbot mit Österreich genötigt zu werden. Es waren die Nationalsozialisten, die es dann verstanden, das schwelende Gefühl der Demütigung auszunützen. Sie versprachen lauthals, die Selbstachtung des deutschen Volkes zu erneuern.

Ohne die kollektivdynamische Hoffnung auf Befreiung aus der Ehrlosigkeit wäre es Hitler wohl kaum gelungen, politisch zu reüssieren und die Macht an sich zu reißen. Ein neuer Weltkrieg musste her. Nur er konnte genug Genugtuung liefern, und zwar durch die Vernichtung der hochmütigen Sieger von einst – eine Vernichtung, die erst die Wiederauferstehung der ruhmreichen deutschen Nation möglich machen würde. Die Hoffnung bündelte sich in einer einzigen, apokalyptisch aufgeladenen Formel: das Tausendjährige Reich. Die Folgen sind bekannt: Millionen Tote, der Holocaust, Deutschland und Österreich am Boden zerstört.

Halten wir fest: Ehrverletzungen sind in traditionalen Gesellschaften keine Bagatellen, und das Barbarische der Sanktionen, die uns im Falle der Ehrenmorde an Frauen heute entsetzen, hat eine Verankerung nicht nur in unserer Geschichte, sondern darüber hinaus in unserer biologischen Natur. Freilich, der Prozess der Zivilisation – wie Norbert Elias den Prozess der Verlagerung äußerer Grobschlächtigkeiten nach innen, in die Psyche des Menschen, nannte – dämpft zunehmend das Ausagieren gefühlsintensiver Ehrtatbestände. Zwar gibt es auch in den modernen, aufgeklärten Gesellschaften noch immer Ehrverletzungen, die strafrechtlich verfolgt werden. Aber wir, als selbstkontrollierte Mitglieder dieser Gesellschaften, werden uns zugleich bemühen, gegeneinander „zivilisiert" aufzutreten: Keine Raufhändel mehr, schon gar keine Totschlägereien! Das Duellieren überlassen wir den Dummköpfen in den schlagenden Burschenschaften, deren Gehirn vom Bierdunst vernebelt ist.

Freilich, wir reagieren weiterhin hoch empfindlich, sobald unsere Selbstachtung auf dem Spiel steht. Nur sind unsere Reaktionsformen nun durch Psychologisierung und Verrechtlichung gekennzeichnet. Wir empfinden Scham, können anderen nicht mehr in die Augen schauen, müssen die Hilfe eines Psychotherapeuten in Anspruch nehmen. In manchen Fällen, falls unsere Selbstachtung bösartig bedroht wird, hilft der Weg zum Richter. Das alles macht jedoch die subjektive Lage des vom Achtungsverlust Bedrohten nicht unbedingt leichter als der einstige Druck aus Tradition und Umwelt, welcher darin bestand, sich seinem Gegner „mannhaft" zu stellen.

Kurz gesagt: Selbstachtung bleibt über alle Kulturen und Zeiten hinweg eine in sich komplexe Haltung, die tiefer verwurzelt ist in der menschlichen Natur als die biologische Überlebensprogrammatik erkennen lässt. Damit wird zugleich behauptet, dass die Selbstachtung bereits im Ursprung einen Bedeutungsüberschuss hat, also von ihrem Bedeutungskern her darauf gerichtet ist, die evolutionäre Funktion zu *transzendieren*. Wir haben dieses Phänomen schon kennengelernt, als wir von der menschlichen Moral sagten, dass ihr Wesen nach streng unpersönlichen Urteilen verlange. Nicht: „Was soll *ich* (soll *mein Volk*, soll *die Menschheit* tun?", sondern: „Was *soll* ich (mein Volk, die Menschheit) tun?"

Jedes Sollen steht zunächst unter dem Regelwerk der Evolution. Nur jenes Sollen erweist sich als erfolgreich, das direkt oder indirekt mithilft, im Konkurrenzkampf der Gene und Genpools zu überleben. Aber zugleich steckt im Sollen eine diesen Kampf übersteigende Bedeutungskomponente, die sich auf der Stufe der entwickelten Moral als die Forderung nach strenger Universalität darstellt. Nur sie garantiert die Geltung des Moralischen über alle persönlichen Einschränkungen und Perspektiven, schließlich über alle Kulturen und Zeiten, ja – radikalutopisch gesprochen – über die ganze existierende Menschheit hinweg.

Was an der Selbstachtung, die so sehr persönlich ist, als ihr unpersönliches Moment auffällt, ist der Versuch, Tugenden zu genügen, die sich aus intrinsischen Werten ergeben und vom moralischen Subjekt als Pflichten gegen sich selbst verbucht werden. Dadurch werden nichtaufgebbare Rechte wahrgenommen, deren man sich weder als Individuum noch als Teil eines Kollektivs entledigen kann. Die grundlegende Dialektik zwischen Persönlichem und Unpersönlichem im Prozess der Gewinnung und Erhaltung von Selbstachtung haben wir durch den Begriff des guten Lebens auszudrücken versucht. Denn in diesem Begriff sind zwei Gedanken unauflösbar miteinander verflochten:

Der eine Gedanke betrifft die höchstpersönliche Bewährung eines Lebens, indem es sich vor sich selbst und den anderen so darzustellen versucht, dass es als dieses individuelle Leben, als das Leben Alexanders des Großen oder Peter Strassers, gelingt oder gelungen scheint. Dies ist der Aspekt der Bewährungs- oder Bildungsgeschichte. Aber keine solche Geschichte ohne ethischen Horizont! Jedes menschliche Leben bleibt – und das ist der zweite Gedanke –, stets auch auf alle anderen bezogen, indem es sich im Medium des Ethischen bewegt. Ebendies war Kants große Einsicht in den Kategorischen Imperativ, dem jedes einzelne Leben im Verfolg seiner persönlichen Regeln unterliegt.

Derartige Regeln, die bei Kant „Maximen" heißen, zeichnen sich dadurch aus, dass ihre Geltung nicht von der Frage ablösbar ist: „Was wäre, wenn unter den für mich geltenden Umständen *(ceteris paribus)* jeder so handelte?" Deshalb lautet der Kategorische Imperativ: „Handle nur nach derjenigen Maxime, durch die du zugleich wollen kannst, dass sie ein allgemeines Gesetz werde."[31] Wie immer man

Kants Imperativ verstehen mag, er meint, dass ich in all dem, was ich als Individuum tue, auf das unpersönliche Moment menschlicher Bewährung bezogen bleibe. Damit ist mein Bezogensein auf die Menschheit als „Zweck an sich", auf das ideale Solidarkollektiv jener gemeint, die, indem sie nach Tugend streben, einander die gleiche Achtung erweisen sollten.

Im vorliegenden Zusammenhang, dem unpersönlichen Aspekt der Selbstachtung, die mich zugleich höchstpersönlich berührt, sind nun aber zwei Fehlhaltungen besonders aufschlussreich. Man lernt aus ihnen, wie aus einer Krankheit, etwas Wesentliches über den Normalfall. Ich rede von der Ruhmsucht und vom Kadavergehorsam.

Ruhmsucht ist die längste Zeit in der Menschheitsgeschichte eines der stärksten Motive, das die Charaktere von Herrschern und solchen, die nach Herrschaft streben, antreibt. Homers Ilias, um nur eines der größten literarischen Zeugnisse über den Ruhm und seine Tragik zu nennen, wäre undenkbar ohne dieses Motiv. Denn die kriegsauslösenden Handlungen sind – man muss schon sagen – Nichtigkeiten im Vergleich zu den Mitteln, die ergriffen werden, wenn es darum geht, das Schicksal der Zentralhelden, die wie Zentralgestirne am Himmel der Götter (und freilich auch als ihr Spielball) leuchten, voranzutreiben und zu vollenden. Der Trojanische Krieg wird vom Zaun gebrochen, um die Entführung der Helena, Gattin des Menelaos, seines Zeichens König von Sparta, durch Paris, den Sohn des trojanischen Königs Priamos, zu rächen.

Was wäre Agamemnon, König von Mykene und Heerführer der Griechen, was wären Achill und Odysseus und all die anderen ohne jene sie beflügelnde Schwungkraft ihres Inneren, als Helden zu glänzen, deren ruhmreiche Taten für alle Zeiten rund um den Erdball zu besingen sein werden? Was sie sich erwerben wollen, die übermenschlich großen Gestalten, welche doch alle Kleinheiten, Kleinlichkeiten und Missbildungen des Menschen kennen, nicht selten sogar ins Dämonische übersteigert, ja, was sie beim Einsatz ihres Lebens, und dem ihrer Völker, zu erringen begierig sind, ist Ruhm, der unsterblich macht. Der Trojanische Krieg wird, immer weiter angestachelt durch das ewige Intrigenspiel der Götter, zehn Jahre dauern. In diesen langen Jahren passieren unglaubliche Dinge, unglaublich dumm und grausam auch.

Agamemnon ist kein angenehmer Charakter. Seine Tochter Iphigenie ist er bereit zu opfern, wenn er nur, trotz Windmagie der Göttin Artemis, endlich gegen die Trojaner segeln kann. Dem Achill entreißt er seine Kriegsbeute und Lieblingssklavin, die Briseis, ehemals

Gattin des Königs Mynes. Dadurch beschwört er Achills Zorn und damit Kriegsunglück für die eigenen Leute herauf. Agamemnons Ende ist schmachvoll. Er wird, nach der Rückkehr aus Troja zusammen mit Prinzessin Kassandra, von seiner Gattin Klytaimnestra und ihrem Geliebten Aigisthos im Bad erdolcht.

Auch von Achill weiß die *Ilias* Taten zu berichten, die seinen Ruhm dadurch bestärken, dass sie ihn paradoxerweise in das Licht unmenschlicher Grausamkeit tauchen. Nachdem Hektor, der stärkste Held der Trojaner, Patroklos im Kampf getötet hat, weil er diesen fälschlicherweise für Achill hielt, rächt Letzterer den Tod seines Cousins und Freundes. Dem abgeschlachteten Hektor durchbohrt Achill die Fersen und schleift den Leichnam zwölf Tage um das Grab des Patroklos, bis es sogar Zeus zu viel wird und er die göttliche Mutter des Achill, die Meeresnymphe Thetis, beauftragt, ihren rasend gewordenen Sohn zur Räson zu bringen.

Der Tod des Achill ist nicht schmachvoll, aber auch nicht gerade heldenhaft. In den geläufigsten Versionen des Mythos stirbt Achill an einem Pfeil des Paris, den Gott Apollon an die einzig verwundbare Stelle des Helden lenkte, nämlich auf seine rechte Ferse. Die Unverwundbarkeit des Achill rührt daher, dass ihn seine Mutter in den Styx, den Fluss der Unterwelt, tauchte. Dabei blieb jene Stelle, an der sie das Kind mit ihrer Hand hielt, weiterhin verwundbar. Man könnte sagen, jene Stelle ist Achills menschlicher Makel. Denn nur durch sie unterscheidet er sich von den unsterblichen Göttern.

Es ist eine der Merkwürdigkeiten der *Ilias* – eine Merkwürdigkeit, die in verschiedenen Konstellationen die gesamte archaische Fabuliertradition durchzieht –, dass die Heldenhaftigkeit des Achill nicht unter dem Umstand seiner regelrecht göttlichen Unverwundbarkeit leidet. Unmöglich, gegen Hektor zu verlieren, da diesem das Geheimnis der Achillesverse verborgen blieb (und wie hätte er es wissen können?). Doch Achilles' Geheimnis und Achilles' Tod machen ihn nicht kleiner, sondern als Held eher noch größer, indem sie Ausdruck des unwandelbaren Schicksals sind.

Kein Held ohne schicksalhafte Bestimmung. Das Dahintaumeln durchs Leben, wie blind und blöd, und tatsächlich am Rande des Blind- und Blödseins, ist in der heldischen Welt eine Sache der Namenlosen. Jene folgen ihren Trieben, Instinkten, kurzsichtigen Entscheidungen; *ihre* Freiheit macht sie kaum jemals größer, sie ist bedeutungslos oder sogar eine Gefahr. Hingegen die Freiheit des Helden: Er muss sie ergreifen, um große Taten zu vollbringen. Und wenn dabei Geschändete und Tote seinen Weg pflastern, so mag das ein Gegenstand moralischer Kritik sein, an seinem Heldentum ändert es nichts. Denn Heldentum, Ruhm und Schicksal sind auf intime Weise miteinander verzahnt. Das unmäßige Streben nach Ruhm, die Ruhmsucht, wird dem Helden unter dem Gesichtspunkt der Tugendhaftigkeit (die auch in der *Ilias* eine wichtige Rolle spielt) zwar angelastet, ändert aber nichts an seiner Größe *als* Held.

Denn die Ruhmsucht ist ein Ausdruck des wahrhaft heldischen Verlangens, sich als den Göttern ebenbürtig zu erweisen. Gegen das Verlangen nach Ruhm ist so wenig zu machen wie gegen die Macht und den Zauber der Liebe, wenn sie erst in das Leben einbrechen. Das sehen die Götter gar nicht immer gern und bestrafen es nicht selten. Dennoch: Ruhmsucht ist im Raum der Helden eine schicksalhafte (und weniger eine ethische) Größe, die den sterblichen Menschen an das Göttliche heranführt. Ruhmsucht ist wie das Verlangen des Insekts, sich dem Licht der Sonne anzunähern, unbeschadet des Verhängnisses, das darin besteht, dann, nachts, im Schein der sonnengleichen Flamme zu verglühen.

Außerhalb der heldischen Welt und innerhalb der unseren, die durch Aufklärung, Zivilisation und Moral geprägt ist, wird die Ruhmsucht zu einer hässlichen und gefährlichen Antriebsquelle. Wir sehen in ihr das triebhaft Biologische und, in vielen Fällen, Psychopathische. Aber wenn wir auf ihre Wurzeln zurückgehen, dann bemerken wir ohne Weiteres, dass dem Drang zur Omnipotenz, dem Allmachtsstreben, nicht nur bloß der Wille innewohnt, über alles und jeden zu herrschen, sondern eben auch dies: so vollkommen zu werden, wie es nur die Götter sein können.[32] „Unsterblichkeit" ist dabei das mehrdeutige Signalwort.

Sobald wir uns aus dem Bannkreis des Mythos und der Archaik wegbewegen, finden wir uns auf der Ebene ziviler Selbstachtung wieder. In deren Zentrum steht die Vorstellung, dass es, statt des Schicksals, unabdingbare Rechte und Pflichten gegen sich selbst gibt, die einen Horizont zum guten Leben hin eröffnen. Im guten Leben steckt das Göttliche, insofern es sich dabei um einen idealen Grenzwert handelt, und aus dem ruhmsüchtigen Streben, es den Göttern gleichzutun, wird eine tugendorientierte Bewegung: Worauf es dem Einzelnen ankommt, der vor sich selbst bestehen möchte, ist der nie nachlassende Versuch, sich im hochgespannten Bogen zwischen Selbstachtung und gutem Leben zu bewähren.

Damit wird freilich klar, dass auch noch jedes aufgeklärte Modell der Selbstachtung ein Moment des Nichtrelativierbaren, Absoluten einschließt, das durch den Rückgang auf die biologische Basis nicht erhellt zu werden braucht und auch gar nicht erhellt werden kann. Selbstachtung ist eine trans-evolutionäre Kategorie (wie die Wahrheit, die Realität, das Moralische, das Göttliche). Für die Selbstachtung ist es unerheblich, ob sie denjenigen, der sich ihrer zu vergewissern trachtet, in irgendeinem Sinne hilft, besser zu überleben, handle es sich um ihn selbst, seine Gruppe, sein Volk oder seine Gene. Das hat mit der Idee von Werten zu tun, die „unsterblich" sind, weil sie die *Wertnatur des Seins und Daseins* an sich repräsentieren. Diese Wertnatur bleibt sich dieselbe, unabhängig davon, welche Überlebensanforderungen die Umwelt gerade stellt, an wen oder was auch immer.

Der Bruch zwischen Archaik und Zivilisiertheit, Ruhmsucht und Streben nach ethischer Perfektion ist also keineswegs vollständig. Und handelt es sich überhaupt um einen Bruch und nicht vielmehr um unterschiedliche kulturelle Symbolisierungen und Verkörperungen des Absoluten? Es ist das Absolute – traditionell: das Göttliche –, welches auf dem Wege des Angleichungsverlangens an das Vollkommene (traditionell: das Göttliche) die Ruhmsicht gebiert.

Und eben dieses absolute oder göttliche Moment im Phänomen der Selbstachtung führt auch zu dem, was wir als Kadavergehorsam kennen. Ich setze das Wort hierher, obwohl es mir in Hinblick darauf, worüber ich reden möchte, als zu negativ erscheint. Denn wir alle wissen, was „Kadavergehorsam" meint: eine die Selbstachtung beschädigende Gehorsamsneigung, die selbst dann zum Festhalten an Befehlen und auferlegten Grundsätzen führt, wenn dadurch großer Schaden entsteht, bis hin zum eigenen Tod und dem Tod womöglich anderer.

Wer Kadavergehorsam zeigt, verletzt die eigene Würde nicht dadurch, dass er sich mutig verhält, bereit, sein eigenes Leben zu opfern und – falls er Befehlsgewalt hat – im Dienste einer guten Sache, etwa zur Rettung des eigenen Volkes, auch das Leben der ihm Anvertrauten. Nein, Kadavergehorsam tritt erst dann Erscheinung, wenn die Frage, wie gut die Sache eigentlich sei, für die man zu sterben bereit ist, in den Hintergrund tritt, weil im Vordergrund die Anordnung oder Regel steht, der es zu gehorchen gilt.

Doch bei aller Geringschätzung, die wir demjenigen entgegenbringen, der sich kadavergehorsam verhält, dürfen wir dabei nicht übersehen, dass sein Verhalten die veräußerlichte Form eines Festhaltens an unaufgebbaren, „heiligen" Werten und damit auch des Bemühens ist, angesichts schwieriger, ja lebensbedrohender Situationen die eigene Selbstachtung zu bewahren.

Nichts ist in den Augen der Kameraden, der höheren Ränge und dem Urteil des bedrohten Kollektivs verachtenswerter als Feigheit vor dem Feind. Deshalb wird der Deserteur auch dann noch im Geheimen scheel betrachtet, wenn er aus Gewissensgründen die Fahnenflucht antrat. Denn die Beantwortung der heiklen Frage, ob sein Gewissensspruch authentisch war oder bloß eine Ausrede, um nicht das Los seiner „Schicksalsgenossen" teilen zu müssen, entscheidet darüber, ob der Deserteur unsere Achtung verdient oder sie im Gegenteil verspielt hat, weil er nämlich etwas tat, weswegen er sich selbst verachten sollte.

Jedenfalls ist die Kehrseite des Kadavergehorsams eine Tugend, der wir selbst dann noch Respekt zollen, falls wir ihrer konkreten Ausformung in einer radikalen kulturellen Situation mit Befremden gegenüberstehen. Ich meine eine Haltung, die aus der unbedingten Loyalität gegenüber einem „höheren" Gesetz resultiert, auch wenn der Preis der Loyalität unter dem Gesichtspunkt unserer westlichen, liberalen Standards geradezu als verrückt erscheint. Von Yukio Mishima stammt eine Erzählung mit dem Titel *Patriotismus*, ursprünglich enthalten in der Erzählsammlung *Tod im Hochsommer* (*Manatsu no Shi*, 1966). Sie beginnt mit folgenden Worten:

„Tief erschüttert, weil seine besten Kameraden ihn nicht ins Vertrauen gezogen hatten, und von dem Gedanken gepeinigt, dass kaiserliche Truppen in Kürze gegen kaiserliche Truppen kämpfen würden, ergriff Leutnant Shinji Takeyama vom Transportbataillon Konoe am 28. Februar 1936 (also am dritten Tag des Aufstandes) sein Offiziersschwert und beging in dem Acht-Matten-Zimmer seiner Privatwohnung im Stadtbezirk Yotsuya, Aobacho, Block sechs, feierlich Selbstmord durch Bauchaufschneiden. Seine Frau, Reiko, folgte ihm in den Tod; sie erdolchte sich. Der Abschiedsbrief des Leutnants bestand aus einem einzigen Satz: ‚Es lebe die kaiserliche Armee!' Das Schreiben seiner Frau, in dem sie um Verzeihung bat, weil sie ihre Kindespflicht verletze und den Eltern ins Grab vorangehe, schloss mit den Worten: ‚Der Tag, der für die Frau eines Soldaten kommen musste, ist gekommen.' Die letzten Stunden dieses heldenhaften, in Liebe miteinander verbundenen Paares waren dazu angetan, sogar die Götter zum Weinen zu bringen. Es sei noch erwähnt, dass der Leutnant einunddreißig Jahre zählte und seine Frau dreiundzwanzig; seit der Hochzeit des Paares waren knapp sechs Monate verstrichen."[33]

Den historischen Hintergrund von Mishimas Erzählung bildet der Putschversuch von 1.600 ultrakonservativen Offizieren der japanischen Armee gegen die Regierung. Die revoltierenden Militärs gehörten der militaristisch-nationalistischen Kōdōha-Partei an. Im Namen des Tennō, also des göttlichen Kaisers, traten sie für eine aggressive Außenpolitik in Asien, vor allem gegen Russland, ein, außerdem verurteilten sie die zunehmende Korruption der Regierung, ihre Verflechtung mit industriellen Interessen und dadurch bedingte sozialfeindliche Reformen. Der Aufstand begann am 26. Februar 1936. Statt den Aufstand zu seiner Sache zu machen, befahl Kaiser Hirohito der Armee, ihn niederzuschlagen. Die meisten der Aufständischen wurden in der Folge verhaftet und hingerichtet.

Kein Zweifel, wem die Sympathie Yukio Mishimas (1925–1970) gehörte. Am 25. November 1970 – Mishima gilt bereits als der wichtigste japanische Autor seiner Generation – begeht er mit vier Gleichgesinnten im Hauptsitz der Verteidigungsstreitkräfte in Ichigaya, Tokio, Selbstmord durch Seppuku, also die traditionelle Art des Bauchaufschneidens, die auch der Leutnant in *Patriotismus* praktiziert. Mishima und seine Kameraden gehörten der rechtsradikalen Organisation Tatenokai an, einer Privatarmee, die der Autor in Umsetzung seiner literarisch propagierten Restauration der Tennō-Kultur selbst gegründet hatte. Am Balkon des Hauptquartiers hielt er vor den dort stationierten Soldaten eine Rede, die aber bloß Unverständnis und Spott hervorrief.

Es liegt auf der Hand, dass sich Mishima im Leutnant Takeyama ein Vorbild an Tugendhaftigkeit erschuf, dem er – im Unterschied zu einer rein literarischen Idealisierung – bereit war, im Ernstfall nachzueifern. Sehen wir einmal von den politischen Zielen Mishimas ab, soweit das angesichts der Todesradikalität einer Erzählung wie *Patriotismus* möglich scheint, und stellen wir nicht die Frage nach Mishimas Faschismus und Psychopathologie: Ist es dann immerhin zutreffend, den Fall des Leutnants, und möglicherweise auch den seiner Frau, als ein Beispiel für Kadavergehorsam zu nennen? Nein. Das gliche einem grotesken Missverständnis.

Wahr ist, dass der Leutnant und seine Frau kaum eine Wahl haben. Zwar unterliegen beide keinem konkreten Befehl, der ihr Leben fordert. Aber Takeyama hält das Ehrendiktat seiner Kultur und seines Standes für etwas Fragloses. Gegen die eigenen Leute, alle Angehörige der kaiserlichen Truppen, zu kämpfen, wäre ein Sakrileg. Da es ihm indessen unmöglich ist, sich aus dem Kampf herauszuhalten, solange er lebt, bleibt ihm nur, freiwillig aus dem Leben zu scheiden, und zwar auf die einzige Weise, die ihm seine Selbstachtung gebietet, weil es sich um die durch die Tradition geheiligte Form des japanischen Selbstmords handelt: Seppuku.

Wahr ist also, dass *in einem bestimmten Sinne* Mishimas Leutnant ein Gefangener seiner Kultur und seines Standes ist. Doch zugleich identifiziert er sich mit all dem, was seine Tradition von ihm verlangt, sodass man sagen könnte: Dort liegt der Schlüssel zu seinem Verständnis des guten Lebens, und wollte er diesen Schlüssel zugunsten einer zivilen oder „universalmoralischen" Lösung seines Problems wegwerfen, hätte er sich nicht gerettet, sondern im Gegenteil von sich selbst ausgeschlossen. Fortan müsste er in Schande, ohne die geringste Selbstachtung fortexistieren.

Was seine Tat von der eines Menschen trennt, der sich kadavergehorsam verhält, ist die Tatsache, dass der Kadavergehorsame gar keine echte Beziehung zu den Werten hat, um derentwillen er sich sogar töten lässt. Es ist dieses fehlende Moment der *inneren Anerkennung*, das den Kadavergehorsamen als eine bemitleidenswerte, bisweilen verachtenswerte Gestalt ohne Autonomie erscheinen lässt. Und Menschen, die sich nicht *in diesem Sinne* (im Sinne innerer Anerkennung) den Forderungen ihrer Kultur oder ihres Standes gegenüber „untertänig" verhalten – sondern im Sinne *bloßer* Untertänigkeit –, werden wir kaum zugestehen, sich selbst achten zu dürfen. Oft genug zerstört der Kadavergehorsam die Persönlichkeit, denn der derart Gehorsame verachtet sich selbst, indem er alle möglichen Rationalisierungen und Ausreden erfindet, um seine in seinen eigenen Augen unwürdige Unterwürfigkeit unter eine unwürdige Obrigkeit zu rechtfertigen.

Was die Frau des Leutnants betrifft, so ist sie alles andere als von jener Servilität, die wir am Typ der Hausfrau beobachten konnten, welche daran Gefallen findet, ihrem Mann untertan zu sein, obwohl sie in einer Kultur prinzipieller Gleichberechtigung lebt. Die Frau des Leutnants, Reiko, erfüllt, wie der Brief an ihre Eltern beweist, eine Pflicht, von der sie selbst zutiefst überzeugt ist, dass sie noch höher rangiert als die Kindespflicht, für die alten Anverwandten zu sorgen. Diese höhere Pflicht ist zum einen Teil, wie Reiko ausdrücklich sagt, die Pflicht einer Soldatenfrau, aber sie ist zum anderen Teil die Pflicht der liebenden Frau gegen sich selbst: Ohne ihren geliebten Mann, der aus Gründen der Ehre freiwillig aus dem Leben scheidet, könnte Reiko auch ihr eigenes Leben nicht mehr auf die rechte Weise leben. Ihr Leben wäre zugleich sinnlos und, in ihren eigenen Augen, verachtenswert geworden. Hier geht tiefempfundene Tradition mit tiefempfundener Liebe Hand in Hand.

In keinem Moment der Erzählung, die nun folgt, hat der Leser das Gefühl, die Frau, die ihrem Mann beim Sterben helfen und sich dann selbst das Leben nehmen wird, würde etwas ihr Aufoktroyiertes tun.

Gegen Schluss, als Reiko ihren toten, in einer Blutlache liegenden Gatten, dem die Schwertspitze aus dem Nacken ragt, das letzte Mal küsst, nachdem sie ihm das Blut von den Lippen wischte – es ist typisch für Mishimas Erzählweise, dass die sinistren Details des Seppuku mit geradezu aufreizender Ruhe vor dem Leser ausgebreitet werden –, heißt es: „In dem qualverzerrten Gesicht des Leutnants hatte sie etwas Unerklärliches entdeckt, etwas, was sie zum ersten Mal sah. Jetzt würde sie dieses Rätsel lösen. Endlich war es soweit, dass auch sie die wahre Süße und Bitterkeit jenes großen Prinzips, an das ihr Mann glaubte, auskosten durfte."[34]

Dieses Auskosten – das berührt schon reichlich makaber – besteht nun aber darin, dass sich Reiko mit dem Dolch zuerst die Kehle durchschneidet und dann, weil die Wunde noch zu flach ist, sich mit letzter Kraft den Dolch in den Hals stößt. Dennoch hat die Geschichte etwas Erregendes, so wie alle Geschichten, in denen die Treue zu einer Idee, einem Prinzip, einer Liebe erst durch den Tod offenbart, worin ihr wirklicher Sinn bestand – warum die Idee, das Prinzip, die Liebe es letzten Endes wert waren, dass man ihnen bis zum Tod treu geblieben ist.

Diese Art von Treue ist kein Kadavergehorsam. Denn ihr Antrieb ist, so paradox das angesichts des Doppelselbstmords in Mishimas Geschichte klingen mag, im Grunde die Idee des guten Lebens. Ihr Antrieb ist es, dasjenige aktiv zu durchdringen und Wirklichkeit werden zu lassen, was der Mensch nach seinem Maßstab vom Göttlichen begreifen kann.

Mishimas Geschichte ist, gerade in ihrer schrecklichen Schlichtheit, ebenso bewegend wie verstörend. Warum verstörend? Die Figuren, Mann und Frau, sind zwar einem hohen Ziel ergeben: dem PRINZIP, in dem die Totalität von Liebe und Tradition in einer ethisch-ästhetischen, ja religiösen Vision wie in einer Nuss-Schale aus feurigem Granit enthalten scheint. Doch die Frage der *intrinsischen* Werthaftigkeit dessen, was das Prinzip fordert, steht überhaupt nicht zur Diskussion. Die Frage der Geltung des Prinzips stellt sich vor dem Hintergrund der absoluten Geltung des kulturellen Rahmens nicht! Es ist die Tradition, welche die Religion ebenso einschließt wie die Liebe, aus der aller Wert hervorgeht, nicht umgekehrt. In Mishimas Welt gibt es außerhalb der Tradition nur Niedergang, Dekadenz, Chaos.

Die Vorstellung, dass totalitärer Patriotismus im Sinne Mishimas von jedem Menschen legitimer Weise beurteilt und kritisiert werden könnte, ist der Haltung, aus der Mishimas *Patriotismus* entspringt, fremd und zuwider. Zuwider ist jener Haltung der Gedanke des Ethischen als einer Instanz, die alle Menschen gleichermaßen bindet. *Patriotismus* kennt keine Menschheit als Solidarsubjekt. Solidarität schuldet man dem PRINZIP, und dessen Wesen ist durch und durch Tradition. Im Namen des Prinzips hat man eine Vorstellung davon, wie man sich Freund und Feind gegenüber ehrenvoll verhält; aber es gibt nichts Allgemeinmenschliches, das die historische, ethnische, religiöse Differenz zwischen den Menschen transzendieren könnte. Es gibt kein gutes Leben jenseits von Geschichte, Volk, Religion. Deshalb gibt es auch keine Menschenrechte, und es wäre bloß Unsinn zu meinen, alle Menschen seien gleich.

Es ist dieser, Mishismas Geschichte (wie Mishimas eigenem Leben) innewohnender Traditionalismus, der im aufgeklärten Leser den unangenehmen Beigeschmack, der Selbstmord des Liebespaares sei eine *Art* Kadavergehorsam, nicht ganz zum Verschwinden bringt. Keiner Idee sollte man alles opfern, schon gar nicht das eigene, durch die Liebe reich begnadete Leben! Nur Menschen, möglichst konkreten Menschen, sollte man das eigene Leben opfern, als das Äußerste, worin sich die Liebe und Solidarität der Menschen untereinander bewähren kann.

Dennoch ist da, bei Mishima wie bei allen Geschichten ähnlicher Prägung, noch mehr. Es ist die Gewissheit einer unabdingbaren Bindung an Werte, die zwar durch die Tradition vermittelt werden, aber eben nicht bloß in der Tradition aufgehen, sodass man sich aus dem tiefsten eigenen Selbstsein an diese Werte gebunden zu fühlen vermag. Es ist *diese* Gewissheit, die aus dem Bereich des Persönlichen, Beschränkten, nur für eine bestimmte Zeit und Kultur Gültigen hinausführt.

Mishimas Liebende bewähren sich in ihrem Recht, an etwas objektiv Werthaftem jenseits des Zufälligen teilzuhaben, wie es für jede menschliche Situation typisch ist. Ihr Opfer wird lebendig dadurch (statt bloß Ausdruck eines Kadavergehorsams zu sein), dass es in die Sphäre des Absoluten – des Heiligen – hineinragt. Das Absolute heißt bei Mishima „Prinzip", das „große moralische Prinzip", dessen „wahre Süße und Bitterkeit" Reiko „auskosten" *will und darf.*

Ich möchte hier sowenig den Eindruck erwecken, der Doppelselbstmord der edlen Seelen bei Mishima sei „objektiv" richtig, sowenig ich Stimmung dafür zu machen versuchte, Achills Umgang mit Hektors Leichnam, den selbst die Götter nicht mit anschauen können, sei irgendwie „in Ordnung". Ich wollte vielmehr an Extremfällen, in denen das Moment der Selbstachtung durch Übersteigerung bereits zur Untugend zu werden droht (Kadavergehorsam) oder eine Untugend geworden ist (Ruhmsucht), noch einmal grundsätzlich den Zusammenhang zwischen unabdingbaren Pflichten gegen sich selbst und ihrem Quellgrund thematisieren.

Selbstachtung ist in den genannten Beispielen der Versuch, aus einer ungeeigneten Quelle das, „was man sich selbst schuldig ist", zu gewinnen. Die Quelle mag individualpsychologischer Art sein, religiöser und kultureller Abstammung oder, aufgrund biologischer Wurzeln, die ganze Menschheit betreffen: sie bleibt ungeeignet, solange sie nicht *mehr* bereitstellt als ein Antriebsfaktum, das von einer bloßen Laune des Charakters bis zum Genom der jeweiligen Person reichen mag. Wir wissen, in welche Richtung wir dieses „Mehr" zu suchen haben. Soll es sich dabei nicht einfach um eine Chimäre, eine Illusion der praktischen Vernunft handeln, dann muss unserem Bewusstsein von Anfang an grundlegend einprägt sein, was wir vorhin die Wertnatur des Seins und Daseins nannten.

Der Mensch als ein um seine Selbstachtung Besorgter kann sich und seine Beziehungen zur Welt unter keinen Umständen exklusiv faktisch begreifen. Vielmehr verkörpert sich in seiner Besorgnis etwas Geistiges, das zugleich Fakten *als* Wertsachverhalte erkennbar macht. Ich sage „erkennbar macht", weil sie abzüglich ihrer Wertcharakteristik aufhören, als *Fakten* zu bestehen.

Man kann nicht fragen, was von der Selbstachtung eines Menschen übrigbleibt, wenn man davon absieht, dass er um Pflichten gegen sich selbst besorgt ist, die in unabdingbaren Rechten wurzeln. Denn was dann bleibt, ist nichts, was uns als Selbstachtung noch Achtung abverlangen dürfte. So ein Mensch muss vielleicht über andere herrschen oder sich selbst beherrschen, um das *Gefühl* zu haben, achtenswert zu sein. Aber solange er nicht versteht, dass dieses Gefühl berechtigt oder unberechtigt ist, weil es nämlich nicht darauf ankommt, wie er sich *fühlt,* sondern was er *soll,* ist da zwar ein Wort: „Selbstachtung"; doch es meint nicht das, was wir meinen, wenn wir von Selbstachtung im Sinne eines moralischen Grundphänomens reden.

Ruhmsucht und Kadavergehorsam dürfen wir daher keineswegs bloß als psychologische, kulturelle oder biologische Phänomene entschlüsseln. Wir müssen sie vielmehr verstehen als Ausdruck eines Bindungsgeschehens an die Wertnatur des Seins und Daseins, die sich aus ihrer Absolutheit heraus definiert. In der Selbstachtung fühlen wir uns an Werte gebunden, die uns unser Leben als ein Eröffnungsgeschehen präsentieren, das wir zu erkunden, zu entfalten und zu realisieren haben. Es ist unsere Aufgabe, uns der Bewährungsprobe unseres Lebens zu stellen.

Zugleich jedoch liegt unser Gebundensein nicht in unserer Macht. Indem wir die Absolutheit unserer Wertbindung erkennen, begreifen wir unmittelbar, dass wir an etwas „Transzendentem" teilhaben. Die überlieferten Namen dafür sind, wie in der *Ilias,* die Namen der Götter oder, wie in den Offenbarungsreligionen, der Name des einen Gottes. Aber schon in der Antike stand dafür auch das Prinzip des Seins (*logos*), das stets als Göttliches oder Heiliges verehrt wurde.

Die objektive Werthaftigkeit jener unabdingbaren Rechte, aus denen die Pflicht zur Selbstachtung hervorgeht, ist demnach als „Überschuss" in allen Selbstachtungsformen und Selbstachtungsfehlformen, ob primitiv oder hochentwickelt, immer schon angelegt. Es ist das Moment, in dem sich das Gefühl der Selbstachtung oder Selbstmissachtung vor dem Tribunal dessen, *was unpersönlich gesollt ist,* rechtfertigen muss. Dieses Tribunal ist bereits dort vorhanden, wo der Machtmensch, ob als Clanchef oder Kaiser von Gottes Gnaden, auf seine absolute Machtvollkommenheit pocht. Denn der Absolutheitsanspruch ist glaubhaft nur, solange sich die faktische Macht in die Aura einer Berufenheit zu hüllen vermag, die über das reine, brutale und zerbrechliche Faktum der Macht sozusagen unendlich hinausgeht.

SICH SELBST TREU BLEIBEN

9.
Verbesserung glücklicher Naturanlagen

Dass jemand sich sein ganzes Leben lang selbst treu geblieben ist oder an einem bestimmten Punkt seiner Karriere untreu wurde: das sind typische Wendungen, die in den Betrachtungen über die Achtenswürdigkeit und das Recht, sich selbst zu achten, eine zentrale Rolle spielen. Dieser Schaverhalt mag umso erstaunlicher anmuten, als das Konzept des Sich-selbst-treu-Bleibens alles andere als leicht verständlich ist.

Einen Ansatzpunkt zu seinem Verständnis erhalten wir, indem wir untersuchen, wie soziale Rolle und individuelle Entwicklung in den traditionalen Gesellschaften zusammenhängen. Zweifellos ist der Individualismus, wie wir ihn kennen (und nicht müde werden zu beschwören), ein Produkt der Moderne. Die ihm zugrundeliegende Vorstellung von Individualität definiert sich regelrecht in Abgrenzung gegen alle sozialen Muster, die an den Einzelnen von außen herangetragen und gleichsam naturwüchsig auferlegt werden. Hier haben wir es, vor dem Hintergrund der Geschichte, mit einem Novum zu tun, das sich teilweise einem Missverständnis des antiken Individualitätsideals verdankt, wie es von der europäischen Klassik der Neuzeit „wiederentdeckt" wurde. Denn das Individualitätsstreben des griechischen Menschen ist keine geschichtliche Realität, sondern eine Phantasie, die Züge einer radikalen Utopie trägt. Es ist die Utopie des europäischen Humanisten, für den der Mensch und sein „Maß" in den Mittelpunkt des Kosmos zu rücken beginnen. Aber diese Utopie muss legitimiert werden. Und die Legitimation beruht auf einer Verfinsterungsmetapher.

Schon einmal, nämlich in der griechischen und römischen Klassik – so das helle Gegenbild –, hatte der Mensch sein eigenes Maß entdeckt und sich nach ihm zu formen versucht. Dann freilich wuchs das Krebsgeschwür des Imperialismus mit seinen Zerfallserscheinungen (dekadente Herrscher, Ruhmsucht, Korruption, Erosion der Reiche), gefolgt von der Pest des religiösen Fanatismus. Es beginnt das „dunkle Mittelalter", das nun – so die Humanisten, die sich nach dem Licht des Menschen verzehren – nach tausend Jahren durch die Renaissance der Klassik überwunden werden soll.

Doch zweifellos ist das Bestreben, sich selbst treu zu bleiben, kein wesentlicher Gesichtspunkt in der Beurteilung von Persönlichkeiten, die uns aus der historischen Tiefe heraus imponieren. Bei allem Persönlichkeitskult (der seinerseits traditionellen Mustern folgt) ist vielmehr wichtig, wie die historischen Gestalten den ihnen zustehenden Platz ausfüllen. *Das,* diese Lebensaufgabe, lässt sich eben besser oder schlechter bewältigen. Von einem Angehörigen der herrschenden Klasse, gar vom Herrscher und seinem Anhang, wäre es lächerlich zu fordern, er solle „sich selbst treu bleiben".

Und was die sogenannten unteren Schichten betrifft, die Massen also, dort geht es, grob gesprochen, die meiste Zeit darum, einigermaßen zu leben und zu überleben. Ein Leibeigener oder Bauer, ein Paria, ein Arbeiter in einer Fabrik, eine Frau, die sich bemüht, den Herd warmzuhalten und ihre Kinder durchzubringen, die Alten im Ausgedinge: sie alle waren als Personen in gewisser Hinsicht „klassentypisch", teils ungeformt, teils vermasst. Natürlich bringt jeder Mensch auch in die große Lebensnot seine Persönlichkeit und seinen Charakter mit ein. Überall gibt es freundliche und unfreundliche Zeitgenossen, unter allen Umständen treten Tugendbolde ebenso in Erscheinung wie Trunkenbolde. Es gibt solche, die das Leben nehmen, wie es ist, und dabei bedacht darauf sind, dem Mitmenschen so wenig wie möglich zu schaden, und andere, die der Welt mit ihren Widerhaken, Widerwärtigkeiten und Halbheiten ein Ideal entgegenstellen – ein Ideal, das sie nicht selten ihrer Umgebung zu deren angeblich eigenem Besten aufzwingen wollen. Liebe und Hass sind menschliche Universalien, durch die hindurch sich Lebensläufe als Einzelschicksale formen.

Aber Persönlichkeit und Charakter sind zunächst einmal psychologische Größen. Sie wurzeln in der biologischen Natur des einzelnen Menschen, wie seine körperlichen Merkmale auch, und formen sich unter dem Druck der Lebensverhältnisse aus. Je ärmer und brutaler die Verhältnisse, umso rudimentärer und grobschlächtiger die Ausformung, und umso weniger wird die Frage einen Sinn ergeben, wie man seiner Persönlichkeit oder seinem Charakter treu bleiben könne. Ja, die Frage erscheint überhaupt als sinnlos, solange wir uns auf die Psychologie der Person als einer Tatsache konzentrieren, die durch Vererbung in den Genen steckt: als einer Tatsache also, die so ist, wie sie ist.

Ebenso wenig wäre es sinnvoll, meinem Blinddarm treu bleiben zu wollen oder meiner Durchschnittsintelligenz oder meiner Fähigkeit, schneller zu laufen als andere. Das alles sind empirische Eigenschaften, die mir zukommen oder nicht zukommen und gegenüber denen ich mich so oder so einstellen mag. Ich mag meinen Blinddarm behalten, bis er eitert, dann bin ich froh, dass er mir herausgeschnitten wird. Mit meiner Durchschnittsintelligenz mag ich zufrieden sein oder, weil mich der Ehrgeiz plagt, unzufrieden. Nur wenn Letzteres der Fall ist, werde ich versuchen, meine geistigen Kapazitäten zu trainieren. Und dass ich schneller laufen kann als andere, mag mir, sofern ich einen sitzenden Beruf ausübe, ganz gleichgültig sein, ausgenommen ich werde verfolgt oder nehme an einem Laufwettbewerb teil. Wie immer, die Frage, ob ich mir in dem einen oder anderen Fall treu bleibe, stellt sich auf der Ebene mir vererbter Merkmale und Fähigkeiten nicht ohne Weiteres. Wann also stellt sie sich?

Kant hat in seiner *Grundlegung zur Metaphysik der Sitten* (1785) den von ihm aufgestellten Kategorischen Imperativ durch Beispiele erläutert, und zwar jene Fassung des Imperativs, die lautet: „Handle nur nach derjenigen Maxime, durch die du zugleich wollen kannst, dass sie ein allgemeines Gesetz werde." (BA 52) Eines dieser Beispiele, das dritte, könnte nun als eine mögliche Antwort auf die gestellte Frage gelesen werden:

„Ein dritter findet in sich ein Talent, welches vermittelst einiger Kultur ihn zu einem in allerlei Absicht brauchbaren Menschen machen könnte. Er sieht sich aber in bequemen Umständen, und zieht vor, lieber dem Vergnügen nachzuhängen, als sich mit der Erweiterung und Verbesserung seiner glücklichen Naturanlagen zu mühen. Noch frägt er aber: ob, außer der Übereinstimmung, die seine Maxime der Verwahrlosung seiner Naturgaben mit seinem Hange zur Ergötzlichkeit an sich hat, sie auch mit dem, was man Pflicht nennt, übereinstimme. Da sieht er nun, dass zwar eine Natur nach einem solchen allgemeinen Gesetze immer noch bestehen könne, obgleich der Mensch (so wie die Südsee-Einwohner) sein Talent rosten ließe, und sein Leben bloß auf Müßiggang, Ergötzlichkeit, Fortpflanzung, mit einem Wort, auf Genuss zu verwenden bedacht wäre; allein er kann unmöglich *wollen*, dass dieses ein allgemeines Naturgesetz werde, oder als ein solches in uns durch Naturinstinkt gelegt sei. Denn als ein vernünftiges Wesen will er notwendig, dass alle Vermögen in ihm entwickelt werden, weil sie ihm doch zu allerlei möglichen Absichten dienlich und gegeben sind." (BA 55 f)[35]

Formal will Kant dem Leser sein Prüfverfahren der Moralität einer Handlungsmaxime darlegen. Ob ich mich moralisch pflichtgemäß verhalte, indem ich meine Naturanlagen nicht fördere, sondern es mir lieber gut gehen lasse, erkenne ich – so Kant –, indem ich mich frage, ob ich als Vernunftwesen einer allgemeinen Regel zustimmen könnte, die gemäß meiner Maxime zu lauten hätte: „Jedem sei es unbenommen, nach Glück zu streben, unbeschadet des Umstandes, ob er dabei seine Talente fördert oder nicht." Diese Regel beinhaltet keinen Widerspruch. Dennoch sagt Kant: So eine Regel kann der Mensch als vernünftiges Wesen nicht wollen.

Und selbstverständlich provoziert Kants Antwort die Gegenfrage: Warum eigentlich nicht? Dafür nennt Kant zwei ganz kurze Gründe: Erstens, meine Naturanlagen könnten, wären sie gepflegt und entwickelt worden, mir zu allerlei Absichten dienlich sein. Zweitens aber, sie sind mir zur Unterstützung meiner Absichten „gegeben" – eine Einfügung in der zweiten Auflage der *Grundlegung zur Metaphysik der Sitten*. Diese Einfügung ist der hier entscheidende Punkt. Denn der zuerst genannte Grund ist wenig überzeugend, vorausgesetzt, ich möchte in meinem Leben vor allem eines: glücklich sein; er überzeugt dann bloß soweit, als die Förderung meiner Anlagen mir dabei hilft, mein Glück zu perfektionieren.

Doch Kant spielt diese beiden Aspekte gegeneinander aus. Er sagt ja, dass mir, gemäß meiner Maxime, mein Wohlleben wichtiger sei als die Schinderei, die darin liegt, mich selbst zu vervollkommnen – und eben *das* könne ich als allgemeines Gesetz nicht wollen. Aber warum nicht? Meine Selbstvervollkommnung ist im Sinne der Zweck-Mittel-Rationalität zweifellos vernünftig, insofern durch sie mein Glück befördert wird. Warum indessen, fragt der nach Glück strebende Mensch, sollte sie *darüber hinaus* vernünftig sein? Warum sollte sie einzig als eine umfassende, unablässige Pflege meiner günstigen Naturanlagen *gewollt werden können*?

Entweder es gibt hier überhaupt keine plausible Antwort, oder sie findet sich in dem kleinen Wörtchen „gegeben". Dass mir etwas gegeben wurde, klingt nach Geschenk. Denn das, was mir gegeben wurde, ist ein Naturvermögen; und daran habe ich zunächst keinen verdienstlichen Anteil. Ein solches Vermögen, als *reines* Naturvermögen im Sinne der Biologie, kann mir sinnvoller Weise nicht „gegeben" worden sein, ausgenommen, in ihm würde sich ein Wert verkörpern. Denn Werte entstehen nicht wie reine Naturtatsachen aus wertindifferenten Ursachen. Sie bedürfen, um objektiv vorhanden zu sein, einer – wir betonten es schon –„Setzung" oder „Stiftung", die aus rein natürlichen Tatsachen Wertsachverhalte werden lässt. Deren korrekte Beschreibung ist ohne Wertprädikate nicht möglich. Sein ist dann zugleich Gutsein oder Nichtgutsein. Wenn mir meine Naturvermögen also *gegeben* sind, sind sie meinem Bewusstsein *a priori* nicht bloß als natürliche Tatsachen, sondern als Wertsachverhalte präsent – und auch in diesem Sinne: „gegeben".

Was es unter dieser Bedingung heißt, sich selbst treu zu bleiben, ist unmittelbar einleuchtend. Ich habe nicht nur Naturvermögen, deren Pflege zu meiner Vervollkommnung beitragen würde. Es handelt sich bei diesen Vermögen vielmehr um Gegebenheiten, die zugleich einen Auftrag für mich *bedeuten:* Ich *sollte* mich zu der Person entwickeln, die im Ansatz durch die Gabe ihrer Naturvermögen vorgezeichnet ist – so wie in der aristotelischen Weltsicht den Dingen (allen entwicklungsfähigen Dingen, nicht nur den Menschen) aufgrund der ihre Natur definierenden Eigenschaften ein ihnen natürliches Ziel als Normgestalt eingeprägt ist. Es ist meine Normgestalt, zu der hin ich mich entwickeln sollte, falls ich mir selbst treu bleiben will. Deshalb kann Kant sagen, dass derjenige Mensch, der seine Naturvermögen nicht pflegt, sondern bloß möglichst glücklich sein will, zwar möglicherweise glücklich sein *kann* und dennoch *nicht wollen kann*, dass seine Lebensmaxime zu einem allgemeinen moralischen Gesetz werde. Denn ein solches Gesetz würde für alle Menschen zulassen, dass sie sich selbst untreu werden. Und dies würde ein Anschlag auf den Menschen als „Zweck an sich" und damit auf die menschliche Würde überhaupt sein.

Sich selbst untreu werden, heißt hier also, seiner Natur untreu werden. Ich denke, das ist ein Gedanke, der uns noch immer bindet. Tatsächlich bedauern wir es ja, wenn Menschen ihre natürlichen Anlagen nicht fördern und sich stattdessen kurzfristigen Glücksmöglichkeiten überantworten oder einfach aus Lethargie auf einer Entwicklungsstufe verharren, die ihnen – wie wir meinen – nicht entspricht. Häufig verachten wir solche Menschen, wir bringen ihnen keinen Respekt entgegen: Ihre Art, sich selbst untreu zu sein, empfinden wir als Ausdruck von zu wenig Selbstachtung und daher verweigern auch wir ihnen die Achtung, die wir noch dem Gescheiterten, der sich aber immerhin bemühte, ohne Weiteres entgegenbringen.

An dieser Stelle ist vielleicht eine Zwischenüberlegung angebracht, um den Eindruck zu vermeiden, ein moralischer Rigorist zu sein. Kant wurde gerne als solcher gesehen und dafür nicht selten von „liberaler" Seite kritisiert. Warum, so die Frage, sollte es nicht zulässig sein, ein angenehmes, ruhiges Leben zu wählen, obwohl man über Naturanlagen verfügt, die einen zu ansehnlichen, vielleicht sogar großen Leistungen befähigen? Warum sollte man sich dadurch, wegen mangelnder Selbstachtung, der berechtigten Missachtung anderer aussetzen? Es gibt hier zwei entscheidende Punkte, der eine liegt in dem Wörtchen „wählen", der andere in dem, was man sich unter einem „angenehmen, ruhigen Leben" vorstellen möchte.

George Edward Moore sagt in seinem Buch *Principia Ethica* (1903): „Die bei weitem wertvollsten Dinge, die wir kennen oder uns vorstellen können, sind gewisse Bewusstseinszustände, die sich summarisch umschreiben lassen als die Freuden [pleasures] menschlichen Umgangs und das Genießen schöner Gegenstände."[36] Dieses Lebensideal kann einen erheblichen Aufwand bedeuten. Es kann mit großen persönlichen Bemühungen verbunden sein, wie das der Nachwelt vom legendären Bloomsbury-Kreis vor Augen geführt wurde – jenem lockeren Künstler- und Intellektuellen-Zirkel ab 1905, den Virginia Woolf und ihre Cambridger Freunde kultivierten, wobei eine Zeitlang Moores Einfluss eminent war. Aber dieses Lebensideal kann auch Ausdruck einer günstigen sozialen und persönlichen Situation sein. Man genießt einen gewissen Wohlstand und genießt es dabei besonders, statt nach Höherem und Höchstem zu streben, seinen Freuden und kleinen Passionen in Frieden leben zu dürfen.

Darunter mag fallen, dass man seine Arbeit anständig erledigt und in seiner Freizeit dem Müßiggang huldigt. Man *hätte*, aufgrund seiner natürlichen Anlagen, vielleicht ein großer Erfinder oder Sportler werden können. Doch man hat sich dafür entschieden, ein aufregungsloses Leben, sozusagen eine englische Nachmittagstee-Existenz zu führen. Warum sollte so ein Mensch nicht sagen, er sei sich immer treu geblieben? Er hatte ein *Ideal,* wie er sein Leben leben möchte. In seiner Vorstellung standen die ruhigen Freuden an erster Stelle und nicht das ständige Streben nach Vervollkommnung. Und er hat in dem Sinne *gewählt,* dass er bewusst (und nicht aus purer Lethargie oder Gedankenfaulheit) auf die Herausbildung dessen, was an Leistbarem alles ihn in steckte, ohne Bedauern verzichtete.

Was hätte Kant dazu gedacht? Ich glaube, er wäre mit der „hedonistischen" Komponente des gewählten Lebensideals nicht einverstanden gewesen. Aber das hätte wohl daran gelegen, dass Kant die Selbstvervollkommnung für eine Art von unbedingter Pflicht gegen sich selbst hielt, die, wie er nicht müde wird zu betonen, zu den psychologischen und triebhaften Neigungen des Menschen in keinem inneren Verhältnis steht. Moralisch handelt nach Kant bekanntlich nur derjenige, der auch dann noch seiner Pflicht folgt, wenn schon keine Neigung mehr vorhanden ist. Glück im Kontext der Pflichten kann der Mensch demnach – wenn überhaupt – nur aus dem Bewusstsein seines Pflichtgehorsams beziehen: Er tut sein Bestes, um das zu tun, was er tun soll, und darin liegt seine tiefste Befriedigung als ein Wesen, dessen Wille auf das erkennbar Gute gerichtet ist. Ansonsten ist Glück eine Größe, die manchen Menschen aufgrund günstiger persönlicher Umstände zuteil wird und anderen nicht. Glücksfähigkeit steht bei Kant zu der Frage, ob jemand sich selbst treu bleibt, in keinem sachlichen Zusammenhang.

Mir hingegen kommt vor, an Kants Position stimmt zwar, dass wir jemandem Untreue gegen sich selbst vorwerfen, sofern wir uns zu dem Urteil berechtigt glauben, er „verwende sein Leben bloß auf Müßiggang, Ergötzlichkeit, Fortpflanzung, mit einem Wort, auf Genuss", obwohl er, als moralisches Subjekt, doch erkannt zu haben glaubt, dass er sich selbst eine Entfaltung seiner günstigen Naturanlagen schuldig sei. Doch immer muss hier gefragt werden, warum er *das* erkannt zu haben glaubt. Unbestreitbar würde jemand einen guten Grund dafür haben, dass er glaubt, eine Pflicht gegen sich selbst zu verletzen, wenn er erkannt zu haben glaubt, dass die Entfaltung der fraglichen Anlagen zum Wohl seiner Nächsten oder – in weiterer Folge – auch des Gemeinwohls erforderlich wäre.

Allerdings sind schon hier die Grenzen unklar. Denn weder von einem Künstler noch einem Sportler (noch sonst einem sonst wie Begabten) wird irgendjemand ernsthaft verlangen, er müsse den ihm höchstmöglichen Grad an Perfektion anstreben, auch wenn er dadurch schwere persönliche Entbehrungen, ja Unglück, auf sich zu nehmen hätte. Wo die Pflicht gegen sich selbst im Dienste anderer, und sei es der ganzen Welt – man denke nur an Leistungen der Genies, von denen die Menschheit zehrt –, anfängt und wo sie aufhört: das ist keine Frage, die sich unabhängig davon behandeln lässt, welches Lebensideal der Einzelne für allgemein verbindlich oder für etwas hält, das ihm, seiner Natur oder Persönlichkeit, am besten entspricht.

Außerdem ist der Begriff einer Pflicht gegen sich selbst „zum Wohle anderer oder im Dienste des Gemeinwohls" nicht dasselbe wie dasjenige, was wir bisher unter den Pflichten gegen sich selbst kennenlernten. Denn es handelt sich jetzt, genauer besehen, gar nicht um eine Pflicht gegen sich selbst, sondern primär um eine Verpflichtung anderen gegenüber. Die Kultivierung der eigenen Fähigkeiten *kann* gefordert sein, wenn nur dadurch eine Leistung erbracht zu werden vermag, die man anderen schuldet. In einer Gesellschaft, in der wissenschaftliche und technische Intelligenz zum Überleben benötigt wird, mag dem entsprechend Begabten sehr wohl zum Vorwurf gemacht werden, er verabsäume seine Pflicht, falls er aus Gründen des eigenen Wohlergehens die Ausbildung und Anwendung seiner Fähigkeiten vernachlässigt. Ob er sich deshalb „selbst untreu" wird, ist freilich nicht so eindeutig.

Was aber, wenn durch die Kultivierung des Müßiggangs in einer bestimmten Situation („Ich habe meine Arbeit anständig getan, nun bin ich Privatmensch") nicht einmal indirekt eine Pflicht gegen andere verletzt, jedoch das eigene Wohlbefinden am meisten befördert wird? Dann ist nicht zu sehen, warum einer, der nach der „müßiggängerischen" Maxime handelt, nicht auch wollen können sollte, dass sie *für alle, die so veranlagt und situiert sind wie er selbst,* als allgemeines Gesetz Gültigkeit habe. Selbstvervollkommnung im Sinne der Vervollkommnung eigener Naturanlagen ist kein Selbstzweck, sondern, wenn nicht bloß zwanghaft – und daher Symptom einer Persönlichkeitsstörung –, stets als Teil eines Lebenskonzepts oder Lebensideals zu betrachten.

Auch die Fähigkeit zur Muße ist nicht gering zu achten, und man könnte Kant immerhin entgegnen, dass auch diese Fähigkeit einer gewissen Art der Ausbildung und Kultivierung bedarf, zumal in einer Welt, die vor Leistungs-, Erfolgs- und Reformeifer regelrecht dampft. Es fällt, wie schon Blaise Pascal betonte, dem Menschen nicht leicht, sich einen Tag lang still in den eigenen vier Wänden zu vergnügen. Um wie viel schwerer fällt die Muße erst dem Menschen in einer Gesellschaft, der nichts so sehr widerstrebt wie der Stillstand, das schöne Nichtstun, das Genießen um seiner selbst willen.

Doch wenn man so redet, ist man schon wieder in Gefahr, aus dem Müßiggang erst recht eine Hochleistungsdisziplin zu machen. Vielleicht ist es daher einfach angebracht, darauf hinzuweisen, dass man ohnehin nie alle seine Fähigkeiten voll entwickeln kann – warum also nicht in erster Linie diejenigen, durch welche einen die Natur besonders zum Glück begabt hat? Und die Begabung mancher Menschen ist es eben, ein zwar anständiges, aber dabei möglichst beschauliches Leben, eine ruhige Freizeit-Existenz, zu führen.

Gewiss verstehen wir, was Kant meint. Denn wir alle kennen Menschen, deren Leben uns bedauernswert, ja verächtlich zu sein scheint, weil sie ihre Talente leichtfertig vergeudet haben oder ungenützt ließen. Es ist der bekannte Stoßseufzer: „Was hätte aus dem (oder der) nicht werden können!" Dieser Stoßseufzer setzt aber sozusagen tiefer an als das Bedauern darüber, dass jemand sich nicht selbst treu blieb. Er setzt nämlich schon dort an, wo es um die Frage geht, wie sich jemand seinen eigenen Anlagen gegenüber hätte verhalten sollen, das heißt, *welche Wahl er hätte treffen müssen,* um sich dann – als einer, der sein eigenes Schicksal gewählt hat – fortan selbst treu bleiben zu können.

Man kann nicht sagen, dass jemand, der nichts anderes im Sinn hat, als möglichst alle seine guten Anlagen zu pflegen, sich selbst treu bleibt. Es sei denn, er hätte sich einmal dafür *entschieden,* sein Leben nach dem Prinzip des Perfektionismus auszurichten: „Was immer mir von der Natur als Chance gegeben wurde, möchte ich optimal nützen!" Sich selbst treu zu bleiben, als zentrales Moment der Selbstachtung, setzt also eine grundlegende Wahl, eine „existenzielle" Entscheidung voraus.

Das lässt Kants Forderung nun in einem noch einmal differenzierten Licht erscheinen. Denn es gibt Menschen, die sich für einen bestimmten Lebensweg entscheiden, beispielsweise dafür, Schauspieler zu werden, *obwohl* ihre größte Begabung möglicherweise in einem anderen Bereich liegt, etwas dem, als Arzt anderen Menschen zu helfen. Statt eines exzellenten Arztes kann auf diese Weise ein mittelmäßiger Schauspieler entstehen. Ist das zu tadeln? Nun, das hängt doch wohl von der Art der Wahl, ihrer Motiviertheit, und außerdem davon ab, wie die einmal getroffene Entscheidung im eigenen Leben umgesetzt wird.

Jemand, der ernsthaft meint, nur als Schauspieler sein Bestes geben zu können, weil nur an der Schauspielkunst sein Herz hängt, mag sich objektiv täuschen. Subjektiv tut er dennoch das Beste, was er tun kann. Wenn er dann, nach einer langen harten Zeit auf Provinzbühnen, wo er in kleinen Rollen das Beste gab, was er geben konnte, sein Leben rückblickend betrachtet, wird er sich und seine Arbeit zu Recht achten. Und wir werden ihm unsere Achtung nicht verweigern, obwohl wir immer noch glauben, er wäre ein besserer Arzt geworden. Denn niemand darf so einem Menschen absprechen, dass er seiner Berufung – und damit sich selbst – treu geblieben ist.

10.
Ein Schicksal haben, ein Schicksal sein

Es scheint also, als ob die Frage des Sich-selbst-treu-Bleibens erst in dem Moment aktuell wird, in dem es für den Einzelnen nicht mehr bloß darum geht, seine eigene Natur zu *entfalten*, gleichsam aus dem Samen, der jedem eingesenkt ist, einen möglichst wohlgestalteten Baum werden zu lassen. Was dazukommen muss, ist eine Vorstellung davon, wie man sein Leben gestalten *möchte*. Das setzt innerhalb der Grenzen, die jedem Menschen durch seine Natur gesetzt sind, doch eine Offenheit voraus. Das Ende darf jedenfalls nicht vollständig definiert oder festgelegt sein. Sonst wäre es sinnlos, wollte man rückblickend sagen, man sei sich selbst treu geblieben.

Und nun vergleiche man damit die Idee des Schicksals! Gerade an dieser Idee nämlich zeigt sich, wie verschlungen die Dinge des Lebens liegen. Seinem Schicksal oder seiner „Bestimmung" kann man bekanntlich nicht entgehen. Denn ob es eine Gottheit oder eine anonyme Macht ist, die das Schicksal des Einzelnen bestimmt, die Festlegung ist definitiv. Dennoch kann keine Rede davon sein, dass die bekannten Formen des Schicksals das Konzept der Selbstachtung einschließlich der Forderung, sich selbst treu zu bleiben, vollständig auslöschen würden. Im Gegenteil, sie bedeuten deren Zuspitzung. Dabei ist natürlich vorausgesetzt, dass wir es nicht mit einer extremen Form des Fatalismus zu tun haben.

Fatalistische Kulturen sind ohnehin nur bis zu einem gewissen Grade möglich. Auch wenn die Menschen davon überzeugt sein mögen, dass ihr Leben von den griechischen Moiren oder dem arabischen Kismet bestimmt wird, oder dass jede einzelne Existenz auf das asiatische Rad der Wiedergeburten geflochten ist: selbst dann wird der eigentliche Sinn des Lebens in einer Dialektik aus mythischer Determination und Selbstbestimmtheit liegen – einer Dialektik, die sich durch die Art und Weise zeigt, wie das eigene Schicksal gemeistert wird. Soll das Leben nicht als etwas, das einem fremd zustößt, durchlebt werden, kommt es letzten Endes darauf an, *das eigene Schicksal gleichsam in die eigenen Hände zu nehmen*. Das klingt paradox, und doch wäre ohne diese Paradoxie – um gleich die Modellfälle zu nehmen – weder die griechische Tragödie möglich noch die christliche Version des Schicksals, verkörpert im Leben Jesu.

Betrachten wir den Fall des Ödipus, so vollendet sich dessen Schicksal – den Vater zu töten und die eigene Mutter zu ehelichen –, wie es Pythia, die Orakelpriesterin von Delphi, prophezeit hatte. Diese aber hatte es dem Vater des Ödipus, Laios, König von Theben, prophezeit, der daraufhin befahl, seinen Sohn binden, ihm die Fußsehnen durchstechen und ihn von einem Hirten im Gebirge aussetzen zu lassen. Der Hirte freilich, dem das Kind leidtat, übergab es einem anderen, vorbeiziehenden Hirten, der es dem Königspaar von Korinth brachte, das es an Sohnesstatt annahm. Als Ödipus schließlich zum Mann geworden und ihm andeutungsweise zu Ohren gekommen ist, er sei nicht der leibliche Sohn seiner Eltern, befragt er seinerseits das Orakel, welches ihm prophezeit, er werde seinen Vater töten. Weil der über seine Herkunft weiterhin ahnungslose Ödipus glaubt, es handle sich dabei um seinen Ziehvater, den er für seinen wirklichen Vater hält, verlässt er Korinth. Auf der Wanderschaft tötet er, wie das Orakel es prophezeite, Laios im Kampf, ohne zu wissen, wen er getötet hat. Und weil es ihm außerdem gelingt, das Rätsel der Sphinx zu lösen, die Theben zu dieser Zeit tyrannisiert, avanciert er schließlich zum Gemahl seiner eigenen Mutter Iokaste. Nun kommt der dritte Streich des Orakels. Nachdem Ödipus mit Iokaste in glücklichen Jahren vier Kinder gezeugt hat, bricht in Theben eine Seuche aus. Um dem abzuhelfen, befiehlt das von Ödipus befragte Orakel, dieser müsse den Mörder des Laios finden. Und so entdeckt Ödipus die grausame Wahrheit. Iokaste erhängt sich, Ödipus sticht sich – in der bekanntesten Variante der Legende – die Augen aus.

Wenn wir davon ausgehen, dass das Schicksal des Ödipus von Anfang an durch die Götter (oder wen oder was auch immer) verfügt war, so ist doch gerade die Ödipus-Legende zugleich die beste Darstellung der unauflösbaren Dialektik zwischen menschlicher Wahl und übermenschlicher Determination. Klarerweise hätte sich das Schicksal des Ödipus ohne die Mithilfe des Orakels niemals erfüllt. Ja mehr noch: Es sind erst die durch die Prophezeiungen der Pythia ausgelösten Handlungen, welche zur Katastrophe führen, wobei das Orakel überhaupt nur deshalb recht behält, weil man ihm glaubt.

Für solche Arten der Prognose ist der Name *self-fulfilling prophecy* üblich geworden, der ursprünglich von dem Soziologen Robert K. Merton eingeführt wurde. Ohne die Prophezeiung des Vatermords und Inzests mit der Mutter hätte Laios seinen Sohn nicht ausgesetzt mit der Absicht, ihn in der Wildnis umkommen zu lassen. Und ohne die abermalige Prophezeiung des Orakels, die Ödipus aus Korinth fliehen lässt, wäre er seinem leiblichen Vater nicht begegnet und es wäre zwischen den beiden Männern niemals zum Kampf gekommen. Wollte man angesichts solcher, „sich selbst erfüllender" Prophezeiungen sagen, das Schicksal des Ödipus hätte von vornherein unverrückbar festgestanden, so hätte man die Ironie der ganzen Verstrickung nicht verstanden.

Denn Ödipus ist, indem er dem Orakel Gehör schenkt, erst seines eigenen Schicksals Schmied. Man kann herumvernünfteln und behaupten, dass es zum Schicksal des Ödipus dazugehöre, dem Orakel zu glauben. Das mag stimmen oder auch nicht. Was uns die Geschichte in erster Linie erzählen will, ist etwas ganz anderes: nämlich, wie sich das Schicksal der Menschen dadurch erfüllt, dass sie sich bemühen, ihr Leben selbst in die Hand zu nehmen, also im Grunde dem Orakel zu trotzen! Ja, ihm auch dann noch zu trotzen, wenn sie als Schicksalsgläubige davon ausgehen müssten, dass ihrem Versuch, sich dem Schicksal zu entwinden, kein Erfolg beschieden sein wird.

Warum, so die Frage, die angesichts der Schicksalsgläubigkeit des Laos wie des Ödipus naheliegt, nicht einfach dem Lauf der Dinge „gehorchen", ihm sich ergeben als dem gottgewollten Anfang und Ende von allem? Weil das aus den großen Sagengestalten nicht nur keine Helden, sondern im Gegenteil Memmen und Lemuren der Götter machen würde. Und was für die Großen gilt, das gilt in gewissem Maße auch für die Kleinen, die „Normalsterblichen". Sie würden einen nicht tolerierbaren, beschämenden Mangel an Selbstachtung zeigen, versuchten sie nicht, dem Schicksal die Stirn zu bieten. Das bedeutet aber auch: Man bleibt sich am wenigsten dadurch treu, dass man tut, was das Orakel prophezeit, oder die Dinge im Sinne der Prophezeiung „einfach laufen" lässt. Da man als Mensch die Wahl hat, würde man eine grundlegende Pflicht gegen sich selbst verletzen, wollte man nicht wenigstens versuchen, sein Leben nach den Maßstäben zu leben, an die man sich aus eigener Einsicht gebunden fühlt.

Die wohl extremste Form der Dialektik zwischen Vorausbestimmtheit und Freiheit finden wir in der Gestalt des Jesus, und zwar wenn wir annehmen (was freilich in hohem Maße fraglich ist), er habe sich ab einem bestimmten Moment tatsächlich als Gottes Sohn verstanden, der allein die Heilsgeschichte zu einem guten Ende bringen könne. Denken wir in heilsgeschichtlichen Begriffen, dann unterliegen die kosmischen Ereignisse einem „Skript" im Kampf des Guten gegen das Böse, des rechten Glaubens gegen die Häresie, der Tugend gegen die Sünde, an dessen Eckdaten sich nicht das Geringste ändern lässt. Vom christlichen Standpunkt aus gesehen, ist es unumgänglich, dass der Sohn Gottes zum „Lamm" wird, das sich opfert.

Er muss sein Leben am Kreuz beenden, damit die Menschheit von der Erbsünde und ihren unheilvollen Folgen erlöst zu werden vermag. Gehen wir davon aus, dass Jesus *das* wusste, dann kannte er als der gehorsame Sohn Gottes (der im Wesen Gott selber war) sein Schicksal: „Dein Wille geschehe."

Rückblickend betrachtet bleibt aus einer christologischen Perspektive hier kein Spielraum. Man ist versucht zu sagen: Jesus konnte nicht anders, eben weil er Jesus war. Damit erübrigt sich die Frage nach dem Sich-selbst-treu-Bleiben des Messias. Ja, sie klingt so, als ob der, der sie stellen wollte, etwas durcheinanderbrächte, die religiöse mit der weltlichen Betrachtungsweise kontaminierte. Aber so einfach liegen die Dinge dann eben doch nicht. Denn nicht umsonst wird erzählt, dass der Teufel Jesus dreimal versuchte, als dieser in der Wüste vierzig Tage lang fastete. Wäre das ein Spiel mit festgelegtem Ausgang gewesen, so würde ihm ein Zug der Frivolität anhaften. Denn von „Versuchung" könnte dann in Wahrheit gar nicht die Rede sein.

Nein, wir müssen annehmen, Jesus hatte die Wahl. Aber dann gibt es keinen triftigen Grund mehr, warum wir nicht auch sagen können sollten, Jesus hatte die Wahl, sich den römischen Häschern widerstandslos zu überantworten oder sich ihnen zu entziehen. Und das heilsgeschichtliche „Skript"? Eigenartigerweise sieht die heilsgeschichtliche Logik vor, dass die handelnden Personen nicht einfach Rädchen im Getriebe sind, das auf die Endzeit zutreibt. Es gibt keine Endzeitmechanik, obwohl das Ergebnis und der Ablauf der Schlüsselereignisse zu ihm hin – siehe die Prophezeiungen, die Offenbarung des Johannes – festgelegt sind. Wie ist das möglich? Ist das bloß schlecht gedacht, eine Geschichte mit einem eingebauten Selbstwiderspruch?

Das ist eine knifflige Frage. In seinem Buch *De libero arbitrio* (um 390 entstanden) hatte Aurelius Augustinus versucht, zwei Postulate aufeinander abzustimmen. Erstens, Gott ist allwissend. Zweitens, Gott hat dem Menschen den freien Willen geschenkt. Daraus scheint zu folgen, dass Gott entweder nicht allwissend ist oder Gott dem Menschen keinen freien Willen geschenkt hat. Denn frei zu sein in dem Sinne, dass ich auch anderes tun könnte als das, was ich tatsächlich tue (rückblickend betrachtet: dass ich auch anders hätte handeln können), bedeutet, dass niemand wissen kann, was ich in Zukunft tun werde, auch nicht der Allwissende. Augustinus aber argumentiert, dass Gottes Wissen über mein zukünftiges Handeln mich zu nichts zwinge; man müsse unterscheiden zwischen Ursachen, die kausal gewisse Folgen hervorbringen, und einem Wissen, das kausal in keiner

Weise die Motive meines Handelns festlege. Dagegen lässt sich natürlich vorbringen, dass Gottes Wissen zwar keine kausale Ursache ist, aber nichtsdestoweniger *so gut* wie eine solche Ursache. Denn wüsste ich, was Gott weiß, dann wüsste ich auch, was ich alles nicht tun konnte, kann und können werde, nämlich exakt all das, was Gottes Wissen ins Unrecht setzen würde. Statt einer kausalen Determination tritt in diesem Fall eine „Determination durch Wissen", die sonst in der Natur (vermutlich) nicht vorkommt.

„Sieh dir doch, bitte, nur an, welche Blindheit dazu gehört, wenn jemand sagt: Da Gott meinen künftigen Willen vorher weiß, und daher alles so zugehen muss, wie Er es weiß, ist es nötig, dass ich das will, was Gott weiß; sobald es aber nötig ist, schaltet mein Wille aus, und ich muss das wollen, was sein muss. Oh, welche einzigartige Torheit! [...] Gott kennt unseren Willen zum Voraus, und genauso wird der Wille auch sein. Ja, gerade weil Er ihn kennt, deshalb muss er sein. Aber er wäre kein Wille, wenn er nicht in unsere Gewalt gegeben wäre: also hat Gott auch zum Voraus das Wissen um diese Gewalt."[37]

Augustinus spricht mit seinem Schüler Evodius. Was dieser zum Ärgernis des Lehrers nicht zu verstehen scheint, ist, dass Gottes Vorauswissen keineswegs bedeutet, unser Wille sei uns aus der Hand genommen worden. Wäre das der Fall, könnten wir uns ja einfach hinsetzen und zuschauen, was mit unserem Willen passiert und wie wir in der Folge handeln werden. Wenn wir aber bloß sitzen und schauen, werden wir nicht handeln!

Dieses Argument erinnert an einen Einwand gegen die Determination unseres Handelns durch unser Gehirn. Wenn unser Gehirn immer schon „entschieden" hat, bevor uns dieser Umstand dadurch bewusst wird, dass wir den Eindruck haben, wir würden uns hier und jetzt entscheiden, dann wäre es doch das Einfachste, das Gehirn machen zu lassen, oder? Statt uns für etwas zu entscheiden, legen wir die Hände in den Schoß und warten ab, was passiert. Wie uns die Erfahrung lehrt, passiert dann eben nichts. Letzten Endes müssen wir uns immer selbst entscheiden, wenn wir wollen, dass unser Gehirn sich vorher schon „entschieden" haben wird. Das ist eine reichlich verwirrende Situation, aus der es aber keinen Ausweg gibt.

Das Problem, das uns hier beschäftigt, nämlich, was es heißen könnte, mir selbst treu zu bleiben unter der Voraussetzung meines Schicksals, findet seine Antwort jedenfalls nicht darin, dass ich aufhöre, noch irgendetwas zu wollen oder zu tun, indem ich argumentiere, es sei ohnehin alles entschieden. Denn obwohl das einerseits wahr ist, ist es andererseits ebenso wahr, dass, falls ich meinen Willen nicht mobilisiere, mich für nichts entscheide und nur dasitze, auch nichts geschehen wird, wodurch ich legitimiert wäre zu behaupten, ich bemühe mich, mein Leben so zu gestalten, dass ich mir selbst treu bleibe.

Angenommen, es stand von vornherein fest, dass Jesus den Versuchungen des Teufels in der Wüste widerstehen wird. Und angenommen, Jesus, als der Sohn Gottes, wusste davon. Wäre es dann nicht besser gewesen, erst gar nicht in die Wüste zu gehen und sich den Qualen des Fastens auszusetzen, die aus den Versuchungen des Teufels wahrhaft teuflische Versuchungen werden ließen? Sie erinnerten Jesus ja daran, wie leicht es für ihn wäre, seine Macht zu demonstrieren und die Glückseligkeit zu erringen. Die Antwort darauf ist: nein. Denn hätte Jesus seine Hände in den Schoß gelegt und es sich gut gehen lassen, dann hätte er seine Mission verraten. Er wäre sich untreu geworden. Aber hätte er sich denn überhaupt untreu werden können? Sagen wir so: Der innere Kampf war eine Realität, die Mühsal der Wüste samt dem Bedürfnis, ihr zu entkommen, auch; ebenso waren die Versuchungen real, und zwar insofern, als Jesus sie durchlitt und ihnen Widerstand zu leisten hatte.

So seltsam es klingen mag (und so wenig wir eine nach den Maßstäben der Logik befriedigende Lösung des Problems anzugeben vermögen, das vielleicht das Problem des Lebens überhaupt ist): Es hat einen guten Sinn, davon zu reden, dass jemand, der ein Schicksal hat, sich bemüht, diesem seinem Schicksal treu zu bleiben. Jemand, der ein Schicksal *hat* und zu *wissen glaubt,* dass er eines hat – wissen wir nicht alle, dass unser Leben, durch all unser Autonomiestreben hindurch, letzen Endes mit uns „geschieht"? –, mag dennoch darum ringen, dieses sein Schicksal *zu sein,* es sich gleichsam anzueignen, zu verinnerlichen, und sich dabei aus bloß äußerer Schicksalsunterworfenheit herauszudrehen.

Das ist vielleicht nirgendwo dramatischer gezeigt worden als in Nikos Kazantzakis' Roman *Die letzte Versuchung Christi* (1951), der Martin Scorsese als Vorlage diente und 1988 nach einem Drehbuch von Paul Schrader zu dem Filmepos *The Last Temptation of Christ* gestaltet wurde. Die letzte Versuchung: das ist die Versuchung am Kreuz. Dem Gekreuzigten erscheint ein Engel, der in Wahrheit Satan ist. Er führt Jesus, der den Engel gewähren lässt, vom Kreuz herab und in ein Leben hinein, das ihn zur Liebe mit zwei Frauen (zuerst Maria Magdalena, dann Maria, der Schwester des Lazarus), zu Kindern und einer Familie kommen lässt, die ihm ein erfülltes Leben als Zimmermann und ein ruhiges Alter beschert.

Als Jesus am Sterbebett liegt, während Jerusalem brennt, finden ihn Petrus, Judas und zwei weitere Jünger. Judas beschimpft Jesus, weil er als einfacher Mensch friedlich gelebt habe. Dadurch sei er seiner Mission untreu geworden. Sein Platz sei am Kreuz gewesen, nirgendwo sonst. Da schleppt sich, unter dem Höhnen Satans, Jesus ins Freie. Er fleht Gott an, ihn wieder in seine Gnade aufzunehmen und seinen Opfertod für die Menschheit zu akzeptieren.

Die Geschichte endet damit, dass Jesus, nun der Messias, am Kreuz erwacht. Er hatte einen Traum. Doch um sich selbst treu zu bleiben, musste er die Wirklichkeit dieses Traums überwinden. Er musste am Kreuz hängen bleiben und dort den qualvollen Tod erleiden. Seine letzten Worte lauten, wie in den Evangelien überliefert: *Consummatum est,* „Es ist vollbracht!"

Beim Anschauen des Films bedauerte ich – ich fühlte sogar einen Moment des Zorns –, dass Schrader und Scorsese nicht den Mut gefunden hatten, Jesus als Mensch in seinem Bett sterben zu lassen. *Das wäre eine echte Alternative zur Erlösungserzählung des Christentums gewesen.* Ihre Botschaft wäre gewesen: Gott braucht nicht den Tod seines Sohnes, um die Menschheit zu erlösen. Er muss sich um der Menschheit willen nicht höchstpersönlich schinden und ans Kreuz nageln lassen, eine zutiefst zweideutige Phantasie, in deren pathologische Züge sich exemplarisch Mel Gibsons *The Passion of Christ* (2004) mit einer Inbrunst fürs blutige Detail versenkt.

Die Alternative wäre also gewesen: Gott erlöst die Menschheit, indem er den Menschen anhand des Zimmermannes aus Galiläa zeigt, dass es im Leben darum geht, ein anständiges Leben zu führen, die Seinen zu lieben, ihren Tod zu betrauern und das Glück, das einem gewährt wird, dankbar anzunehmen; *und dass so ein Leben dann sich selbst genug ist.* Das wäre die Botschaft des wahren Christentums gewesen, eines Christentums, das immer schon da war und kaum noch gehört wurde, weil alle erlösungshungrig immer auf das Kreuz starrten, von dem aber nichts zurückkam außer das Schweigen, von dem die Filme Ingmar Bergmans – auch einer vom Christentum gebrandmarkten Seele – geradezu bersten.

Dennoch musste ich am Ende einräumen, dass der Film so, wie ich ihn gerne gehabt hätte, indiskutabel gewesen wäre. Denn Jesus hätte, um friedlich im Bett inmitten seiner Lieben sterben zu können, sich selbst untreu werden müssen. Er wäre schließlich einer gewesen, der sich aus seinem Schicksal davongestohlen hätte. Und welcher Zuschauer hätte diesen Mangel nicht auf die Lebensalternative, von der ich glaube, dass in ihr das wahre, weil menschenmögliche Erlösungsversprechen steckt, *projiziert?* Welcher Zuschauer hätte nicht in den Frauen, den Kindern, der Familie die Triebkräfte der Verführung gesehen? Doch obwohl ich dies einzuräumen bereit bin, bleibt für mich ein Bedauern darüber, dass der Traum vom guten einfachen Leben im Christentum nur ein Traum geblieben ist, der die Gestalt Jesu schicksalhaft dazu *bestimmt,* gegen den voreiligen Triumph des Teufels am Kreuz zu erwachen und die schreckliche, barbarische, menschenunwürdige Realität des Blutopfers am eigenen Leib zu erdulden.

Damit will ich sagen: Manchmal bewundern, ja verehren wir Menschen dafür, dass sie ihrem Schicksal und sich selbst treu geblieben sind. Und Jesus ist zweifellos eine Gestalt, die viele von uns zurecht tief verehren. Dennoch, wenn das Schicksal, das jemand zu erfüllen, zu ertragen, zu erleiden hat, uns von der *Idee* her, die es zum Ausdruck bringt, befremdet oder abstößt, dann fällt von da aus ein Schatten auf denjenigen, der unter der Herrschaft einer solchen Idee agiert. Indem er versucht, seinem Schicksal gerecht zu werden, verkörpert er eine Idee – so wie Jesus eine Idee buchstäblich verkörpert, indem er sich ans Kreuz schlagen lässt –, der gegenüber Widerstand zu leisten die bessere Option gewesen wäre. Ich weiß, das muss in christlichen Ohren wie Blasphemie klingen. Denn christlich gesehen ist Jesus der Messias und sein Leben ein Sakrileg: unantastbar, heilig.

Doch wenn wir uns für einen Moment aus dieser innerreligiösen Perspektive lösen, dann beginnen wir uns zu fragen, ob es nicht eine andere, höhere Art des Sich-selbst-treu-Bleibens sein könnte, gegen das eigene Schicksal mobil zu machen. Dagegen aufzubegehren! Denn insofern der, der ein Schicksal hat, zugleich auch ein moralisches Subjekt ist, wird es seine Selbstachtung erfordern, nicht gegen das als ethisch Erkannte, gegen die menschliche Tugend schicksalsbezogen zu leben. So gesehen wird gerade der ethisch Sensible sich unter Umständen nur selbst treu bleiben können, indem er gegen sein Schicksal rebelliert. Das mag eine Art Don-Quichotterie sein, ein Kampf gegen göttliche Windmühlenflügel; und doch ist es die *richtige Art,* sich selbst treu zu bleiben.

Sieht man in Jesus nicht eine Gottheit, die aus Gründen, die der menschliche Verstand nicht zu fassen vermag, jenseits und über der Moral steht, sondern ein leidendes menschliches Individuum mit Herz und Verstand: dann, so kommt mir vor, ist der engelhafte Kind-Satan bei Kazantzakis und Scorsese bloß die Stimme des Gewissens gegen den heilsgeschichtlichen Druck, der auf dem vermeintlichen „König der Juden" lastet. Im Gewissen meldet sich das allgemein menschliche Streben nach dem ethisch verstandenen „guten

Leben" zu Wort. Und indem Jesus vom Kreuz steigt, im Wissen darum, was er tut, versucht er, sein Schicksal zu brechen. Gewiss, das ist vergebens.

Aber es ist dann eben der Traum, der Jesus nicht in das Licht einer persönlichen Entscheidung für das Gute treten lässt. Er steigt nicht aus eigenem Antrieb vom Kreuz herab, er „entsinkt" ihm, so wie man in den Träumen ohne eigenen Antrieb dahin und dorthin schwebt. Und er vergisst im Traum, vergisst seine „Sendung". Das alles ist etwas ganz anderes als gegen das Schicksal Stellung zu nehmen im Dienste einer Idee von Autonomie und Moral. Und deshalb bleibt im Film dann die Familiengeschichte mit den beiden Marias in das Zwielicht des Traums, das Licht der Unwahrhaftigkeit, Unechtheit getaucht. Um sich treu zu bleiben, muss der träumende Jesus wieder am Kreuz erwachen.

Er erwacht zu sich selbst. Dennoch: Nach menschlichem Ermessen ist er in diesem Moment zu einem geworden, der einem Schicksal treu bleibt, dem gegenüber der Versuch höher zu bewerten gewesen wäre, Widerstand zu leisten – die Menschen nicht durch den Kreuzestod zu erlösen, sondern durch die vorgelebte Demonstration seiner Verzichtbarkeit.

11.
Sozial aufsteigen

Eine Natur haben, ein Schicksal haben: das sind, wie wir im exemplarischen Anschluss an Aristoteles-Kant und an die griechische Tragödie sahen, *normative* Modelle des Vorgegebenseins. Will ich mir selbst treu bleiben, muss ich der werden, der ich bin. Verfehle ich dieses Ziel, so habe ich kein Recht mehr, mich selbst zu achten.

Und wir haben auch den Unterschied bemerkt: Seine Naturanlagen kann man verkümmern lassen, und das war's dann, salopp gesprochen; aber sein eigenes Schicksal kann man nicht *nicht* beachten. Es setzt sich durch. Das macht alle Anstrengungen, seinem Schicksal treu zu bleiben, scheinbar paradox. Doch eben nur scheinbar. Denn es gilt, wie die Redensart sagt, zu werden, der man ist. Der Rahmen steht fest. In ihm sich auf eine ethische Weise zu bewegen, ist indessen keine ausgemachte Sache. Auch wenn der Held am Ende auf alle Fälle stirbt oder triumphiert, weil das sein Schicksal sein sollte im größeren Spiel der Götter mit den Menschen, er kann auf feige Weise sterben, schreiend, mit den Göttern hadernd, oder eben so, wie es einem Helden geziemt. Er kann auch triumphieren durch List und Grausamkeit und seinen Sieg über alle Maßen genießen, sodass die, die ihm dabei zuschauen müssen, vor Beschämung ihr Haupt senken.

Und wie wir am Beispiel des gegen sein Schicksal revoltierenden Menschen gesehen haben, mag selbst die Revolte gegen das Unvermeidliche eine authentische und bisweilen die wirklich ethische Art sein, sich selbst treu zu bleiben. Weder der Rahmen des Schicksals, das sich letzten Endes über den Kopf der handelnden Person hinweg vollendet – und schon gar nicht jener der Naturanlagen, die es zu fördern gilt –, verdammen den Menschen zur Passivität. Fatalismus ist kein Modus der Selbstachtung.

Über die Frage, ob denn der Rahmen überhaupt existiert oder bloß eine Fiktion ist, haben wir schon gesprochen. Wir haben gesehen, dass die Idee der Selbstachtung ohne die Akzeptierung von Pflichten gegen sich selbst und damit von Rechten, deren man sich nicht entledigen kann, keine Basis hat. Und wir haben festgestellt, dass eine solche Basis voraussetzt, dass es Werte im objektiven Sinne des Wortes gibt.

Über die metaphysischen Folgerungen daraus mag man unterschiedlicher Ansicht sein. Wer aber denkt, sie einfach ignorieren zu können, indem er sich zu einem „Wertesubjektivismus" bekennt, verwirft damit nicht nur das Konzept der Selbstachtung als ein ethisch bedeutsames, ja zentrales (er „degradiert" es zu einem rein psychologischen Konzept); er verwirft darüber hinaus – wie ich mich zu argumentieren bemühte – die Idee der Ethik selbst. Nicht die Ethik, sondern ihre Idee: denn in aller Regel sind Subjektivisten das, was sie sind, gerade nicht, weil sie moralisch blind wären, im Gegenteil. Sie verhalten sich moralisch sensibel, indem sie den „Terror" des ethischen Objektivismus in Gestalt des religiösen Fundamentalismus anprangern und die Intoleranz als Folge des Glaubens an absolute Wahrheiten verurteilen.

Was aus dem Werteobjektivismus jedenfalls nicht folgt, ist die Verpflichtung, mythologische Denkfiguren direkt oder indirekt zu unterstützen, in unserem Fall: Denkfiguren rund um Selbstachtung, Ehre und Würde, das Phänomen des Sich-selbst-treu-Bleibens oder Sich-als-unwürdig-Erweisens, die heiligen Pflichten, die jemandem von den Göttern, vom Vaterland oder durch die Geburt auferlegt sind. Das gilt auch für den Schicksalsbegriff. Auch wenn man zugesteht, dass die Verklammerung von Naturanlagen und objektiver Werthaftigkeit kein bloßer Mythos ist – deshalb wohl spricht Kant davon, dass einem Naturanlagen, zumal günstige, „gegeben" sind –, hört deswegen der Begriff des Schicksals nicht auf, dem Arsenal mythischer Welt- und Existenzerhellung anzugehören. Mit anderen Worten: Das Schicksal existiert nicht als etwas, das dem Menschen objektiv auferlegt wäre; es ist eine Erdichtung, so wie die Götter der Antike, die das menschliche Leben fördern, manipulieren und zerstören.

Aber aus mythischen Beständen können wir lernen, und zwar nicht nur Negatives. Das Schicksal bietet die extremste Vorstellung einer Dialektik zwischen festliegendem Rahmen und ihn ausfüllenden Aktivitäten unter dem Vorzeichen der Selbstachtung. Von ihm ausgehend können wir fragen, wie durch das Flexibelwerden des Rahmens sich der Gedanke des „Sich-selbst-treu-Bleibens, indem man wird, was man ist" entwicklungslogisch entfaltet. Dabei bietet die aristotelische Vorstellung, wie sie Kant reformuliert – nämlich: dass die Naturanlagen den Weg insofern vorgeben, als sie ihren Träger verpflichten, aus ihnen das Beste zu machen – keine eindeutige Alternative zum Schicksal. Denn die Naturanlagen sind zwar wie das Schicksal „auferlegt", doch zugleich sind sie typisierend, nicht individualisierend. Es gibt nur einen Ödipus, nur einen Jesus Christus. Aber es gibt viele, die aufgrund ihrer Anlagen gute Ärzte, Lehrer, Installateure oder Grundstücksmakler werden können.

Anlagen sind entwicklungsfähig (das ist Kants Punkt), das Schicksal steht fest. Und dennoch: Beide *unterwerfen* das Individuum einer äußeren Macht, im einen Fall einer mehr oder minder flexiblen Geschichte mit feststehendem Ende, im anderen Fall der mehr oder minder flexiblen Herausformung eines Veranlagungstypus mit offenem Ende. Schicksal und Anlage sind, als Konzepte verstanden, archaisch und traditionell: Statt den Raum der Entwicklung eines Individuums bloß determinierend einzugrenzen, *definieren* sie ihn. Sie unterwerfen die Lebensbahn des Einzelnen einer gottgewollten Entscheidung, einem geistigen Prinzip oder einer Entwicklungsnorm.

Um das Problem des Sich-selbst-treu-Bleibens in der Neuzeit und Moderne zu verstehen, muss man gleichzeitig verstehen, dass dieser Rahmen als zunehmend *repressiv* erfahren wird. Und er wird als ideologisch aufgedeckt. Denn ist er nicht bloß dazu da, die Freiheit des Einzelnen auf eine abergläubische Weise zu beschränken? Und hat er im Fall der großen historischen Figuren, der Staats- und Völkerlenker, der angeblich unsterblichen Helden nicht die Funktion, deren Freiheit in das Licht einer übergeordneten Erwähltheit zu tauchen, die zu kritisieren bedeutet, an ein göttliches Sakrileg zu rühren?

Indem die Freiheit oder Autonomie immer stärker zu einem zentralen Wert des menschlichen Einzelschicksals durch alle sozialen Schichten hindurch wird, ändert sich das Spannungsfeld, innerhalb dessen man sich selbst treu bleibt oder nicht, grundlegend. Und sie ändert sich zunächst so, dass die Grundlagen des Sich-selbst-treu-Bleibens, und damit auch der tradierten Formen der Selbstachtung überhaupt, infrage gestellt werden. Warum? Weil die Freiheit für alle, die nicht ganz oben stehen, an der Spitze der Herrschaftspyramide, niemals dort ist, wo man seinen angestammten Platz hat. Wo man als einfacher Mann ist (von der Frau ganz zu schweigen), dort ist Unfreiheit. Das gilt vom Sklaven aufwärts, bis sich schließlich der Bürger in seinen „angeborenen Rechten" dadurch verletzt fühlt, dass nicht er sie in vollem Umfange genießt, sondern der Adel. Sich selbst treu bleiben heißt in einer Gesellschaft, die bereits aufstiegsorientiert zu denken beginnt, unfrei bleiben, in seinem Stand verharren. Sich selbst treu bleiben schließlich nur noch die, die nicht mutig genug sind, begehrlich nach oben zu blicken, und nicht stark genug, nicht schlau und verschlagen genug, sich sozial nach oben zu bewegen.

Nicht umsonst steht im Dreigestirn der Französischen Revolution – Liberté, Egalité, Fraternité – die Freiheit an erster Stelle. Episoden dazu gibt es in Hülle und Fülle. Eine stammt von Charles Darwin, der auf seiner Reise um die Welt am 8. April 1932 berichtet, wie er, nachdem sein Schiff, die Beagle, in Rio de Janeiro vor Anker gegangen war, eine Exkursion ins Landesinnere machte. Darwin war von einem dort lebenden Engländer eingeladen worden, dessen Besitzung zu besuchen:

„Mit dem Dunkelwerden zogen wir am Fuße eines jener massigen, kahlen und steilen Berge von Granit hin, welche in diesem Lande so häufig sind. Die Stelle ist berüchtigt, weil sie eine lange Zeit der Aufenthaltsort einiger entlaufener Sklaven war, welche durch Bebauung eines kleinen Stückchen Bodens nahe dem Gipfel sich eine erbärmliche Existenz gegründet hatten. Endlich wurden sie entdeckt; eine Abteilung Soldaten wurde ihnen nachgeschickt und die ganze Gesellschaft ergriffen mit Ausnahme einer alten Frau, welche, ehe sie sich wieder in die Sklaverei bringen ließ, sich vom Gipfel des Berges herabstürzte. Bei einer römischen Matrone würde man dies die edle Liebe zur Freiheit genannt haben: bei einer armen Negerin ist es brutaler Starrsinn!"[38]

Dass uns Darwin in seinem an Naturbeobachtungen so reichen Bericht diese Episode schildert, die ansonsten längst – wie so viele Geschehnisse ähnlicher Art – der Vergessenheit anheimgefallen wäre, ist ein kleines, bedeutsames pädagogisches Einsprengsel. Der Naturforscher spricht nicht über die Freiheit; er spricht über Ursachen und Wirkungen, und er spricht, trotz aller Bewunderung, auch allem Staunen, das noch der größten Ödnis, dem aufbrüllenden Schrecken gilt, mit Präzisionsernst und Objektivitätsethos. Hier aber, wo es um den Menschen geht, der versklavt wird, findet Darwin schneidende Worte, die aus einer Sympathie, einem tiefen Mitleiden mit der gequälten Sklavin erwachsen. Ja, die römische Matrone, die ehrwürdige Greisin, die sich durch einen Sturz vom Felsen ihrer Versklavung entzieht, das ist der Stoff, aus dem die Tragödien gemacht werden. Ihre Freiheit ist *heilig*.

Dagegen die schwarze Alte, die gezwungen wurde, ihr Leben als Sklavin zu fristen, sie darf nicht frei sein wollen? Aus Darwins bitteren Worten spricht ein ganz anderer Geist. Jeder Mensch hat ein Recht auf die Freiheit, die ihm kraft seiner Natur gegeben ist. An dieser Stelle wird Darwin, dessen Lehre alle Ziele aus der Natur austreiben sollte (der Darwinismus ist der Exorzismus der Naturteleologie), glattweg zum Naturrechtler. Was die Alte tut, indem sie sich vom Gipfel des Berges in den Tod stürzt, ist nichts weiter, als darauf zu beharren, endlich ihrem Wesen gemäß, das heißt, kraft ihrer Freiheit als eine zur Selbstachtung befähigte Existenz zu existieren – oder, wenn das nicht möglich ist, zu sterben! Um das zu verstehen, bedarf es keiner Opernromantik des „edlen Wilden".

Doch da gibt es von Anfang an, sobald Freiheit und Individuum verschmelzen (anstatt dass die Freiheit eine Funktion der Stellung des Einzelnen im Ganzen wäre), auch eine andere Seite der Angelegenheit. Ist die Freiheit, gedacht als etwas Absolutes, nicht Wahnsinn? In seinem Roman *The Aunt's Story*, einem der großen stillen Meisterwerke der Literatur des 20. Jahrhunderts, erzählt der australische Nobelpreisträger Patrick White an einer Stelle das tragische Ende des Jack Frost. Der Zweite Weltkrieg ist vorbei, noch nicht lange, ein, zwei Jahre vielleicht. Jack Frost, ein Zuckerbäcker aus der George Street in Sydney, dessen Meisterschaft auch die Damen der besseren Kreise bei ihm einkaufen lässt, hat zu Hause eine Frau und drei Mädchen, die auf ihn warten. Eines Sonntags schneidet er allen die Kehle durch. Er hinterlässt einen Wahnsinnsbrief, aus dem nichts hervorgeht („I see us all sitting round the table buttering our scones for Sunday tea"). Warum diese Tragödie? Das fragt sich die aufgeregte Öffentlichkeit, von der es im Roman heißt, sie war nun, nach den berichteten Kollektivgräueln des großen Krieges, schon längst wieder bereit für andere Horrorgeschichten: „Now the individual was free to take the centre of the stage again and dramatize himself."[39] Jetzt also war der Einzelne wieder frei – frei das Zentrum der Bühne einzunehmen und sich selbst zu dramatisieren.

Diese Freiheit ist sowohl zugeschrieben als auch selbst ergriffen. Das Publikum *will*, dass das Leben des Einzelnen in Friedenszeiten ein Drama ist. Und wir alle sind Publikum, auch unser eigenes, ja, unser eigenes zuallererst. Aber das Leben von unsereinem ist kein Drama in irgendeinem nennenswerten Sinne, nur im übertragenen. Wir brauchen die großen Siege und Tragödien anderer, Ausgezeichneter ebenso wie Verdammter, um einen Geschmack für unsere eigene Freiheit zu bekommen. Hatten nicht auch wir schon Momente, in denen wir, theoretisch gesprochen, versteht sich – wie denn sonst? –, glattweg zu einem Jack Frost hätten werden können? Einem Amokläufer. Einem Kehlenaufschlitzer. Einem Liebstenmörder. Ja, wir hätten können! Das ist eben der Fluch unserer Freiheit, deren Segen wir dazu nützten, ein nettes kleines Leben zu führen, für das wir uns nicht akkurat zu schämen brauchen.

Freilich, das Wahnsinnsmotiv innerhalb des Freiheitspathos ist zunächst vor allem eines: selber Pathos. Wo die konventionellen Grenzen, die Urteile der „herrschenden Rationalität", nicht mehr anerkannt werden, dort wird zugleich die Vernunft, durch die sich die Hüter der Konvention auszeichnen, verdächtigt, eine innere Beziehung zur Repression zu unterhalten. Man kennt dieses Motiv aus der *Dialektik der Aufklärung*, wie sie besonders von Max Horkheimer und Theodor W. Adorno in ihrem gleichnamigen Essay aus dem Jahre 1947 beschworen wurde. Werden Vernunft und Repression zusammengedacht, so rückt umgekehrt die Freiheit ein in den Bilderkreis des Irrationalen, Subversiven, Surrealen – und eben auch des Wahnsinns. Klar, dass Genie und Wahnsinn zusammenphantasiert werden. Klar auch, dass unter diesem Vorzeichen die Kunst, welche Ausdruck eines verrückten („ver-rückten") Geistes ist, zugleich als höchster Ausdruck individueller Freiheit gepriesen wird.

Doch jeder weiß, dass im realen Elend des Wahnsinns, der Psychose, die Freiheit und das Individuum beschädigt sind und im Extremfall zugrunde gehen. Man muss also die Zweideutigkeit der Ausbruchsmetapher im Auge behalten: Der Ausbruch aus der Zwangsjacke der Konvention, des Ständischen und Stehenden (um mit dem *Kommunistischen Manifest* zu sprechen), endet bloß in einer neuen Zelle, falls der Ausbruch sozusagen ins Leere geht, ins soziale Nichts hinein, ins ethische Nirwana. Diese neue Zelle bedeutet den „Tod des Individuums", der in der Postmoderne ja auch gefeiert wurde zugunsten des Multi-Schizo und anderer Phantasmen der Befreiung des Selbst.

In unserem Zusammenhang geht es um die Frage des Sich-selbst-treu-Bleibens als Modus der Selbstachtung im Rahmen der neuzeitlichen Dynamik. Freiheit, das bedeutet zunächst, dass die sozialen Schranken und Zwänge langsam verschwinden. Nicht innerhalb ihrer soll sich der Einzelne zu der ihm gemäßen Individualität mehr herausbilden, sondern dadurch, dass er die Schranken und Zwänge „transzendiert". Das kann im Prinzip auf zweierlei Weise erfolgen: durch Aufstieg und durch Individualisierung.

Die Freiheit, sagten wir, ist von unten gesehen immer oben. Das ist die Perspektive des Aufsteigers. Und diese Perspektive wird zu einem mächtigen Vehikel des Strebens, sobald die ständische Gesellschaft durchlässig wird, indem sie sich in etwas grundsätzlich anderes zu verwandeln beginnt, nämlich in ein Gemeinwesen, das im bürgerlichen Besitzstand und im Verdienst als Folge herausragender Leistungen gute Gründe einer sozialen „Karriere" erblickt. Doch die Möglichkeit des Aufstiegs und die damit einhergehende Begehrlichkeit, nach „oben" zu kommen, sind allen komplexen Gesellschaften, die alle mehr oder minder korrupt sind, zueigen, also auch den ständischen. William Makepeace Thackerays Geschichte des Barry Lyndon mag hier Erwähnung finden, zumal sie sich heute einer größeren Bekanntheit erfreut. Denn Thackerays Roman *The Luck of Barry Lyndon* aus dem Jahre 1844 wurde von Stanley Kubrick 1975 zu einem Filmepos verarbeitet.

Angelegt ist die Handlung im Zeitraum zwischen 1750 und 1789. Redmond Barry entstammt verarmtem niederem Landadel. In einer korrupten Gesellschaft nicht schlecht gerüstet zum Überleben, mit körperlichen Vorzügen und geistigen Anlagen, „mausert" er sich durch Kriegsteilnahme und Betrug zu dem, was er schließlich ist: ein gebranntes Kind seiner Zeit, ein Nichtsnutz, Draufgänger und Falschspieler, dem es mit Charme und List gelingt, eine reiche adelige Witwe zu heiraten, die Countess of Lyndon. Durch unentwegte Bestechungsversuche, die Unsummen verschlingen, hofft Barry, in den Hochadel aufgenommen zu werden, um dadurch auch als Erbe gegen den ihn hassenden Stiefsohn, Lord Bullingdon, infrage zu kommen. Der Plan scheitert kläglich, Barrys Ende ist trist. Thackerays Geschichte lässt Barry im Gefängnis enden, Kubricks Film endet damit, dass Barry, der von seinem Stiefsohn zum Krüppel geschossen und aus dem Hause der Countess verjagt wurde, sein Leben fortan mit einer jämmerlichen Jahresrente fristen muss.

Die grausame und heimtückische Umgebung eines Menschen muss dessen Charakter nicht zerstören. Ein Mensch kann im Gegenteil, wie der brave Soldat Schwejk des Jaroslav Hašek (gestorben 1923), auf die Wahrung seiner Selbstachtung bedacht sein, und zwar durch eine schier unerschöpfliche Fülle an Tarnmanövern, anekdotischen Ablenkungen und Demonstrationen schlauer Trottelhaftigkeit. Niemand soll merken, wer er wirklich ist, jeder soll glauben, es gebe für ihn kein größeres Glück, als den lächerlichen Militärfatzken zu dienen, deren Borniertheit er andauernd scheinbar unabsichtlich bloßstellt. Aber Redmond Barry ist von vornherein aus einem anderen Holz geschnitzt. Er will vor allem sein Los verbessern, und sei es mit illegitimen, unwürdigen Mitteln. Sind nicht die anderen genauso wie er, sind sie nicht auch bereit, alle Mittel einzusetzen, um sich dadurch soziale Vorteile zu verschaffen? Deshalb ist er der ideale Aufsteigertyp. Ihm stellt sich das Problem nicht, wie man sich unter widrigen Lebensumständen, die einen an den Rand des Ruins und sogar des Todes bringen, selbst treu bleiben könne.

Barry Lyndons Versuche, durch die Verleihung eines entsprechenden Titels in den Hochadel aufgenommen zu werden, sind daher

„würdelos". Jedenfalls empfindet das der Betrachter so, der gleichsam aus dem Lehnstuhl heraus urteilt. Doch obwohl sich aus dem Lehnstuhl heraus leicht urteilen lässt, fällt an Barry Lyndon doch ein Defekt auf, der für das Aufsteigersyndrom ganz allgemein typisch ist. Um erfolgreich aufsteigen zu können, muss man sich, das heißt: seine Herkunft, seine Erziehung, seine Gewohnheiten, *verleugnen*. Man muss ein anderer werden als der, der man einmal gewesen ist. Das wird von den Aufstiegsbegehrlichen zumeist nicht als Defizit verbucht – und tangiert daher selten ihre Selbstachtung –, weil sie ja den Platz, nach dem sie streben, den Platz an der Sonne, zugleich als etwas *objektiv Erstrebenswertes* betrachten. Der Bürger als Edelmann: das ist die, von außen betrachtet, ihrer selbst entfremdete Figur, die sich bemüht, die Sitten, Konventionen, Ansichten der Aristokratie zu übernehmen, um zumindest als im Wesen „adelig", also vornehm, durchgehen zu können.

Sehen wir einmal vom theoretischen Werk des Norbert Elias zum Prozess der Zivilisation ab, dann verdanken wir Marcel Proust die detailreichste literarische Schilderung der zur Debatte stehenden Dynamik. Im ausgehenden 19. Jahrhundert, dem *fin de siècle,* ist der französische Hochadel schon anachronistisch geworden. Doch dessen Einfluss auf Salons und Sitten bleibt für jene überragend, die aus ihrer bürgerlichen Lage heraus begehrlich nach oben schielen, nach dorthin, wo die Letzten des alten Geschlechts der Guermantes im Faubourg Saint-Germain residieren. Was ist dort gerade „in", was „out"? Prousts *A la recherche du temps perdu* zeigt, episodisch und verstreut auf mehr als 4000 Seiten, die Aufsteigermimikry wie unter dem Mikroskop. Aber so wie man den Konvertiten in allen Religionen insgeheim verachtet – ist er doch seinem alten Glauben oder Unglauben untreu geworden –, so verachtet man auch den Aufsteiger, und zwar sowohl von oben herab als auch von unten, wo man ihn zwar beneidet, aber mit jenem schiefen Grinsen, das denen gilt, die sich „übernommen" haben.

Proust selbst, der Bürgerliche, ist dank der Angesehenheit und des Wohlstands seiner Familie kein Aufsteiger. Er hat Freunde aus dem Hochadel, die ihn gerade deshalb respektieren, weil er gesellschaftlich nicht mehr sein will, als er ist: ein Liebhaber der Künste, ein attraktiver Liebhaber für feinsinnige, hochgebildete Männer (im Roman verschleiert), ein in den Salons gerne gesehener Gast, von dem es heißt, er sei dabei, sein großes Werk zu schreiben. Prousts Roman, in dem Themen dominieren wie Liebe, Eifersucht, der Kampf um soziale Reputation und die degenerierte Existenzform jener Adelskreise, die keiner Reputation bedürfen, ist das Thema der Selbstachtung praktisch fremd.

Man kann nicht sagen, dass Proust die moralische Seite seiner Personen – einschließlich seiner selbst – gleichgültig wäre. Wir erhalten von ihm lange Schilderungen der Großzügigkeit, aber auch Grausamkeit in den Beziehungen zwischen Menschen, die einander nahestehen. Er verurteilt, oder besser: er mokiert sich über die Vergnügungssucht des Adels, die Gehässigkeit der Aufsteiger, das leere und dumme Geschwätz der Salongesellschaft, die keine Wahrheit, keine Gerechtigkeit kennt, bloß ihr Meinungsfähnchen nach dem wechselnden Wind hängt, namentlich in der Affäre Dreyfus, welche die französische Nation erschütterte. Dennoch bleiben für Proust die Fragen, die wir hier diskutieren, weitgehend bedeutungslos.

Mag sein, das hat damit zu tun, dass Selbstachtung in den Aufsteigerkreisen – man denke an den Salon der bürgerlichen Madame Verdurin, der mehr und mehr tonangebend wird – gar keine moralische Kategorie ist. Es handelt sich eher um eine Kategorie des sozialen Darwinismus. Man will diejenigen Personen um sich scharen, die alle anderen auch gerne bei sich sehen würden. Verdurins „Getreue", die zunächst eine lächerliche Truppe bilden, werden sukzessive erweitert und ausgetauscht, bis zu ihnen Künstler und Personen des öffentlichen Lebens gehören, die man allgemein hofiert. Dabei wird Madame Verdurin nicht müde, allen, die es hören oder auch nicht hören wollen, zu versichern, dass sie sich selbst stets treu bleibe: in ihren Idealen, die sie nicht hat; in ihrem Geschmack, den sie an den Moden der Zeit ausrichtet, und sei es nur, um ihnen „gegenzusteuern"; in ihren Ansichten, die bis zu einem gewissen Punkt immer mit denen übereinstimmen, die gerade „chic" sind.

Doch es kommt dann irgendwann der Punkt, an dem die bürgerlichen Oberschichten sich als die neue soziale Avantgarde gegen die Dekadenz des Adels zu behaupten beginnen. Nach Abschluss dieser Konsolidierungsphase rückt die Frage der Selbstachtung wieder in den Vordergrund. Man hat nun eine eigene Kultur, die gesellschaftlich den Ton angibt. Man hat „Werte", die es zu fördern, zu pflegen und, wenn nötig, auch dem Zeitenwandel anzupassen gilt. Das Bürgertum ist eine ausdrücklich „aufgeschlossene" und in ihren socialliberalen Auslegern fortschrittliche Kultur. Für die Jeunesse dorée und ihre bereits „ethisch" und explizit politisch denkenden Erben wird es zu einem Nerv der eigenen Identität, dass man sich selbst am besten treu bleibt, wenn man beim erreichten Stand der Dinge nicht stehenbleibt, sondern die alten Verhältnisse modernisiert.

Das Bürgertum verinnerlicht Mobilität, indem es den Fortschritt – ökonomisch, technisch, kulturell – veräußerlicht. Schließlich entsteht auch das revolutionäre Element als geistige Formation der Moderne aus dem Bürgertum. Und erst die Revolution als Aufstand der werktätigen Massen wird keine genuin bürgerliche Angelegenheit mehr sein, sondern eine explizit „proletarische".

12.
Sich selbst verwirklichen

Aber der bürgerliche Mensch begründet nicht eine Kultur, in der man sich einfach selbst dadurch treu bleiben könnte, dass man die typisch bürgerlichen Werte verkörpert. Denn im Zentrum des bürgerlichen Wertekanons steht die Autonomie. Was ist das? Nun, Autonomie als Lebensmaxime meint, oberflächlich gesehen, dass man frei zu sein beansprucht, sich für die Art und Weise zu entscheiden, wie man „der wird, der man ist". Tatsächlich ist ja der moderne Mensch von vornherein der Vorstellung anheimgegeben, dass er zwar im Rahmen des Sozialen einen bestimmten Platz einnimmt, aber dies kraft eines Wesens tut, das sich in seiner Wesentlichkeit durch keine soziale Konvention definieren lässt. Das ist das Paradox der modernen Individualität.

Der Mensch als Individuum muss sich immer erst selbst „erfinden". In der bürgerlichen und nachbürgerlichen Gesellschaft mit ihren Mittelschichten wird der Selbstverwirklichungsdiskurs auf Dauer gestellt. Er ist in Wahrheit die unendliche Analyse, von der Sigmund Freud gesprochen hat. Unendlich deshalb, weil das Sich-selbst-Finden als ein Modus des Sich-selbst-Erfindens meint, dass man nicht mehr einfach – wie bei Aristoteles-Kant – auf ein Potential wesentlicher Personmerkmale zurückgreifen kann. Der radikale Selbstverwirklichungsdiskurs geht davon aus, dass ich selbst es bin, der darüber entscheidet, welche meiner Eigenschaften für mich wesentlich sind und welche nicht. Die Natur hat da zwar ein Wort mitzureden, aber doch nur ein untergeordnetes. Sagt die Natur, dass ich hässlich bin, so liegt es an mir, meine Hässlichkeit als die mir ureigene Form, attraktiv zu sein, mir selbst und den anderen begreiflich zu machen. Das ist der Weg der Selbstverwirklichung ...

Ich wählte gerade ein extremes Beispiel. Damit wollte ich die hier aufbrechende Problematik deutlich werden lassen. Denn Selbstverwirklichung ist keine gewöhnliche Art der Selbstfindung. Letztere setzt einen Rahmen voraus, der mir gewisse Richtlinien vorgibt: meine Naturanlagen, meine soziale Stellung. Mit der Individualisierungsutopie geht jedoch eine metaphysische Freiheitsvorstellung einher, die im Existenzialismus regelrecht zelebriert und zugleich mit tragischen Untertönen vorgetragen wird. Freiheit ist nicht nur

„Wahnsinn", man verfehlt sie auch notwendig. Sie ist Wahnsinn insofern, als sie total ist. Der Einzelne, der sich selbst finden möchte, findet immer nur dies: die Freiheit, sich entscheiden zu müssen, in welcher seiner möglichen Verwirklichungsformen er sich als der erkennen möchte, der er wesentlich ist.

Eine solche „Offenheit" ist keine Grundlage für eine praktizierbare Strategie der Selbstverwirklichung. Denn letzten Endes verdammt sie den Einzelnen dazu – „zur Freiheit verdammt zu sein", war *die* existenzialistische Losung –, ohne ein Wesen zu haben sich dennoch für das je eigene Wesen zu entscheiden. Wie aber soll so etwas gehen, wenn man sich dabei nicht zugleich selbst „objektiviert", sich zu seinem eigenen Objekt macht und dabei so tut, als sei man sich selbst untertan, das heißt: gar keine wirklich freie Subjektivität?

Klarerweise ist diese Sicht der Freiheit nicht bloß eine Dramatisierung, sondern eine Überdramatisierung. Niemand ist frei in dem Sinne, in dem die Existenzialisten davon reden. Aber dessen ungeachtet drückt sich noch in der Überdramatisierung ein Problem der modernen Selbstverwirklichung aus: Alles muss erst von mir als das, was mich in meinem Wesen bindet, angeeignet werden, um zu einem Bestandteil meines wahren Selbst werden zu können – desjenigen Selbst, mit dem ich mich identifiziere, weil ich dieses Selbst *bin*. Das ganze Modell der modernen Selbstverwirklichung erinnert an die Geschichte vom Baron Münchhausen, der sich beim eigenen Schopf aus dem Sumpf zieht.

Wer nach sich selbst sucht, braucht etwas, das schon, wie auch immer erst ansatzweise, da ist, um gefunden zu werden. Das, was immerhin auffindbar ist – meine Natur, mein Wesen, mein Potential –, lässt sich nicht durch Freiheit ersetzen. Dem widerspricht jedoch, dass meine Freiheit im radikalen Sinne eben auch meint, dass ich mich gegen alles, was an mir Natur, Wesen, Potential ist, zu *entscheiden* vermag. Meine Freiheit besteht darin, sagen zu können: Das bin nicht ich, nicht *wirklich* ich!

Allerdings stehe ich dann wieder vor derselben „existenziellen" Problematik: Da es mir freisteht, mich für oder gegen meine Natur zu entscheiden, ist die eine Entscheidung so wenig ein Ausdruck meines wahren Selbst, meines „Wesens", wie die andere. Einzig die Freiheit der Entscheidung scheint mein Wesen auszudrücken. Aber gerade darin unterscheide ich mich *nicht* von den anderen, und daher ist gerade unsere Freiheit nicht das, wonach wir suchen: unser wahres individuelles Selbst. Und doch haben wir, so betrachtet, kein anderes!

Die moderne Idee der Freiheit besagt, dass der Mensch das Wesen ist, das kein Wesen hat. Es ist diese Paradoxie, welche dann bis hinein in die Lebensvollzüge des Alltags das Problem verschärft, was es bedeuten könnte, sich selbst treu zu bleiben. Es gibt eine ganze „Diskurs"-Kultur, die das Phänomen des Sich-selbst-treu-Seins und Sich-selbst-treu-Bleibens direkt aus der Freiheit des Einzelnen abzuleiten versucht:

„Ich mache nur das, was ich für richtig halte."
„Und was hältst du für richtig?"
„Jedenfalls nichts, was ich nicht selbst für richtig halte."
„Und wie weißt du, dass das, was du machst, weil du es selbst für richtig hältst, tatsächlich das Richtige *ist?*"
„Einfach deshalb, weil ich es nicht machen würde, wenn ich es nicht selbst für richtig hielte ..."

Derlei Überlegungen können ins Endlose weitergeführt werden. Solange sie sich nicht auf ein Wesen zurückbeziehen lassen, ein zumindest im Kern vorhandenes Wesen, das die Identität der Person, die sich bewähren möchte, definiert, bleibt alle Wesenssuche Spiegelfechterei ins Leere hinein.

Dabei darf die Wesensdefinition, die ja zugleich die Individualität einer Person festlegt, ihr nichts Äußerliches sein. Die Person muss ihr Wesen als ihr Innerstes erkennen, als das, was sie bindet, ohne ihr bloß von außen, durch Naturgesetze, Charakter, Umstände, auferlegt zu sein. Entweder das Leben, auf das man von innen her, von seiner eigenen Perspektive aus blickt, lässt einen erkennen – und sei es nur wie vage, verfließende Schatten durch einen dichten Nebel hindurch –, dass man eine „Bestimmung" hat; oder die Freiheit, auf die man sich beruft, läuft leer, weil man nicht ahnen, nicht wissen kann, was man wirklich will: weil man sich an das, was man wirklich will, nicht heranzutasten vermag.

Der Mensch – das ist meine These –, der auf nichts weiter als seine Freiheit pocht und dabei behauptet, in ihr liege seine Selbstachtung begründet, verfällt einer Täuschung. Denn in jedem Fall, in dem ich mich frei entscheide, habe ich auf folgende Herausforderung zu antworten: Warum hast du dich für A und nicht für B entschieden? Und warum hast du dich überhaupt entschieden? Darauf kann ich nicht einfach antworten: „Weil das eben mein Charakter ist." Denn der Charakter ist öfter ein Grund, sich nicht auf ihn zu berufen, weil sich in ihm eine eigensüchtige, böse Neigung verkörpert. Ich kann aber ebenso wenig antworten: „Weil es mir frei stand, mich so und nicht anders zu entscheiden." Denn auch die Freiheit, sich so oder anders zu entscheiden, ist an sich kein guter Grund für die eine oder andere Alternative, für A oder B (oder keines von beidem).

Um mich in dem, was ich aus meiner Freiheit heraus tue, selbst achten zu können, muss ich dieses mein Tun als eine Form der Bewährung begreifen, das heißt, mir selber und anderen als Wertgeschehen verständlich machen können. Dazu bedarf es einer *Bedeutung*, die sich in einem Augenblick meines Lebens eröffnet oder durch mein Leben hindurch entfaltet, und die von mir in jedem Fall als *respektabel* erkennbar sein muss.

Dass die Freiheit, um deren äußere Bedingungen so sehr gerungen wurde in der Geschichte der Staaten und Individuen, sich am Schluss, als die Freiheit zur Selbstverwirklichung, an keinen unumstritten objektiven Werten mehr zu orientieren vermag – das ist einer der seltsam verqueren Züge der Moderne. Er wird, gerade in den entwickelten Demokratien des Westens, eine Reihe von typischen Reaktionen hervorbringen, die alle irgendwie krisenhaft anmuten.

Am augenfälligsten ist natürlich, dass gerade die gebildeten Mittelschichten, die über genügend Ressourcen verfügen, um sich „selbst zu verwirklichen", eine höchst reizbare Kultur der höchstpersönlichen Autonomie hervorbringen. Diese Kultur schärft dem Einzelnen ein, auf Einschränkungen seines vermeintlichen Selbstverwirklichungsstrebens eminent empfindlich zu reagieren, was gerne in die Beschwerdeformel vom „mangelnden wechselseitigen Respekt" verpackt wird. Und die Schwelle nun, unter welcher dem jeweils anderen unzulässige Hindernisse oder nicht tolerierbare Rohheiten auf dem Weg zur Selbstverwirklichung begegnen, liegt so hoch wie noch nie. Sie liegt für viele zu hoch, um eine zufriedenstellende Langzeitbeziehung etablieren zu können.

Schon Halbwüchsige haben oft das Gefühl, von ihren Eltern nicht hinreichend „respektiert" zu werden. Und die Erwachsenen müssen entdecken, dass alle Versuche, eine Paarbildung auf Dauer zu stellen, daran zu scheitern drohen, dass der unsensible Partner nicht genügend „Verständnis" für die Selbstverwirklichungsperspektive seines frustrierten Gegenübers hat. Ich sage „Perspektive", denn meistens basieren die Vorwürfe, an der Entfaltung des eigenen Selbst gehindert zu werden, auf phantasierten Möglichkeiten, die man ohnehin nie ernsthaft ergriffen hätte.

Man wollte zum Beispiel schon immer mehr Zeit für sich haben oder sehnte sich danach, vom Partner mehr Aufmerksamkeit geschenkt zu bekommen. Tritt jedoch der erwünschte Fall tatsächlich ein, dann scheint sich die Beziehungsmalaise nur zu vertiefen. Mit der freien Zeit weiß man nichts anzufangen, außer, dass man sie benützt, um sich darüber klar zu werden, was im Leben bisher alles schiefgelaufen ist, bis hin zu dem Punkt, an dem man nun nicht einmal mehr mit seiner Freizeit etwas anzufangen weiß. Beginnt einem hingegen der Partner plötzlich größere Aufmerksamkeit zu schenken, fühlt man erst recht die Hohlheit der ganzen Beziehung (hinter der vermehrten Zuwendung steckt kein „echtes Gefühl", man selbst fühlt sich höchstens „betreut", nicht „wirklich geliebt") – eine Hohlheit, die man sich schon vor langem hätte eingestehen und woraus man „ehrlicherweise" die Konsequenzen hätte ziehen sollen.

Im Schattenboxen um Selbstachtung und darum, sich selbst treu zu sein, oder besser, wenn auch grammatisch fragwürdig: sich selbst treu zu werden, spielt das Motiv der „Ehrlichkeit" eine verdächtig dominante, eine geradezu verzweifelte Schlüsselrolle. Ehrlichkeit setzt ja voraus, dass es eine *Wahrheit* gibt, der man zu entsprechen versucht. Die Dauerklage, man habe bis jetzt in seinem Leben viel zu viel auf andere gehört, sich herumschubsen lassen, sklavisch den Wünschen des Partners entsprochen, während man die Stimme des eigenen Inneren, des eigenen Herzens oder Bauches, missachtete, hat zur Voraussetzung, dass es eine solche, eine „existenzielle" Wahrheit gibt. Und dabei besteht die tiefer liegende Wahrheit all dieser Dramolette und Dramen des modernen Menschen bloß darin, dass jeder so krampfhaft an seiner zugleich fixen und vagen Idee von Selbstverwirklichung festhält, weil dahinter nichts steht außer eine „Entscheidung", die ebenso gut hätte anders ausfallen können. Oft geht es auch nur um das quälende Gefühl, sich endlich entscheiden zu sollen.

Je stärker, hartnäckiger, verzweifelter Ehrlichkeit in den Beziehungen eingefordert wird, umso bohrender wird ein Gefühl der Entfremdung, das man wie einen Daseins-Tinnitus durch ein noch lauteres Wehklagen über die mangelnde Authentizität des eigenen Lebens zu übertönen versucht. Dieses Entfremdungsgefühl hat seinen Grund in der fundamentalen *Unehrlichkeit der Ehrlichkeitsforderung*. Denn die Wahrheit unserer Freiheit ist es, kein Wesen zu haben, das heißt, keine persönliche Wahrheit, die uns als Auftrag vorgegeben wäre und die wir deshalb auch verfehlen könnten. Wofür wir uns insgeheim missachten, ist, dass wir, *als radikal Freie,* zur Selbstachtung von Grund auf gar nicht befähigt sind.

„Von Grund auf": Damit ist gemeint, dass es in unserem Leben zwar viele Momente und Sachlagen, moralische und persönliche Einzelheiten gibt, in denen wir uns bewähren können (so wie sich der Spieler in seinem Spiel nach gewissen Regeln zu bewähren vermag);

dass es jedoch nicht die „Wahrheit unseres Lebens" gibt, an der wir mit einer Lebenslüge scheitern könnten. Dafür fehlt uns, seitdem wir im modernen Sinne frei zu sein behaupten, das ontologische Fundament, das uns als Absoluthorizont des guten Lebens, Gegebensein von Naturanlagen oder Schicksalsdialektik herauszufordern und zu rechtfertigen vermöchte. Denn die Freiheitsbehauptung schließt die Leugnung ebenjenes Fundaments mit ein!

So gesehen ist die grundsätzlich krisenhafte Sicht der Selbstverwirklichung hervorgerufen durch eine Absolutsetzung der Freiheitsforderung, die ihrerseits das Ergebnis des historischen Kampfes um die Befreiung des Einzelnen aus den sozialen Zwängen war, den Standesregeln und Konventionen. Freiheit, absolut gesetzt, erzeugt keine Form, geschweige denn eine von innen heraus gelebte Individualität; sie verstärkt eher das Problem der existenziellen Entropie, das sich in jedem Leben als nicht integrierbare Unordnung zeigt.

Und Freiheit, absolut gesetzt, ist außerdem ein Mythos, der existenzialistische Mythos. Eine solche Freiheit gibt es nicht. Denn in dem, was wir als Freie tun, bleiben wir, falls wir uns überhaupt im Griff haben, im Guten wie im Schlechten ein zunächst ungeformtes „Werk", sowohl unseren Anlagen als auch den Werten verpflichtet, die unsere Pflichten anderen und uns selbst gegenüber definieren. Beide Momente zusammen bilden unser *Individualitätspotential*, dessen Realisierung darüber entscheidet, ob und in welchem Ausmaß wir uns selbst treu bleiben.

Denke ich daran, was es heißen könnte, mir selbst treu zu bleiben, so denke ich darüber nach, was mir die Idee des guten Lebens bedeutet. Dabei bin ich in Gedanken bei allen, die mir gleich sind, also, ethisch gesehen, bei der ganzen Menschheit. Aber das ist noch nicht alles. Denn sich selbst treu zu bleiben, ist wie ein Versprechen, das man sich selbst gibt, und eine Hoffnung, die man dem eigenen Leben zumutet.

Wenn diese Hoffnung zu hochtrabend scheint, weil die Möglichkeiten des Lebens keinen glänzenden Horizont aufblitzen lassen, dann hofft man zumindest, am Ende sagen zu dürfen, dass man mit dem einverstanden sein kann, was aus einem geworden ist, indem man aus den Wechselfällen des Lebens, die einem widerfuhren, das Beste zu machen versuchte. Es mag auch, gleichsam am Ende des Tages, ein Einverständnis mit Schicksalsschlägen, ja sogar mit dem eigenen Scheitern geben.

Und auf die eine oder andere Weise scheitern wir notwendig alle, an unserer Natur, an den anderen, an der Beschränktheit der Mittel, an den Nöten und Krankheiten des Alters. Das alles muss unsere Selbstachtung nicht vernichten, sonst wäre sie nichts weiter als eine Geißel, um uns zu foltern. Am Ende des Tages sollte es eine Geschichte zu erzählen geben, aus der hervorgeht, wie wir uns immer wieder verloren haben, wie wir da und dort vom Weg abgekommen sind, wie uns gelegentlich Steine in den Weg gerollt wurden – und wie wir uns letzten Endes doch selbst treu geblieben sind.

GLEICHE UNTER GLEICHEN

Ich will hier eine ganz unbedeutende Anekdote erzählen, welche mir damals stärkeren Eindruck machte als irgendeine Geschichte von Grausamkeit. Ich setzte auf einer Fähre mit einem Neger über, der ganz ungewöhnlich dumm war. Bei den Versuchen, mich ihm verständlich zu machen, sprach ich laut und machte Zeichen, wobei ich mit der Hand dicht an seinem Gesicht hinfuhr. Ich vermute nun, er glaubte, ich sei leidenschaftlich erregt und wolle ihn schlagen; denn sofort ließ er mit einem erschreckten Blick und halbgeschlossenen Augen die Hände herabsinken. Ich werde niemals mein Gefühl von Überraschung, Widerwillen und Scham vergessen, wie ich sah, dass ein großer, starker Mann sich fürchtete, einen, seiner Meinung nach, gegen sein Gesicht gerichteten Schlag auch nur abzuwehren. Dieser Mann war in einem Zustand der Erniedrigung erzogen worden, tiefer als die Sklaverei des allerhilflosesten Tieres.

Charles Darwin, 18. April 1832,
auf einer Exkursion in Rio de Janeiro

13.
DARWINS SKLAVE

Charles Darwins Entsetzen – ein „Gefühl von Überraschung, Widerwillen und Scham" – über den Schwarzen, dessen Sklavenmentalität ihn auf einen Zustand herabbringt, der tiefer liegt als die „Sklaverei der allerhilflosesten Tiere"[40], enthält kein unmittelbar moralisches Urteil, es sei denn ein solches gegen die Sklaverei an sich. Denn der Schwarze ist ein Opfer der Verhältnisse, in denen er erzogen wurde. Er hat gelernt, die Wut seines Herrn zu erkennen, und wenn es dem Herrn gefällt, ihn zu schlagen, sein Sklavengesicht unterwürfig hinzuhalten. Wodurch könnte sich das vollkommne Fehlen der Selbstachtung eines Menschen krasser ausdrücken? Und wodurch könnte ein Mensch in seiner Persönlichkeit schlimmer beschädigt werden als dadurch, dass ihm jeder Impuls, sich selbst zu achten (und sich daher den Schlägen des Herrn wenigstens passiv zu widersetzen), ausgetrieben wurde?

Was Darwin entsetzt, mit Widerwillen und Scham erfüllt, ist nicht der Umstand der Dienstbarkeit. In jemandes Dienst zu stehen, braucht die Selbstachtung eines Menschen selbst dann nicht zu zerstören, wenn die Dienstbarkeit den Verzicht auf Rechte bedeutet, die dem „freien Menschen" zustehen. Es wäre ja grotesk und würde darüber hinaus auf einer völkerkundlichen Kurzsichtigkeit beruhen, wollte man all den Menschen, die in der Geschichte mit eingeschränkten Rechten lebten, den Angehörigen niederer Stände, den Frauen, den Fremden, immerfort die Fähigkeit zur Selbstachtung absprechen.

Es steht hier nicht zur Debatte, dass es Umstände gegeben hat und in gewissen Teilen der Welt noch immer gibt, die eine Pragmatik der Ungleichheit rechtfertigen mögen. Aber wie für jede Pragmatik, so gilt auch für diejenige der Diskriminierung: Sie ist ein Produkt von Notständen und gilt daher nur so lange, als jene Notstände nicht anders als durch diskriminierende Maßnahmen beherrscht werden können, die das Risiko eines größeren Unglücks tatsächlich minimieren.

Manchmal ist sogar eine Diktatur besser als der Ausbruch eines Bürgerkriegs, in dem sich die verfeindeten Lager niedermetzeln und eine Enthemmung unvorstellbarer Brutalitäten stattfindet. Nicht selten freilich sind es gerade die despotischen Verhältnisse selbst, die an solchen Enthemmungen die Hauptschuld tragen. Dafür liefern die Vorfälle in den Hungerregionen der Welt fast jeden Tag Belegmaterial. Diktatorenclans und ihre Protegés, zu denen nicht selten bestimmte ethnische oder religiöse Gruppen gehören, sowie deren militärische Helfershelfer treiben die Korruption, Misswirtschaft und Menschenschinderei bis an den Punkt, an dem die verhasste „Volksregierung" endlich gestürzt und damit erst recht der Weg zu Anarchie und Blutvergießen, zu Völkermord und Massenvertreibung eröffnet wird.

Das alles unterscheidet sich grundlegend von der „Dienstbarkeit" jenes schwarzen Sklaven, über den uns Darwin berichtet. Es ist unter menschlichen Bedingungen keine Ordnung denkbar, die es rechtfertigen könnte, Menschen ihrer Selbstachtung zu berauben, ja mehr noch, sie in einen Zustand zu versetzen, in dem für sie das Konzept der Selbstachtung – falls sie es überhaupt verstehen – als etwas erscheinen muss, was nur für die Anderen (mit großem „A"), nämlich für die Mitglieder der Herrenklasse, von Bedeutung ist.

Erstens nämlich ist eine solche Ordnung sogar unter der Voraussetzung, dass man eine sehr schlechte Meinung von der menschlichen Natur haben sollte, in keinem Fall eine irgendwie wahrscheinlich anmutende Voraussetzung für das Überleben einer Gesellschaft, es sei denn einer solchen, die ausschließlich dazu da wäre, einer Schicht von Schmarotzern unter allen Umständen das bestmögliche Leben zu sichern. Das wäre aber eine andere Ausgangslage – und vor allem eine ethisch unter allen Umständen verwerflichere – als jene, die darin besteht, das Überleben der ganzen Gesellschaft nicht anders als durch gewisse Maßnahmen der Diskriminierung, des Entzugs von Freiheiten und Rechten, gewährleisten zu können.

Zweitens jedoch, und damit komme ich zu meinem zentralen Punkt: Sollte es sich tragischerweise herausstellen, dass das Überleben der Gesellschaft nur gesichert werden kann, indem man einer Gruppe von Menschen, „Sklaven" genannt, die Fähigkeit zur Selbstachtung oder den Glauben daran nimmt, ein Recht auf Selbstachtung zu haben, dann wäre auch *das* noch keiner guter Grund für eine derartige Misshandlung – eine Misshandlung, die zu Darwins Sklaven führt. Besser keine Gesellschaft als eine solche!

Wir sind heute, im Zeitalter des Evolutionismus, daran gewöhnt, auf unser tierisches Erbe zu achten. Wir betonen die Kontinuität zwischen uns und unseren tierischen Vorfahren. Das geschieht teilweise, in bester wissenschaftlicher Absicht, bis zu einem Punkt, wo uns die

Diskontinuität zwischen uns und den Tieren zu entgehen beginnt. Das ist kein Wunder, denn mit Bezug auf alle körperlichen und auch, wie sich immer mehr zeigt, geistigen Eigenheiten – anthropozentrisch gesagt: „Vorzüge" des Menschen – gibt es Ansätze und Vorformen im Animalischen. Tierische Gesellschaften, zumal die der höheren Säuger, haben bereits eine Art komplexe Moral, und gewisse hochentwickelte Spezies, besonders die Menschenaffen, scheinen über Selbstbewusstsein zu verfügen, mit Zeichen hantieren und einfache Rechnungen ausführen zu können. Das alles lässt sich unter dem Vorzeichen der Kontinuität abhandeln. Im Phänomen der Selbstachtung zeigt sich jedoch eine Stufe des Menschlichen, die zu komplementären Überlegungen Anlass gibt: Hier obwaltet ein Moment der Diskontinuität.

Denn die Selbstachtungsanalogie im Tierreich gründet in der Fähigkeit zur Dominanz und außerdem darin, gewisse angesehene soziale Funktionen erfüllen zu können. Je höher ein Tier, ob Männchen oder Weibchen, in der Hierarchie steht, umso mehr „Achtung" wird ihm von den anderen Mitgliedern der Horde entgegengebracht. Die Verweigerung der Achtung, sei es beim Fressen, sei es anderweitig, etwa beim Groomen oder im Umgang mit Sexualpartnern, wird handgreiflich sanktioniert. Zumindest eine Form indirekter Achtung genießt das sexuell attraktive Weibchen, weil es begehrt ist und in der Regel nur von hochrangigen Männchen beschlafen wird, die es zugleich vor *sexual harassment* schützen und ihm seinen sozialen Platz sichern. Achtung wird ferner dem Weibchen gezollt, das in seiner Eigenschaft als Mutter für das Überleben der Gruppe sorgt. Aber in all diesen Fällen ist die Achtung ein Ergebnis der Funktion. Den Schwachen und Alten, besonders den kinderlosen Alten, die zu nichts gut sind und keine Beschützer haben, wird keine „Achtung" entgegengebracht. Sie werden geduldet, müssen es aber auch dulden, immer die Letzten zu sein, ob beim Fressen oder beim Sex oder bei der Belegung der guten Ruheplätze.

Wie empfinden soziale Tiere am unteren Rand der Gemeinschaft ihre Stellung? Wie ist es, ein Omega-Individuum, ein Paria der Horde zu sein? Das sind möglicherweise keine sinnvollen Fragen, weil wir uns ja nur vorstellen können, wie es wäre, aus unserer menschlichen Sicht der Dinge heraus uns als Omega-Individuum fühlen zu müssen, von niemandem respektiert zu werden, immer in Gefahr, den Unmut der Höherrangigen herauszufordern, weggestoßen zu werden und fressen zu müssen, was die anderen übrig lassen; bestenfalls unbeachtet zu bleiben und für den Fall, dass man nicht einsam sein möchte, sich bei anderen anzubiedern, indem man ihrer Bequemlichkeit dient. *Und eben hier wird die Diskontinuität sichtbar.* Denn auch wenn wir annehmen, dass derart niederrangige Tiere die spezifischen Leiden eines Niederrangigen hinnehmen müssen, so werden sie doch nicht unter dem leiden, was wir als das Elend jenes Menschen kennen, den die anderen nicht achten und der sich deshalb selbst nicht zu achten imstande ist.

Zwar ist es gut belegt, dass hochrangige Tiere, die, alt geworden, von ihren jungen Rivalen die soziale Hierarchie hinuntergekämpft werden, bis sie sich machtlos an den Rand der Gruppe begeben, rasch Formen des psychischen Niedergangs zeigen, apathisch werden und nicht selten verfrüht sterben. Doch kann man sagen, dass ihnen dies deshalb widerfährt, weil sie die Achtung der anderen und damit zugleich ihre Selbstachtung verloren haben? Weil sie sich würdelos fühlen? Natürlich kann man das *so* nicht sagen. Denn wie wir gesehen haben, ist Selbstachtung ein moralisches Konzept, das zur Voraussetzung hat, dass man um den Besitz unaufgebbarer Rechte weiß. Tiere wissen nichts von Rechten. Und sie wissen daher auch nichts darüber, dass sie gewisse Rechte nur um den Verlust ihrer Selbstachtung ignorieren könnten.

Darwins Sklave befindet sich noch unterhalb der Stufe des allerniedrigsten Tieres, weil er die Unschuld des Tieres nicht mehr besitzt. Zwar mag er, wie Darwin betont, dumm sein. Dennoch ist er als Mensch zugleich ein moralisches Subjekt. Als solches mag er gelernt haben, in einer Gesellschaft der Standesunterschiede zu leben, und er mag akzeptiert haben, dass er zu denen gehört, die auf der untersten Ebene ihr Leben fast rechtlos zu fristen haben. Aber gerade die Möglichkeit, Ungleichheit als kulturelle Gegebenheit zu begreifen (wie immer auch rudimentär), und darüber hinaus zu begreifen, dass man zu den Rechtlosen gehört, setzt zugleich voraus, dass man begreift, was Rechte sind und worin das Achtenswerte des Verfügens über Rechte besteht. Es setzt voraus, dass man einen (wie immer auch schlichten) Begriff von Achtung hat, der einen (wie immer auch unentfalteten) Begriff von Selbstachtung einschließt.

Das ist die Diskontinuität gegenüber dem Tier in seiner „Unschuld", das heißt, seiner Nicht-Moralität. Der Sklave, von dem uns Darwin mit Schaudern berichtet, wurde von Unmenschen in einen Zustand versetzt, in dem er das Konzept der Selbstachtung nicht mehr versteht, obwohl er doch, als Mensch, ein moralisches Subjekt sein sollte. Er wurde damit seiner Menschlichkeit beraubt, was nicht dasselbe ist, wie zum Tier zu werden. Auf die Ebene der tierischen Unschuld kann kein Mensch zurück.

Dennoch ist am Konzept der Selbstachtung etwas, was es von anderen moralischen Konzepten abhebt. *Man kann seiner Selbstachtung ohne eigene Schuld verlustig gehen oder beraubt werden; man kann auch ohne eigenes Verschulden daran gehindert werden, sich jemals um Selbstachtung (und die Achtung der anderen) zu bemühen.* Es ist dieser Zug, der uns an die Basis unseres Moralischseins heranführt. An der Basis verschmilzt unsere Autonomie mit unserer Natur.

Wir tragen unser tierisches Erbe mit uns herum, und in unseren tiefsten moralischen Sentiments tragen wir es auch aus. Was sich mythologisch als Schicksal darstellt und naturrechtlich als Anlagen und Fähigkeiten, die uns – nach dem Wort von Kant – „gegeben" wurden, das findet sich auf der biologischen Ebene wieder: Das Konzept der Selbstachtung hat seine Basis in unseren Genen ebenso wie in unserer Transzendenz, die uns dazu befähigt, als die Personen, die wir sind, frei zu handeln und daher schuldig vor uns selbst werden zu können.

Das „Sprachspiel" der Moral bindet die Vorstellung, dass jemand ein moralisches Subjekt sei, an die Möglichkeit, aus eigenem Antrieb gegen Regeln zu verstoßen oder sie zu befolgen. Denn nur so erhalten Begriffe wie Verantwortlichkeit und Schuld einen Sinn. Indem man für das, was man tut oder nicht tut, selbst verantwortlich ist, ist es auch der Fall, dass man schuldig werden kann. Klarerweise ist der Verantwortlichkeitsbegriff, der hier zur Diskussion steht, nicht widerspruchsfrei zu erhellen, wenn man von vornherein bestreitet, dass Personen in der Lage sind, „aus sich selbst heraus" zu handeln. Was immer in meiner Umwelt vorgehen und auf mich einwirken und was immer in meinem Gehirn an neuronalen Ereignissen stattfinden mag, bevor ich mich entscheide, etwas zu tun: stets bin ich, als Person, entweder meine eigene Endursache des Handelns (ich habe sozusagen das letzte Wort im Entscheidungsprozess), oder ich bin notwendigerweise für das, was ich tue, nicht verantwortlich.

Kurz gesagt: Die Freiheit meines Entscheidens und Handelns kann nicht in einer mir äußerlichen empirischen Ursache gründen, sondern bloß *in mir selbst,* was bedeutet, dass ich nicht auf empirische Fakten reduzierbar bin. Meine Freiheit wurzelt in einem Moment der Transzendenz, das sich darin ausdrückt, dass, falls wirklich *ich* es bin, der sich entscheidet und handelt, dann eine Ursache im Spiel ist, die sich nicht ich-neutral, nicht durch unpersönliche soziologische, psychologische oder biologische Begriffe darstellen lässt.[41]

Die Transzendenz der Person ist, so könnte man sagen, der Eckstein der personalen Würde – jener Tiefenwürde nämlich, die der Mensch niemals dadurch verlieren kann, dass er sich würdelos verhält. Durch die Teilhabe an der Transzendenz wird man auf transempirische Weise zu einem Gleichen unter den Gleichen, die sich alle wechselseitig denselben Respekt schulden. Diese absolute Gleichheit drückt sich wesentlich in der Fähigkeit aus, Erstverursacher eigener Handlungen zu sein, eben ein moralisches Subjekt.

Aber wie ich an anderer Stelle betonte[42], ist absolute Gleichheit oder personale Würde als Folge der Teilhabe an der Transzendenz der Person nicht durch das *aktuelle* Verfügen über moralische Subjektivität begrenzt. Absolute Gleichheit ist eine Folge der Teilhabe – die Folge davon, dass jemand „einer von uns" ist – und nicht der Fähigkeit, diese Teilhabe hier und jetzt zu realisieren. Es mangelt einem nicht an personaler Würde und damit an der prinzipiellen Gleichheit mit allen anderen, weil man erst ein Säugling oder bereits ein geistig abgebauter Alter ist.

Doch ich räume ein, dass das eine im Detail schwierige Diskussion ist, die an den extremen Rändern menschlichen Existierens diffus wird. Bei Menschen, die ihr Bewusstsein aufgrund einer irreparablen Gehirnstörung nie mehr erlangen werden, schwanken wir, bei Hirntoten hingegen sind die meisten von uns mittlerweile davon überzeugt, dass es sich tatsächlich um Tote (die freilich keine Leichen sind) handelt. Toten nämlich fehlt, obwohl wir ihnen eine *gewisse,* abgeleitete Würde zubilligen, jenes Moment der Transzendenz der Person, wodurch ihnen unabdingbar die Würde zukäme, die uns als Gleiche unter Gleichen situiert, was immer wir im Leben Würdeloses getan haben mögen.

Der Begriff der Würde, so wir ihn heute zu verstehen in der Lage sind, ist also mehrschichtig. Das ist für die Moral von grundlegender Bedeutung. Menschen können sich selbst entwürdigen, aber sie können auch entwürdigt werden. In jedem Fall ist dann ihre Selbstachtung bedroht oder verletzt. Das scheint deshalb mehr als ein bloß gefühlsmäßiger, nämlich ein ethisch bedeutsamer Tatbestand zu sein, weil der entwürdigte Mensch *nach wie vor über jene Art von Würde verfügt,* die er dadurch gewinnt, dass er als Mensch „ein Gleicher unter Gleichen" ist, also unter allen empirischen Bedingungen (außer der des Totseins) an der Transzendenz der Person teilhat. Wir reagieren daher auf Entwürdigungsvorgänge mehrschichtig:

Nehmen wir wahr, dass eine Person sich selbst entwürdigt, indem sie zum Beispiel aus Gründen des persönlichen Vorteils sich ihrem Arbeitgeber gegenüber kriecherisch verhält, dann machen wir ihr, sofern wir uns für sie verantwortlich fühlen, Vorwürfe. „Hast du denn überhaupt keine Selbstachtung?", fragen wir. „Du lässt dich von deinem Boss beschimpfen, wie der letzte Dreck behandeln, bist sogar bereit, mit ihm ins Bett zu gehen, nur damit er dich im Betrieb für eine Beförderung vorschlägt!" Jemand, den wir derart ins Gebet nehmen, mag uns versichern, er habe schon längst jede Selbstachtung verloren. Er mag uns aber zugleich gestehen, dass er seinen Chef insgeheim hasst, sich vorgenommen hat, es ihm heimzuzahlen, sobald er dazu in der Lage ist, und sich im Übrigen kaum noch selbst in den Spiegel blicken kann: „Ich ertrage es nicht, mich anzuschauen."

Eine andere Reaktion bestünde darin, dass der sich selbst entwürdigende Mensch seine eigene kleine Theorie der Rechtfertigung entwickelt. Vielleicht erklärt er uns ja, dass sein kriecherisches Verhalten nur dann seiner Würde etwas anhaben könnte, wenn er es nicht im vollen Bewusstsein dessen, was er tut, und der Vorteile, um deretwegen er es tut, an den Tag legte. Ein solcher Mensch stellt sich uns als rationaler Nutzenmaximierer dar, der keine Würdeverletzung mit Bezug auf sich selbst gelten lässt, solange er meint, sich im Sinne des rationalen Egoisten vernunftgemäß zu verhalten. Sich seinem Boss gegenüber untertänig zu verhalten, ja ihm notfalls sogar sexuelle Dienste zu erweisen, mag zwar nicht besonders aufregend und womöglich sogar ein wenig ekelhaft sein, aber die Vorteile, die ein solches Verhalten mit großer Wahrscheinlichkeit nach sich zieht, sind „den Aufwand wert".

Der Punkt, um den es hier geht, ist ein häufig vorzufindendes Rechtfertigungsmuster. Das Argument lautet allgemein: Solange man sich zweckrational im Sinne der Maximierung des eigenen Vorteils verhält, kann das dabei an den Tag gelegte Verhalten nicht entwürdigend sein. Doch dieser Punkt ist nur scheinbar schlagend. Denn er setzt voraus, dass Zweckrationalität eine ethische Trumpfkarte darstellt, die alle anderen Argumente aussticht. Aber das ist gewiss nicht richtig. Es gibt viele Arten, sich zu verhalten, die im Sinne der Zweckmäßigkeit zwar optimal sein mögen, doch wegen der dabei eingesetzten Mittel eine Schande, ja ein Verbrechen sind.

Meine Würde kann indessen, statt durch eigenes Handeln und Verschulden, auch durch andere verletzt werden; und auch in diesen Fällen ist der Zusammenhang mit der Frage der Selbstachtung offenkundig. Wenn jemand meine Mutter als „Hure" beschimpft (obwohl sie keine ist), dann bin ich es meiner Selbstachtung schuldig, Wiedergutmachung zu fordern oder den Beleidiger zu maßregeln. Ich kann nicht einfach mit den Achseln zucken und sagen: „Was kümmert's mich!" Entweder bin ich – sozusagen wertfrei gesprochen – der Sohn einer Hure, oder derjenige, der so etwas bösartig behauptet, will mich demütigen. Deshalb ist es eine Frage der Selbstachtung, sich so etwas nicht gefallen zu lassen, wobei die angemessene Reaktion von den sozialen Möglichkeiten und kulturellen Gepflogenheiten abhängt. Sie reicht vom Duell bis zur Ehrenbeleidigungsklage.

Aber was passiert, wenn ich in meiner Würde verletzt werde, ohne mich dagegen wehren zu können? Zweifellos gehört es zu den Methoden der Folter, Menschen zu „entehren", indem man sie zwingt, ihrer Entwürdigung durch Worte und Taten des Folterers hilflos zuzuschauen. Dabei besteht eben ein wesentliches Element der Folter darin, dass sich das Opfer nicht wehren kann. Man möchte ja, dass das Opfer unter dem Druck der Würdelosstellung aufhört, sich selbst zu achten. Man will, dass der Gefolterte sich als der „letzte Dreck" zu fühlen beginnt, denn man hofft, durch Demoralisierung seine Widerstandskraft zu vernichten. Jemand, der begonnen hat, sich selbst für „Dreck" zu halten, wird kaum noch einen Sinn darin erblicken können, sich gegen zugefügte Schmerzen *als moralisches Subjekt* zu behaupten. Die einzige Möglichkeit, sich gegen den Verlust der Selbstachtung unter den Bedingungen der Folter, welche die Entwürdigung des Gefolterten zum Ziel hat, notdürftig zu schützen, besteht in einer spezifischen Form der inneren Distanzierung.

In den Trainingcamps der Militärs, wo man lernt, mit Foltersituationen dieser Art umzugehen, wird die innere Distanzierung als eine Art „professioneller Distanz" eingeübt. Das bedeutet, dass man den Aggressor in seinen Attacken ethisch neutralisiert. Man weiß, worauf er hinaus will – auf die Zerstörung der Selbstachtung –, und man weigert sich insofern, zum Opfer zu werden, als man sich weigert, in den zugefügten Demütigungen etwas anderes zu sehen als strategische Manöver, die einen glauben machen sollen, hinter den Attacken stünde tatsächlich die moralische Frage zur Diskussion und deshalb die eigene Ehre auf dem Spiel. Was man also lernt, ist, mit dem grausamen Trick umzugehen, der darin besteht, dass andere einen glauben machen wollen, man sei bloß „Dreck", obwohl sie selbst gar keinen Anlass haben, der sie zu einem solchen Vorwurf *berechtigen* könnte. Was sie anstreben, ist vielmehr, dass man sich schließlich selbst zum „Dreck" macht, indem man ihre Zuschreibung („Dreck!") *übernimmt*. Dadurch erst zerstört man die eigene Selbstachtung und sich selbst als widerstandsfähiges, weil pflichtbewusstes Subjekt.

Aber es gibt Situationen, in denen man nicht einmal die schmerzvolle und zugleich heroische Möglichkeit der Distanzierung hat. Denn es gibt die Fälle, in denen die soziale Umwelt auf Einzelne oder Gruppen in einer abschätzigen, diskriminierenden Art und Weise reagiert, und zwar derart, dass auf dem Wege der Verachtung oder Achtungsverweigerung schließlich die Selbstachtung der so Betroffenen negativ berührt und im Extremfall zerstört wird. Es ist kaum möglich, sich selbst zu achten, wenn man von den anderen über längere Zeit massiv als jemand eingestuft wird, *der kein Recht hat, sich selbst zu achten.* Noch um die Wende vom 19. zum 20. Jahrhundert (und also noch ein halbes Jahrhundert, bevor der nazistische Holocaust eine völlig veränderte Situation schafft) ist der „Selbsthass der Juden" gang und gäbe und wird in den Begriffen Otto Weiningers sogar zum Modethema. Das Thema entbehrt nicht einer tragischen Nachhaltigkeit. *Der jüdische Selbsthass* betitelte sich 1930 eine Schrift des Juden Theodor Lessing, der drei Jahre später von den Nazis ermordet wird.

Aus der zeitlichen Distanz sind für dieses Phänomen vor allem zwei Gründe ersichtlich. Der eine Grund liegt darin, dass der sogenannte Selbsthass eine Folge davon war, dass das aufgeklärte, gebildete bürgerliche und großbürgerliche Judentum Europas sich vom traditionellen Judentum mit seinem Glauben und seinen Ritualen, die kaum eine Anpassung gestatteten, innerlich und äußerlich abgewandt hatte. Man war, so könnte man sagen, stolz darauf, assimiliert zu sein – zum Beispiel als Jude ein Deutscher –, und ließ seine eigene ethnisch-religiöse Herkunft bloß mit Unbehagen gelten. Der andere Grund des „jüdischen Selbsthasses" beruhte auf einer mehr oder minder unbewussten Übernahme der antisemitischen Vorurteile, die sich über die Jahrhunderte hin zu kulturellen Stereotypen verdichtet hatten. Der Jude Otto Weininger, der, noch vor seinem Selbstmord, in jungen Jahren mit seinem Buch *Geschlecht und Charakter* (1903) Furore machte, und zwar besonders in der avantgardistischen Kultur- und Intellektuellenszene, sieht im Juden (wie in der Frau) alle kulturellen Gegenwerte verkörpert.

Man beachte die komplexe Dialektik, die hier waltet. Unter dem Druck des christlichen Antisemitismus, des „Antijudaismus", ist es einem als *Jude* gerade dann unmöglich, sich *als* Jude selbst zu achten, wenn man sich als Mitglied nicht einer verachteten Ghettokultur, sondern ebenjener Kultur fühlt, in welcher die Verachtung des Jüdischen zum Commonsense gehört. Um Selbstachtung zu gewinnen, muss man sich soweit wie möglich von seiner Herkunft und seiner Religion distanzieren. Man muss ein deutscher Patriot werden, eine aufgeklärte Geisteshaltung annehmen. Aber zugleich bleibt man an seine Wurzeln gebunden. Man bleibt das, was man im Sinne der herrschenden Kultur – der, wie manche heute sagen würden, christlichen „Leitkultur" – zu verachten gelernt hat. Auf eine tiefliegende, uneingestandene Weise hat man also nie aufgehört, sich selbst untreu zu sein.

Um über diesen unüberwindbaren Punkt hinwegzukommen, war es notwendig, die eigene Selbstverachtung zum Gegenstand einer Analyse zu machen, und zwar in Kategorien, die nicht eine Selbstghettoisierung zur Folge haben. Man darf also, als „Assimilierter" (im Gegensatz zum orthodoxen Juden oder Zionisten), nicht offensiv sein eigenes Judentum ergreifen und sich zu ihm bekennen. Man muss vielmehr versuchen, die eigene fragile Selbstachtung dadurch zu bestätigen, dass man in souveränen Begriffen – Begriffen der Ideologiekritik, Psychoanalyse etc. – darüber räsoniert, warum man das Jüdische in sich verachtet.

Diese Konstellation, die eine Art Selbstachtung aus der schonungslosen Aufdeckung der Gründe, warum man sich selbst weder achten kann noch sollte, zu gewinnen sucht – diese vertrackte Konstellation ist das Ergebnis des Umstandes, dass man über Selbstachtung nicht einfach autonom verfügt, so wie man autonom darüber verfügt, ob man seine Pflichten zu erfüllen und seine Rechte wahrzunehmen gedenkt. All das hat damit zu tun, dass Entwürdigungsprozeduren und Würdelosstellungen in hohem Maße durch die Einstellungen der Umwelt bedingt sind. Aber derartige Einstellungen sind in modernen Gesellschaften, in denen allgemein gilt, dass jeder ein „Gleicher unter Gleichen" ist, nicht ohne spezifische Inferioritätsunterstellungen zu *rechtfertigen*.

Die antisemitischen oder frauenfeindlichen oder „schwulenfeindlichen" Inferioritätsunterstellungen sind bekannt. Sie richten sich auf Persönlichkeitsdefekte wie mangelndes Gewissen, mangelnde Verlässlichkeit und Ehrlichkeit, auf Raffgier, „weibisches Verhalten", bisweilen auch auf mangelndes logisches Verständnis und fehlende Rationalität. Alle diese Defizite müssen so begriffen werden, dass sie nicht bloß Mängel im persönlichkeitspsychologischen oder klinischen Sinne des Wortes sind, sondern Ausdruck einer Minderwertigkeit oder eines Defekts in der Dimension personaler Würde. Inferiorität meint hier stets mit: moralische Minderwertigkeit, was nicht bloß bedeutet, dass man häufiger als andere Menschen unmoralisch handelt (oder jedenfalls zu derartigen Handlungen neigt), *sondern dass man als moralisches Subjekt an sich inferior ist.*

Das ist selbstverständlich eine Etikettierung, die unter aufgeklärten Bedingungen höchst problematisch anmutet. Denn wenn ein Mensch kraft seiner Persönlichkeit nicht dazu in der Lage ist, dem moralischen Standard zu genügen, wenn er also, wie der Fachbegriff lautet, „psychopathisch" veranlagt ist, dann ist das kein Grund, seine personale Würde infrage zu stellen, sondern ein Grund, ihn als persönlichkeitsbehindert zu betrachten. Freilich passt das schlecht zu der Tendenz, Psychopathen moralisch zu qualifizieren.

Tatsächlich laufen, wenn die übermittelten Befunde stimmen, viele psychopathische Persönlichkeiten frei herum und richten Schaden an, wobei sie oft in der Lage sind, ihre unwissende Umwelt erstaunlich listenreich und einfühlsam auszunutzen.[43] Von einem aufgeklärten Standpunkt aus jedoch, der um die persönlichkeitsbedingten und letzten Endes genetischen Wurzeln psychopathischer Störungen weiß, ist das alles kein Grund, mit Verachtung auf solche Persönlichkeiten zu blicken. Es ist vielmehr ein Grund, sich um die Erkenntnis ihrer Störung und deren destruktive Auswirkungen zu bemühen (was nicht ausschließt, dass man sich zugleich vor ihnen in Acht nimmt, ja nehmen sollte).

Die Verachtung ist hier also eine spontane und irrationale Reaktion, die der archaischen Bereitschaft zur Ausgrenzung und Vernichtung des „Asozialen", ob tatsächlich vorhanden oder bloß eingebildet, entspringt. Verachtung schiene nur angebracht, wenn man davon ausgehen dürfte, wovon nicht wenige Psychopathieexperten immer noch ausgehen: dass nämlich der Psychopath für das, was er tut, voll verantwortlich ist.[44]

Wäre er es, dann wäre sein Verhalten nicht nur im gewöhnlichen Sinne verachtenswert, weil gegen die Rechte und gutgläubigen Erwartungen anderer gerichtet. Es wäre vor allem deshalb unserer Achtung unwürdig, weil der Psychopath nichts Beschämendes dabei empfindet, sich zum eigenen Vorteil als untertänig, kriecherisch, gläubig und als Anhänger von Ideen darzustellen, die ihm vollkommen gleichgültig sind; und weil er ohne Gefühl, sich dafür selbst verachten zu sollen, sein Fähnchen nach dem Wind hängt. Doch wenn die *Theorie* des Psychopathen stimmt, dann ist er eben *kein moralisches Subjekt im vollwertigen Sinne des Wortes*. Und was ihm dann an „Würde" mangelt, ist nicht die Folge eines zurechenbar würdelosen Verhaltens, sondern eines Verhaltens, das bloß so ausschaut, als ob es zurechenbar würdelos wäre.

Ein Zeichen dafür ist gerade der eigentümliche Umstand, dass es Psychopathen häufig nicht an Selbstbewusstsein fehlt und dass sie dabei aber ein sehr eingeengtes Verständnis von Selbstachtung haben. Dieses definiert sich über ihren Erfolg in der Benutzung anderer zu eigenen Zwecken sowie dadurch, dass ihnen Respekt und nicht selten Bewunderung entgegengebracht werden. Man denke an Hochstapler, Heiratsschwindler und selbsternannte Propheten, deren Umtriebe eine Aura erfordern, beispielsweise das charismatische Heilen und Predigen.

Patricia Highsmith hat in ihrer Figur des Tom Ripley einen Menschen gestaltet, der zwar ungern mordet, aber ohne Gewissensbisse zum mehrfachen Mörder aus „widrigen Umständen" wird, das heißt aus Notlagen, die ihn daran hindern, jenes luxuriöse Leben zu etablieren, zu führen und aufrechtzuerhalten, das er für sich selbst als angemessen hält. Die Kunst der Highsmith bestand darin, ihn über mehrere Romane hinweg (*The Talented Mr Ripley,* 1955, *Ripley Under Ground,* 1970, *Ripley's Game,* 1974, gefolgt von zwei weiteren) eine psychopathische Persönlichkeit erleben zu lassen, die ihn fasziniert, weil er nicht umhin kann, sich mit ihrer Egozentrizität bis zu einem gewissen Grad zu verbünden. Er sympathisiert mit dem Allzumenschlichen in Ripley, das wie unter einem Vergrößerungsglas die asozialen Gelüste auch des ganz normalen Menschen zeigt – zähe Wünsche gegen die widerständige Umwelt, die alles, was man sich im Leben erhofft, immerfort zu zerstören droht. Gleichzeitig stößt an dieser Gestalt, die durch ihren Charme in den Bann zieht, natürlich ihre Skrupellosigkeit ab, die darauf hindeutet, dass an Ripleys humaner Basis etwas defekt ist. Aber der Defekt wird von Highsmith derart geschickt moduliert, dass man sich beim Lesen fragt, ob man nicht bis zu einem gewissen Grad ebenfalls an ihm laboriert.

Wir sehen jetzt, dass das Thema „Inferiorität" im Zusammenhang mit der Würde des Menschen und seiner Selbstachtung eine komplexe Rolle spielt. Damit es jedoch überhaupt eine Rolle spielen kann, ist es notwendig, gewissen Menschen oder Menschengruppen weiszumachen, sie seien, ohne im eigentlichen Sinne fremdbestimmt oder krank zu sein, weniger wert als alle anderen. Ihre relative oder vollständige Wertlosigkeit wird dann nicht einfach im Fehlen bestimmter empirischer Merkmale gesehen. Es muss sich vielmehr um intrinsisch werthafte Merkmale handeln, deren Fehlen zur Folge hat, dass man – unabhängig davon, ob man gerade als moralisches Subjekt intakt, also in der Lage ist, autonom zu entscheiden und zu handeln –, *jener Basiswürde des Menschseins entbehrt, die uns zu Gleichen unter Gleichen macht.* Wir nannten Juden, Frauen und Homosexuelle als Beispiele, die in der Geschichte des Westens die längste Zeit als inferior etikettiert wurden, sodass es ihnen nicht einfach möglich war, sich durch ein anständiges Verhalten im Rahmen ihrer unabdingbaren Rechte und Pflichten zu bewähren. Sie wurden daran gehindert, Selbstachtung zu gewinnen, jedenfalls jene Art von Selbstachtung, die daraus erwächst, dass sich die Menschen wechselseitig als Wesen mit gleicher Würde anerkennen.

Fehlt die Wechselseitigkeit der Anerkennung, weil die einen die anderen für inferior halten, dann können die „Minderwertigen" nur jene Selbstachtung gewinnen, die im Rahmen ihres Status – ihrer Minderwertigkeit – erreichbar ist. Und das heißt vom Standpunkt der aufgeklärten, universalistischen Ethik, die von der Gleichheit aller Menschen als einem metaphysischen, naturrechtlichen Grundprinzip ausgeht (andernfalls kein ethischer Universalismus denkbar wäre): Den als inferior Etikettierten bleibt jene Art der Selbstachtung verwehrt, *die in Wahrheit allen Menschen im Prinzip zusteht*. Selbstachtungserringung in Inferioritätskontexten bedeutet also, diese Kontexte zu bekämpfen, zu entlarven und zu zerstören. Gegen den Antisemitismus hilft keine Assimilation, sondern Antiantisemitismus, eine offensive Kampfhaltung gegen die Zumutung der Schmach, als Jude kein Gleicher unter Gleichen zu sein. Und genau dasselbe gilt für Frauen oder Homosexuelle.

Demgegenüber *ist* der Psychopath kein Selbstachtungskompetenter, aber nicht deshalb, weil er „inferior" wäre, sondern weil seinem Wesen bestimmte Merkmale fehlen, die notwendig sind, um ein kompetentes moralisches Subjekt zu sein. Es fehlen ihm jene Merkmale, die ein Individuum erst in die Lage versetzen, durch Gewissensbildung, Einfühlung, Mitleidens- und Liebesfähigkeit, aber auch durch die Fähigkeit zur Objektivität in Angelegenheiten der Neigung, im eigentlichen Sinne ethisch zu handeln. Man mag darüber streiten, ob wir so ein Defizit eine „Krankheit" nennen wollen. Fatal wäre es jedenfalls, sie als Ausdruck einer inferioritätsbedingten Monstrosität zu sehen, denn diese Sichtweise führt einerseits zur Dämonisierung, zur Verteufelung. Andererseits führt das Motiv der Monstrosität, wird es bloß glanzvoll genug inszeniert, zu jener zweischneidigen Faszination des Bösen, von der die heutige populäre Serienkillerliteratur, spätestens seit *The Silence of the Lambs* von Thomas Harris (1989), übervoll ist.

Klarerweise ist Darwins Widerwille angesichts des Sklaven, der seinem Herrn das Gesicht zum Geschlagenwerden hinhält, darin begründet, dass hier ein Mensch scheinbar gelernt hat, dass ihm die menschliche Basis zur Selbstachtung fehlt. Die Betonung liegt auf „gelernt". Denn die Ursache für den grundlegenden Mangel an Selbstachtung, den Darwins Sklave zeigt, liegt nicht in dessen Natur, nicht in einer psychopathischen Konstitution, *die nichts daran findet*, im Dienste des Überlebens vor anderen im Staub zu kriechen, sich bis zum Äußersten zu demütigen, immer vorausgesetzt, eine derartige Selbstentwürdigung dient dem Eigeninteresse am besten. Jedenfalls nimmt Darwin den Sklaven als einen Mitmenschen wahr, der grundsätzlich ein moralisches Subjekt und deshalb, metaphysisch und normativ, ein Gleicher unter Gleichen ist, mögen auch, empirisch gesehen, die sozialen Vorurteile jener einer Sklavenhaltergesellschaft sein.

Darwins Widerwille und Scham sind die Folge davon, dass der Sklave von seiner Umwelt mit Zwang dazu gebracht wurde, von sich ganz anders zu denken: nämlich so, als ob er ein dressiertes Tier wäre. Das macht seinen Fall schlimmer als den des unterwürfigsten Tieres. Denn dessen Unterwürfigkeit gründet darin, dass ihm jene Personalität – und damit jene Transzendenz – fehlt, aus der heraus moralische Subjektivität, personale Würde und Selbstachtung entstehen können. Tiere haben keine Rechte, die daraus folgen würden, dass sie Pflichten gegen sich selbst haben, aus deren Erkenntnis und Erfüllung erst das Recht, sich selbst zu achten, erwächst und damit zurecht der Stolz, sich selbst achten zu dürfen.

Nun gibt es aber, neben den brutal-rassistischen Formen der umweltbedingten Selbstachtungsblockade, auch ein wohlwollend rassistisches Absehen von den Erfordernissen der Selbstachtung, das nicht weniger zu verurteilen ist. Darauf hat Amin Maalouf, arabischer Christ und in Frankreich lebender Libanese, in seiner Argumentation gegen die Scheinliberalität des Westens hingewiesen:

„Grundlage für den Begriff der Universalität ist die Überzeugung, dass mit der Würde des Menschen Rechte verbunden sind, die niemandem aufgrund seines Geschlechts, seiner Religion, seiner Hautfarbe, seiner Nationalität oder aus sonstigen Gründen vorenthalten werden dürfen. [...] Im Prinzip würde dem kaum jemand widersprechen; in der Praxis verhalten sich viele so, als wären sie nicht wirklich davon überzeugt. Keine westliche Regierung richtet beispielsweise ein ähnlich strenges Augenmerk auf die Einhaltung der Menschenrechte in Afrika oder der arabischen Welt, wie sie es im Falle Polens oder Kubas tut.[45] Eine Einstellung, die sich respektvoll wähnt, die in meinen Augen jedoch von tiefer Verachtung zeugt. Jemanden respektieren, seine Geschichte respektieren, verlangt, dass man ihn als Angehörigen derselben Menschheit betrachtet, und nicht als Angehörigen einer anderen, einer zweitklassigen Menschheit."[46]

Ist Maaloufs Ansicht richtig – und sie ist es zweifellos –, dann besteht eine untergründige Verbindung zwischen der Einstellung einer Sklavenhalterkultur zu Darwins Sklaven und unserer Kultur zu jenen Völkern, denen gegenüber wir eine Form des Scheinrespekts walten lassen. Dieser Scheinrespekt hat zur Folge, dass wir die Mitglieder jener Völker als moralische Subjekte nicht wirklich ernst zu nehmen brauchen. Man könnte fragen: Na und? Was wir über Araber oder Afrikaner denken, muss doch deren Selbstachtung in keiner Weise beschädigen, zumal unsere Denkweise sogar praktisch nach sich zieht, dass wir mit Menschenrechtsverletzungen in den entsprechenden Regionen weniger vorwurfsvoll umgehen.

Doch darum handelt es sich gar nicht. Es mag durchaus politische, in der Diplomatie zwischenstaatlicher Beziehungen liegende Gründe geben, warum wir keine Strategie nach dem Motto „Menschenrechte um jeden Preis" durchzusetzen versuchen. Um jeden Preis sind letzten Endes nie die Menschenrechte, sondern immer nur Unterdrückung und Krieg zu haben. Worum es hier in Wahrheit geht, ist vielmehr, dass wir Menschen fremder Kulturen nicht als Gleiche unter Gleichen respektieren. Auch wenn das ihre Selbstachtung aktuell nicht gefährdet (tatsächlich ist ja die „Selbstachtung" islamischer Fundamentalisten nichts, woran ein Mangel bestünde), so verhalten wir uns dennoch herablassend, ja im Grunde respektlos. Denn wir rechtfertigen unsere Toleranz damit, dass die anderen unfähig sind, das Konzept des moralischen Universalismus zu verstehen. Daraus folgt, dass die betroffenen Kulturen in der Mehrzahl aus menschlichen Individuen bestehen, die insofern „zurückgeblieben" oder defekt sind, als sie keine moralischen Subjekte im Vollsinn des Wortes repräsentieren. Indem wir uns verständnisvoll geben, maskieren wir bloß die Tatsache, dass wir uns wie Eurozentristen aufführen, und das heißt im harmlosesten Fall: wie „kulturelle Rassisten". Und sind wir denn keine?

14.
ISHIGUROS BUTLER

„Was mich interessiert, ist nicht die Tatsache, dass meine Figuren Dinge getan haben, die sie später bedauern; mich interessiert, wie sie damit fertig werden. Einerseits ist da ein Bedürfnis nach Ehrlichkeit, andererseits eines nach Selbsttäuschung – danach, ein Gefühl der Würde zu bewahren, etwas wie Selbstachtung. Ich möchte zeigen, dass eine Art Würde und Selbstachtung von solcher Ehrlichkeit herkommt."

Dieses Zitat von Kazuo Ishiguro stammt aus der Fibel zur Jahrhundertedition des Bertelsmann Clubs – einer Edition, in der hundert Meisterwerke der modernen Literatur versammelt sind[47]. Das Zitat bezieht sich hauptsächlich auf Ishiguros Roman *Was vom Tage übrigblieb,* der unter dem Titel *The Remains of the Day* zuerst 1989 in London erschien. Der Roman, der nicht zuletzt durch seine Verfilmung mit Anthony Hopkins und Emma Thompson unter der Regie von James Ivory 1993 ein Welterfolg wurde, macht uns mit der Lebenssicht eines englischen Butlers namens Stevens vertraut. Stevens betrachtet sein Leben im Rückblick. Dabei spielt sein jahrzehntelanger Dienst bei Lord Darlington die zentrale Rolle. In dessen Anwesen, Darlington Hall, trifft er eines Tages auf Miss Kenton, die neue Haushälterin, und fasst zu ihr eine niemals ausgelebte Zuneigung, obwohl die tiefe Sympathie – „Liebe" wäre für dieses Verhältnis ein unpassendes, weil zu persönliches Wort – auf Gegenseitigkeit beruht. In Darlingtons Haus stirbt auch Stevens Vater, seinerseits ein Butler von Format und Rang, mitten in der Ausübung seines Dienstes, während sein Sohn, ganz im Geiste des Vaters, peinlich darauf achtet, dass durch den Tod keine Störung des Haushalts eintritt.

Worauf uns Maalouf hinweist, ist die Missachtung, die daraus resultiert, dass wir meinen, anderen Gutes zu tun, wenn wir sie nicht als Gleiche unter Gleichen achten. Ob die anderen es merken oder nicht, wir beschädigen ihre Selbstachtung, indem wir sie quasi paternalistisch behandeln, so, als ob sie nicht über die nötigen Voraussetzungen verfügten, um *prinzipiell* als moralische Subjekte mit unabdingbaren Rechten und Pflichten ernst genommen zu werden. Ishiguros Butler Stevens konfrontiert uns hingegen mit einer komplizierten menschlichen Situation: Einerseits kann kein Zweifel bestehen, dass der Beruf des Butlers nichts daran ändert, dass man auf einer fundamentalen menschlichen Ebene eine Gleicher unter Gleichen ist, selbstverständlich auch dem Dienstherrn gegenüber. Aber andererseits – und das ist eine der grundlegenden Lehren des Romans – schließt der Beruf des Butlers ein, zumal wenn dieser Beruf als Berufung und mit dem Wunsch, sich darin zu vollenden, ausgeübt wird, *dass man von sich aus darauf verzichtet, ein Gleicher unter Gleichen sein zu wollen.*

Im Unterschied jedoch zu den bereits besprochenen Beispielen des guten Sklaven („Onkel Tom") und der servilen Ehefrau beruht die Butlerrolle nicht auf einem Hang zur Inferiorität, der dazu führt, dass man sein unabdingbares Recht, ein Gleicher unter Gleichen zu sein, als für sich selbst unverbindlich abtut – indem man sich einredet oder tatsächlich überzeugt ist, vom eigenen Wesen oder der eigenen Natur aus zur Unterordnung bestimmt zu sein. Die Situation des Butlers, der seine Würde darin sieht, ein möglichst perfekter Butler sein zu wollen, erweist sich bei näherer Betrachtung als wesentlich subtiler.

Ishiguros Meisterschaft, sich in die Rolle des Butlers erzählend hineinzuversetzen und mit der Stimme des Butlers zu reden, verdankt der Leser Einsichten in eine Persönlichkeitsstruktur, die unter „egalitären" Vorzeichen vom Ansatz her missverstanden würde. Was eigentlich ist das Problem der Selbstachtung mit Bezug auf einen Butler, wie wir ihn bei Ishiguro finden? Schließlich gab und gibt es eine Menge Dienstleistungsberufe. Sie alle sind dadurch gekennzeichnet, dass bestimmte Menschen bestimmten anderen Menschen ihre Dienste gegen Bezahlung anbieten, wobei es sich darum handeln kann, in einem Lokal als Kellner Gäste zu bedienen oder als Installateur defekte Sanitäranlagen zu reparieren. Manche dieser Berufe haben bloß ein geringes soziales Ansehen, zum Beispiel die Arbeit bei der Müllabfuhr, in anderen wiederum dürfen sich die Ausübenden geradezu als Künstler fühlen, beispielsweise Friseure oder Architekten. Nie aber bedeutet die Ausübung des Dienstgewerbes (wir sehen von Henkern und ähnlich verfemten Berufen ab), dass für die Dienstleistenden eine ernsthafte Beeinträchtigung ihrer Würde oder Selbstachtung zu befürchten wäre.

Warum also stellt Ishiguros Butler ein besonderes Problem dar? Folgendes Zitat ist aufschlussreich; in ihm geht es darum, welches Konzept von Würde („dignity") der Butler Stevens für sich und seinen Berufsstand, den traditionellen englischen Stand der Butler, reklamiert:

„'Würde' hat entscheidend zu tun mit der Fähigkeit eines Butlers, niemals die berufliche Identität preiszugeben, die ihn erfüllt. Butler geringeren Formats werden schon beim kleinsten Anlass ihre berufliche Identität zugunsten einer privaten preisgeben. Solche Menschen spielen als Butler lediglich eine Schmierenkomödie – ein kleiner Stoß, ein leichtes Stolpern, und schon fällt die Fassade und offenbart den Schauspieler dahinter. Die großen Butler [...] tragen ihre Professionalität in der Art, wie ein Mann von Lebensart seinen Anzug trägt: Er lässt ihn sich vor den Augen der Öffentlichkeit weder von Rüpeln noch von den Umständen herunterreißen; er legt ihn nur ab, wenn er selbst dies will, und das ist unweigerlich erst dann der Fall, wenn er völlig allein ist. Es ist, wie gesagt, eine Frage der ‚Würde'."[48]

Diese Berufsauffassung scheint zunächst auf nichts anderes hinzudeuten als auf die perfekte Beherrschung einer Rolle, die man in Ausübung seines Berufs spielt. Doch das Wort „Würde", das hier auftaucht, nicht ein Mal, sondern mehrere Male, deutet seinerseits darauf hin, dass die Sache, um die es sich handelt, tiefer reicht. Der gute Butler geht in seinem Dienst, wie man sagen muss, ganz auf. Das bedeutet, dass der Unterschied zwischen der Rolle, die er spielt, und jenem Menschen, der er als Person wirklich ist, so gering wie möglich ausfallen sollte. Es gibt eine Ausnahme von der Berufsrolle, die für Stevens absolut verbindlich ist, aber diese kommt nur unter einer Voraussetzung zum Tragen: dann nämlich, wenn der Butler völlig allein ist.

Die Rede ist also nicht von einem alternativen sozialen Leben, sagen wir, einem Leben mit eigener Familie. Es scheint, als ob das Butlerdasein, das als Ideal ein Aufgehen der zivilen Person im Butlersein hat, mit der Vorstellung, neben seiner „Herrschaft" auch noch Angehörige zu haben, ohnehin nur schwer zusammengeht. Stevens hat keine Familie. Aber angenommen, er hätte eine: Dann wäre damit eine nicht zu unterschätzende Herausforderung, ja ständige Gefahr für sein Butlersein verbunden. Denn plötzlich bliebe ihm nur die Wahl, entweder in seinem Dienst nicht mehr „aufzugehen" wegen der intimen Rollen, die er familiär ebenfalls zu spielen hätte (guter Ehemann, Vater, Haushaltungsvorstand), oder er würde sich im eigenen Haus weigern, die Persönlichkeit des Butlers abzulegen. Doch wie sollte das möglich sein, ohne nicht seine Nächsten nach dem Muster eines untergeordneten oder höchstens gleichgestellten Hauspersonals zu behandeln, seine Frau mithin als eine Art Hausdame, die absurder Weise ohne wirkliche „Herrschaft" nach dem Rechten zu sehen hätte? Und seine Kinder: Wie Küchenjungen oder Zimmermädchen? Das Ganze ergibt keinen guten Sinn. Daher gehört zu Stevens' Berufsethos, dass der erstklassige Butler, der seine Rolle nicht wie ein Schmierenkomödiant spielt, völlig allein bleibt.

Das ist ein Credo, aus dem sich im Roman die zentrale tragische Konstellation entwickelt. Obwohl Stevens die Hausdame, Miss Kenton, zu lieben beginnt – oder jedenfalls schließlich Gefühle für sie entwickelt, die ein butlerhaftes Analogon zur Liebe bilden –, bleibt er dennoch unfähig und im Gedanken an seine „Würde" auch unwillig, den Verlockungen des Herzens nachzugeben. Man könnte geradezu sagen, dass Stevens aus Gründen der Selbstachtung darauf verzichtet, den Verlockungen seines Herzens nachzugeben. Denn wie sollte er sich fortan als Butler achten können, wenn ein Teil seines Selbst nicht mehr seiner Berufung folgte, sondern umgekehrt: seine Berufung sich einem neuen Selbst unterzuordnen hätte, in dem nicht mehr seine Lordschaft das Zentralgestirn wäre, um das herum all die Gedanken des wahren Butlers zu kreisen haben, sondern eine Frauensperson? Er, Stevens, wäre dann bloß noch ein Butler, so wie andere Hausgehilfen, Wäschermädel, Maurer oder Kutscher sind: eben ein Dienstleistender, dem seine Rolle gegenüber seiner Herrschaft insofern äußerlich bleiben müsste, als sie nicht mehr mit seiner innersten, seiner Existenz als Person zusammenfiele.

Freilich beginnen hier, im Rückblick, für Stevens auch Fragen, gegen die ihn die oftmalige Wiederholung des Wortes „Würde" nur notdürftig abzudichten vermag. Denn Stevens kann nicht darüber hinwegsehen – er ist ja ein intelligenter Mann –, dass seine Lordschaft, der er mit Hingabe so viele Jahre diente, sich während des Zweiten Weltkriegs einer sowohl lächerlichen als auch moralisch fragwürdigen Passion hingab. Lord Darlington wollte im Sinne der Appeasement-Politik des britischen Premiers Chamberlain ein Bündnis zwischen den Engländern und den Nazis zustande bringen, nicht zuletzt deshalb, weil er dachte, dass die Demokratie nichts tauge und durch wahre Führerschaft ersetzt werden müsse. Und als Führerpersönlichkeit imponierte ihm Adolf Hitler.

Dabei wurde Darlington von durchaus menschenfreundlichen Motiven geleitet. Er wollte das Volk aus der Not befreien, er wollte den Krieg verhindern. Er war ein Naivling, ein reicher politischer Dummkopf, der diplomatische Soireen veranstaltete, ohne zu merken, wie ihn die Nazis benützten. Natürlich ist sein Ruf nach dem Krieg vollkommen zerstört, er wird als Kollaborateur sozial geächtet und verbringt den Rest seines Lebens vereinsamt und in tiefer Verbitterung. Nach dem Tod seines Herrn tritt Stevens in den Dienst eines reichen Amerikaners, der Darlington Hall kauft, um sich zeitweilig in England niederzulassen.

Stevens fragt sich immer wieder, ob er hätte anders handeln sollen. Dahinter steht seine Furcht, während der entscheidenden Phasen des Selbstbetrugs, in dem Lord Darlington befangen war, gerade durch butlerhafte Akkuratesse nicht doch „würdelos" gehandelt – oder besser noch: nicht gehandelt – zu haben. Stevens' Rechtfertigungsstrategie läuft auf zwei Ebenen, die einander ergänzen sollen, aber in Wahrheit unabhängig voneinander sind.

Strategie Nr. 1 ist schlicht, aber im Grunde unehrlich. Stevens behauptet, dass ein Butler einer sozialen Schicht angehöre, die niemals in der Lage sei, zu den Weltereignissen ein kompetentes Urteil abzugeben. Dafür müsse man Dinge wissen, die den Kenntnisstand der dienenden Klasse weit übersteigen. Hier also ergeht sich Stevens in Variationen zu dem Sprichwort: „Schuster bleib bei deinem Leisten!" Aus all den Bemerkungen, die Stevens zu seinem Herrn macht, geht jedoch zwischen den Zeilen hervor, dass er viel mehr von der Gesamtsituation versteht, als er jemals zuzugeben bereit wäre, um nicht als jemand zu erscheinen, der sich über seine Verhältnisse hinaus ein Urteil erlaubt.

Eines Abends wird Stevens in die Gesellschaft der wichtigen Herren gerufen – es ist schon sehr spät, nach Mitternacht –, weil einer der Anwesenden den anderen eine „Demonstration" geben will. Er fragt den herbeigeeilten Butler scheinheilig nach seiner Meinung über angeblich fundamentale Fragen aus den Bereichen Wirtschaft und Politik; und der Befragte antwortet jedes Mal stereotyp: *I am very sorry, sir, but I am unable to be of assistance on this matter; I am sorry, sir, but I am unable to assist in this matter,* „Ich bedaure, Sir, aber in dieser Angelegenheit kann ich Ihnen nicht weiterhelfen."[49]

Vermutlich hat Stevens wirklich keine Ahnung, denn die Fragen würde auch sonst niemand verstehen, der mit den fraglichen Problemen nicht intim vertraut ist. Die Fragen, die vielleicht gar nicht objektiv lösbar sind, werden ohnehin nur gestellt, um den anderen Herren vorzuführen, wie absurd es wäre, in hochpolitischen Angelegenheiten auf das Urteil des Volkes zu vertrauen oder auch nur auf ein solches Urteil zu warten. Es geht um die Demonstration der Unmöglichkeit von Demokratie, und dazu muss der Butler herhalten. Dieser seinerseits fühlt sich zwar ein wenig missbraucht, ist aber hintennach stolz darauf, mit „Würde" die unwürdige Examination überstanden zu haben. Als sich Lord Darlington am nächsten Morgen quasi für seine Gäste entschuldigt, antwortet Stevens, der gerade auf einer

Trittleiter steht und Porträts abstaubt, nicht ohne Stolz: „Es war mir eine Freude, von Nutzen sein zu können."[50]

An diesem Punkt geht es nicht mehr bloß um Strategie Nr. 1: Diese besteht einfach darin, den Unterschied zwischen der dienenden und der herrschenden Klasse aus der Unwissenheit herzuleiten. Ein Butler versteht nichts von Staatsgeschäften, von Welthandel, wohl aber versteht er etwas vom Porträtabstauben, Bodenbohnern, Klinkenputzen. Ja, er versteht, wie man sich korrekt Tag und Nacht um einen wahren Gentleman und um dessen Gäste bemüht. Man könnte also sagen, die Würde des wahren Butlers resultiert daraus, dass er seine Grenzen kennt. Ein Butler, der seine Grenzen nicht kennt oder sie aus persönlichem Ehrgeiz nicht einzuhalten vermag, ist ein schlechtes Exemplar seines Berufs. Doch im Rahmen dieser ihm bekannten Grenzen ist er ganz er selbst: unerschütterlich, ohne Zweideutigkeit.

Deshalb beschädigt der Umstand, dass er die Schuhe auch noch Menschen putzt, die ihm charakterlich nicht einmal das Wasser reichen könnten, seine Selbstachtung keineswegs. Diese hängt auch weniger daran, wie er behandelt wird, obwohl es in den guten Häusern wohletablierte Regeln gibt, wie mit einem Butler umgegangen werden darf. Die Selbstachtung des Butlers hängt vielmehr daran, wie er zur Darstellung bringt – vor den anderen und damit zugleich vor sich selbst –, dass er ist, was er ist: ein Butler, der die Würde seiner Profession kennt und in würdevolle Dienerschaft umzusetzen weiß. Dazu mag selbst noch gehören, und zwar immer im Rahmen der beiderseitig anerkannten Überlegenheit der „Herrschaft", dass der Butler dann und wann ein kleines persönliches Ungemach erduldet, indem er sich in der Beschränktheit seiner Daseinsrolle „vorführen" lässt. „Danke, Sir", antwortet Stevens auf die wiederholte Entschuldigung Lord Darlingtons: „Aber ich kann Ihnen versichern, ich habe mich nicht über Gebühr beansprucht gefühlt."[51] Das ist es: Beansprucht schon, aber nicht über Gebühr!

In diesem „nicht über Gebühr", oder wie es im Original heißt: „I am happy to assure you I was not unduly inconvenienced"[52], steckt nun aber mehr als bloß die Versicherung, sich nicht dadurch missachtet zu fühlen, Versuchskaninchen einer Demonstration gewesen zu sein, welche die Begrenztheit des Wissens eines Mitglieds der dienenden Klasse aufzeigen sollte. Es steckt darin auch das Eingeständnis, dass eine solche Situation dem Wesen eines Butlers keinen Schaden zufügt, *weil der Butler seinem Wesen nach eine dienende Existenz ist.* Das ist nun keine Frage der fehlenden Erziehung oder Bildung mehr. Stevens greift hier auf ein anderes Rechtfertigungsmodell zurück, auf Strategie Nr. 2.

Strategie Nr. 2 ist es eigentlich, die das Würdeverständnis Stevens' zentral berührt, aber sie ist in einem eigentümlichen Sinne paradox. Wie Stevens nicht müde wird zu betonen, ist der wahre Butler – der Butler der guten alten Zeit, der sich immer mehr verflüchtigt – dadurch charakterisiert, dass er niemals, unter keinen Umständen aus seiner Rolle fällt. Und das nun ist eine Eigenart, die eine angelernte und tief verinnerlichte Rolle, nämlich die Rolle des Dieners, schließlich erscheinen lässt, als ob sie das Wesen des Menschen, der ein Butler ist, ausmache. Aus dem „Butler sein" wird ein Butlersein. Und das wiederum bedeutet, dass aus einem Gleichen unter Gleichen, der eine exzeptionelle Dienstleistung erbringt, die den ganzen Menschen und seinen Charakter fordert, ein Ungleicher zu werden beginnt. Die Rolle sinkt in das Wesen des Menschen ein, was seitens des Dienenden bedeutet: Inferiorität.

Es gibt Stellen, an denen Stevens geradezu auf diese Form der Ungleichheit oder Inferiorität zu pochen scheint. So etwa, wenn er sich über die neue Generation von Butlern beschwert, die sich anmaßten, die Autorität ihrer Herrschaft infrage zu stellen. Stevens spricht von einem „irregeleiteten Idealismus", insbesondere während der 1920er-, 1930er-Jahre. Damals habe innerhalb des Berufsstandes die Meinung floriert, ein Butler solle immer wieder seinen Dienstherrn neu einschätzen, dessen Ansichten kritisch untersuchen, denn nur so könne sich der Dienende sicher sein, „einem wünschenswerten Zweck" zu dienen.[53] Dem stellt Stevens sein Ideal der Loyalität gegenüber:

„Wenn ein Butler jedoch im Leben für irgendetwas und für irgendjemanden von Wert sein soll, muss früher oder später der Zeitpunkt kommen, an dem [...] er sich sagt: ‚Dieser Dienstherr verkörpert alles, was ich edel und bewundernswert finde. Hinfort werde ich mich ausschließlich seinem Dienst widmen.' Das ist *intelligent* geübte Loyalität. Was ist daran ‚würdelos'?"[54]

Die Antwort auf diese Frage zeigt sich schon in der Art, wie sie vorbereitet wird. Indem der Butler Stevens von einer „intelligent geübten" Loyalität spricht, setzt er sich ab von einer Art des Loyal-zu-Diensten-Seins, die, im Extremfall, für Darwins Sklaven typisch ist. Die sklavische Loyalität ist von einer Art, die nicht auf freier Entscheidung beruht, sondern dem festen Glauben daran, dass man von Anfang an kein Gleichgestellter war, sondern ein inferiores Wesen. Der Grund für diesen Glauben kann, falls man danach sucht, nur in der (Wert-)Natur des inferioren Menschen gefunden werden: seiner

Geburt, seiner Herkunft, seinem niederen Stand. Dieser Mensch ist *als* Mensch kein Gleicher unter Gleichen.

So will Stevens die Lage des wahren Butlers *nicht* sehen, und gewiss sieht er seine eigene *nicht* so. Denn er lässt keinen Zweifel daran, dass der Butler ein freier Mensch ist, ebenso frei wie die Herrschaft, für die er sich letzten Endes entscheidet. Ein Butler ist kein Sklave. Denn wenn er in ein Dienstverhältnis eintritt, ist damit noch nicht ausgemacht, dass er schon den richtigen Platz gefunden hat. Mag sein, sein Dienstherr ist selbst eine inferiore, eine „unwürdige" Person, die gar keinen Butler verdient, der es seinerseits verdient, „Butler" genannt zu werden. Aber, so argumentiert Stevens – und hier beginnt Strategie Nr. 2 ihre paradoxe Wirkung zu entfalten –, es ist das Charakteristikum des wahren Butlers, dass er nach einer Herrschaft sucht, die es verdient, dass er ihr seine Loyalität, die Loyalität eines Butlers, gewährt. Und worin besteht dieses Art des Loyalseins? Eben darin, sich der Freiheit des Entscheidens, die auf dem autonom gewonnenen Urteil über die Vorzüge und Nachteile der Herrschaft beruht, *aus freiem Entschluss zu begeben.*

In dem eigentümlichen Akt des Entschlusses, sich freiwillig der Freiheit des Urteils zu begeben, liegt die Geburtsstunde des wahren Butlers. Anders gesagt: Ein Gleicher unter Gleichen benützt seine in seiner Gleichheit als Person wurzelnde Autonomie, um sich ein für allemal als Ungleicher zu positionieren! Fortan wird für ihn der Dienstherr alles Vorzügliche, ja etwas Höherwertiges verkörpern, und er, der Butler, wird seine Person fortan zur Gänze in den Dienst jener Höherwertigkeit stellen, zu der er, der Butler selbst, niemals in der Lage sein wird – es sei denn, wie im Verhältnis von Zentralgestirn und Planet, auf einer subordinierten Bahn, auf der er, der Butler, danach strebt, in der Umkreisung seines Herrn so makellos wie möglich zu sein.

Es gibt gewisse Züge in Ishiguros Butler, die an „Onkel Tom" und die servile Hausfrau erinnern. Auch diese meinen ja, eine Form der Würde gerade daraus beziehen zu dürfen, dass sie auf eine enthusiastische, nach Vollkommenheit strebende Weise „zu Diensten" sind, obwohl oder gerade weil dieser Dienst einschließt, gewisse Rechte, deren sich kein Mensch entledigen kann („Pflichten gegen sich selbst"), nicht in Anspruch nehmen zu wollen. Der Unterschied liegt im Falle Stevens' allerdings darin, dass er sich für die Ungleichheit wohlüberlegt entscheidet. Deshalb denkt er auch hintennach, dass er es nie an Selbstachtung hat mangeln lassen. Was Kant den „Ausgang aus der selbstverschuldeten Unmündigkeit" nannte – also den Akt der

Selbstaufklärung und das Beharren auf dem Recht, den Prozess der Aufklärung zu vollziehen –, das stellt sich für Stevens als *der mündige Eintritt in die Unmündigkeit* dar, die, insofern der Eintritt aus eigenem Entschluss erfolgt, tatsächlich auch „selbstverschuldet" ist. Natürlich würde Stevens nicht von „Unmündigkeit" reden, sondern von dem Entschluss, fortan in seinem Dienstherrn eine unkritisierbare Autorität zu sehen und diese Autorität als solche anzuerkennen.

Ishiguros Butler ist, bei aller Zeitgebundenheit, ein Modell. Das macht den Roman so bedeutsam. Denn in der modernen Welt ist es gewiss nicht mehr das zentrale Problem des Einzelnen, um sein Recht kämpfen zu müssen, autonom und aufgeklärt zu leben. Der „Ausgang" aus der Unmündigkeit gehört zu den grundlegenden Erziehungszielen und Wünschbarkeiten unserer Gesellschaften, als deren erklärter Souverän der mündige Bürger fungiert, egal, ob er tatsächlich die Mehrheit der Bevölkerung ausmacht oder nicht. Es geht hier um ein regulatives Prinzip. Aber es lässt sich nicht leugnen, dass eben dieses Prinzip viele Menschen zu überfordern droht – oder sollen wir sagen, einem tiefliegenden Zug der menschlichen Natur widerspricht? Ebenso wie die Menschen danach streben, autonom im Denken und Handeln zu sein – den sprichwörtlichen Überblick über ihr eigenes Leben zu wahren –, sind sie doch gleichzeitig bindungsbedürftig.

Loyalität im Sinne Stevens' ist bloß eine Form, und zwar eine hoch professionalisierte Form, zur Lösung des Problems der Bindungsbedürftigkeit. Was Stevens für „würdevoll" hält, ist nicht nur Ausdruck seiner, wie ihm scheint, wohlüberlegten Weise, sich einem Dienstherrn zu überantworten, sondern vielleicht noch mehr der Umstand, dass diese Überantwortung bedeutet, eine lang tradierte, komplexe und kunstvolle Rolle zu übernehmen, in der man sein Bestes geben und als Einzelner aufgehen kann. Darüber hinaus lässt sich die Bedürftigkeit nach Bindung in vielerlei Formen absättigen, aber unter ihnen sind nur wenige, die eine derart kultivierte Form, sich als Ungleicher zu platzieren, zulassen.

Man mag sich an einen Liebespartner binden, und wir alle kennen Fälle, in denen diese Bindung lächerliche, bis zum Verlust der Selbstachtung gehende Formen der Unterwürfigkeit annimmt. Natürlich wird der passioniert Liebende sein hündisches Verhalten als Ergebnis einer im Prinzip selbstbeherrschten, intellektuell kontrollierten Unterwerfung darzustellen versuchen, vor allem auch sich selbst gegenüber. Vladimir Nabokovs unsterblicher Humbert Humbert, der sich in eine unschuldig-laszive Halbwüchsige verliebt, versucht im Rückblick durch ironisches Räsonieren den Anschein zu erwecken, er sei bei aller Ausgeliefertheit an dieses von ihm unsterblich geliebte Kind namens Lolita noch immer ein großhirnautonomer Kommentator seiner eigenen Selbstentwürdigung. Als ob der Umstand, dass man *weiß,* dass man sich auf die allerlächerlichste und außerdem kriminelle Weise in den Sumpf seiner Triebe hinunterziehen lässt, die Würdelosigkeit auf einer höheren Ebene in ihr Gegenteil verkehren könnte. Dabei soll dann die angebliche „Würde" darin liegen, dass man als intellektuelles Wesen in der Lage ist, seine eigene Würdelosigkeit gleichsam von oben herab, literarisch gebildet und mit geistvoller Scharfsicht, zu reflektieren.

Es gibt auch scheinautonome Bindungen anderer Art, zum Beispiel die an einen Lehrmeister, Prediger, Guru, an einen Menschen eben, von dem man meint, man sollte sich in seine Arme begeben, sich ihm vertrauensvoll hingeben. Und auch hier – und hier oft in einem die Persönlichkeit verletzenden Ausmaße, wie man aus Tausenden von Sektenkarrieren weiß – führt das Bindungsbedürfnis zu einer Lähmung des Selbstachtungsimpulses. Indem man den verehrten Meister erst einmal „freiwillig" als solchen anerkannt hat, wird dieser zu einer „Heiligkeit", deren Gedanken, Entschlüsse und Handlungen nicht mehr kritisierbar sind, weil sie als Ausdruck eines höheren Wesens verehrt werden.

Das bringt uns endlich zu folgender Feststellung: Eine Bindung an einen anderen Menschen ist nur dann wirklich autonom (aus freien Stücken erfolgend), wenn sich ihr Inhalt nicht darauf richtet, sich autonom zu verpflichten, hinkünftig jenem Menschen niemals mehr autonom zu begegnen, sondern ihm, dem Dienstherrn, Meister, Genie, nur noch als „Gebundener", als Loyalitätsknecht. Und nur solange die Bindung zu anderen Menschen auf der Basis wechselseitiger Autonomie erfolgt, verletzt sie nicht ein unabdingbares Recht: nämlich das Recht, ein Gleicher unter Gleichen zu sein. Andernfalls nimmt man einen Mangel an Selbstachtung in Kauf, der sich nicht dadurch kompensieren lässt, dass man von dem beiderseitigen Vorteil und vor allem der „Würde", die dem Loyalitätsverhältnis innewohnt, schwadroniert.

„Einerseits ist da ein Bedürfnis nach Ehrlichkeit, andererseits eines nach Selbsttäuschung": Das sind die Worte Ishiguros, und wir haben gesehen, wie sich das Gefühl der Würde bei dem Butler Stevens dadurch einstellt, dass er versucht, im Rahmen einer umfassenden Selbsttäuschung nach größtmöglicher Ehrlichkeit zu streben. Man kann sich nicht autonom für die Nichtautonomie entscheiden. Denn man kann, falls man autonom ist, *nicht aufhören, autonom sein zu sol-*

len. Aber die Würde, die dann noch bleibt, ist dennoch kein bloßes Phantom. Denn sie nährt sich aus dem ständigen Bedürfnis, *diesem Paradox zu entkommen.*

Da ist tatsächlich ein tiefes Ehrlichkeitsverlangen in Stevens, das sich darin zeigt, dass er seine Loyalität immer wieder zu rechtfertigen versucht. Mach dir nichts vor, sagt er, du verstehst nichts von den Dingen, die die Welt bewegen, aber du verstehst mehr vom Butlersein, als es Lord Darlington jemals vermöchte. Auch wenn dessen Pläne dumm und verblendet waren (was zu beurteilen dir, als Butler, gar nicht zusteht), so hast du deinem Herrn doch in unzweideutiger Loyalität dabei geholfen, in Verfolgung seiner dummen und verblendeten Pläne eine untadelige Haltung zu bewahren. Du konntest ihn nicht vor dem Misserfolg und der daraus resultierenden Depression bewahren, ja, du konntest nicht einmal verhindern, dass er von der Um- und Nachwelt als Dummkopf und Nazifreund geächtet wurde. Aber er wurde *nicht* deshalb geächtet, weil er nicht imstande gewesen wäre, ein Haus zu führen, das der Position einer vermögenden Lordschaft zur Ehre gereicht.

Kein Zweifel, das Haus wurde untadelig geführt. Dies war Stevens' Verdienst, und es war nur auf der Basis des Entschlusses möglich, sich kein Urteil über Lord Darlingtons törichte politische Ansichten und mangelhafte intellektuelle Fähigkeiten anzumaßen. Freilich bildet gerade dieser Entschluss zugleich den uneingestandenen Stachel in Stevens' Gebäude der Selbstachtung: Wie oft er sich selbst auch vorsagen mag, dass ihm als Butler kein Urteil über seinen Dienstherrn zustand, er urteilte insgeheim doch und musste dabei vor sich selbst so tun, als ob er zu keinem Urteil berechtigt wäre. Er weiß im Grunde seines Herzens, dass er die ganze Zeit über ein Gleicher unter Gleichen war, notabene einer, der mehr sah und verstand als seine verblendete Herrschaft. Und er wusste daher auch, dass er *nicht das Recht hatte*, sich zu entschließen, kein Gleicher unter Gleichen zu sein. Mit diesem Flecken auf der weißen Weste seiner Menschenwürde muss der Butler Stevens leben.

15.
Mazlishs Homo Comboticus

Bruce Mazlish gehört nicht zu den Autoren, deren Werk eine entfernt ähnliche Resonanz gefunden hätte wie das von Kazuo Ishiguro oder gar jenes von Charles Darwin, das eine neue Sicht auf das Leben und die Welt begründete. Er findet hier dennoch Erwähnung, weil er unser Thema um einen wichtigen Aspekt bereicherte:

Ich spreche von Mazlishs Buch *The Fourth Discontinuity*[55], in dem, wie schon der Titel sagt, von einer „vierten Diskontinuität" die Rede ist. Letztere habe, so Mazlish, den bekannten drei Kränkungen des Menschen im entwickelten 20. Jahrhundert eine vierte hinzugefügt. Die ersten drei Kränkungen, die Sigmund Freud in seiner Abhandlung *Eine Schwierigkeit der Psychoanalyse* (1917) diagnostizierte, wurden angeblich verursacht, weil der um Wissen und Selbstaufklärung bemühte Mensch zunehmend zur Kenntnis nehmen musste, dass er keine Sonderstellung im Universum einnimmt. Es gibt zwischen dem Menschen und der übrigen Welt keinen prinzipiellen Bruch, keine „Diskontinuität", wie die Offenbarungsreligionen (Judentum, Christentum, Islam) behaupten, die sich dabei auf Gottes verbürgtes Wort berufen. Stattdessen gibt es vielfältige Kontinuitäten, worunter das zugleich stolze und ängstliche Selbstbewusstsein des Menschen leidet. Die falschen menschlichen Hoffnungen beruhen demnach darauf, dass Homo sapiens in den Augen Gottes ein Geschöpf ganz eigener Art, eigentlich der wunderbare Ausnahmefall der Schöpfung ist.

Die erste Kränkung bestand in der Erkenntnis, die Erde sei nicht der Mittelpunkt der Welt. Die Kosmologie zeigte schließlich, dass unser Heimatplanet bloß ein Stern unter Billiarden Himmelskörpern am Rande einer von unzähligen Galaxien des Universums ist. Die zweite fundamentale Kränkung kam mit Darwin: Der Mensch war kein gottgewolltes, von Gott eigens kreiertes Geschöpf, sondern ein unbeabsichtigtes Produkt der Evolution allen Lebens. Die dritte Kränkung betraf die klassische Annahme, der Mensch sei souveräner Herr im eigenen Bewusstseinshaus. Freuds Theorie des Unbewussten oder Unterbewusstseins schien eher das Gegenteil zu belegen. Aus der Perspektive der Psychoanalyse erweist sich der Mensch – wie jedes andere Tier auch – als ein triebabhängiges Wesen, dessen Freiheit nicht schon dadurch gewährleistet wird, dass das besondere Tier *Homo sapiens sapiens* mit Selbstbewusstsein ausgestattet ist und über seine eigene Lage nachdenken kann. Denn Bewusstsein und Denken dienen laut Freud primär dazu, sich über die eigentlichen Motive des Handelns, soweit sie sexuell getönt sind (und laut Freud sind die meisten Motive, Gedanken und Ideen sexuell getönt), hinwegzutäuschen. Wenn am Menschen etwas ist, das seine Natur von jener der anderen Tiere abhebt, dann eben die Fähigkeit zur Selbstillusionierung, die sich in vielfältigen Formen ausdrückt, um den tieferen unzivilisierten Triebsinn der eigenen zivilisierten Darstellungs- und Umgangsformen im Verborgenen zu halten.

Man darf bezweifeln, ob die Theorie der Kränkungen stimmt. Jede der angeblichen Menschheitskränkungen hat nämlich dem Menschen auch neue, faszinierende Perspektiven der Wahrnehmung seiner Außen- wie seiner Innenwelt eröffnet. Ob Kopernikus, Galilei, Darwin oder Freud: Alle diese Forscher zerstörten nicht nur alte Dogmen, was traditionsbewusste Kreise jedes Mal auf die Barrikaden brachte; zugleich wurde die Last jener Dogmen beseitigt und die Lust an der Entdeckung des Neuen belebt. Aus der Psychoanalyse wurde regelrecht ein Kult der Selbsterforschung, der sogar die Identität des aufgeklärten Bürgertums und dann der Mittelschichten mitbestimmte. Die heiter-tragische Welt Woody Allens – um nur ein Beispiel zu nennen – wäre ohne psychoanalytisch trainierte Autoreflexion gar nicht möglich.

Sei dem, wie es sei. Mazlish knüpft an die erwähnten Kränkungen an, wenn er vom Schwinden einer vierten „Diskontinuität" spricht. Bisher dachte der Mensch, zwischen ihm und seinen Maschinen bestehe eine prinzipielle Differenz. Er, der Mensch, sei der bewusstseinsbegabte, intelligente Schöpfer seiner Maschinen. Laut Mazlish wird sich das in Zukunft rasch ändern, nämlich folgendermaßen:

„Die Menschen werden mechanischer werden, und zwar sowohl körperlich als auch geistig. Was den Körper betrifft, verkoppeln sie sich zunehmend mit mechanischen Teilen. [...] Und was den Geist betrifft, [...] so wird die Mechanisierung nun ergänzt durch Bilder des Programmierens und der Künstlichen Intelligenz; und weil die Menschen in bildhaften Begriffen ebenso denken wie fühlen, nähern sie sich in dieser Hinsicht immer mehr der computergesteuerten Maschine an."[56]

Mit anderen Worten, das Verhältnis zwischen Mensch und Maschine wird immer „kontinuierlicher", aus dem Zusammenschluss von Computern mit Robotern werden künstliche Wesen, die immer mehr in der Lage sind, sich wie Menschen zu verhalten, abgesehen davon, dass sie in vielerlei Hinsicht die menschlichen Fähigkeiten verbessern und übertreffen. Das wiederum bringt die Menschen dazu, sich ihrerseits mit den Maschinen zu „verbünden", die Vorteile der Maschinen nicht nur äußerlich zu nützen, sondern selbst maschinenhafter zu werden.

Betroffen ist zunächst das menschliche Denken, dessen Rationalität ja von vornherein Grundlage dafür war, dass eine Roboter- und Computertechnologie, eine Welt der *combots,* entstand. Dann aber werden sich Menschen und Maschinen auch in einer viel radikaleren Weise „verbünden", indem nämlich der menschliche Organismus mit künstlicher Intelligenz und intelligenter Apparatur eine Symbiose eingeht, vom Herzschrittmacher bis zum Gehirnimplantat. Diese Linie wurde in der Science Fiction unter dem Namen „Cyborg" schon lange vorweg phantasiert.

Was an derlei Phantasien aufrüttelt, ist die zunehmende Vermischung von Menschlichem und Maschinellem, bis zu dem Punkt, an dem die Menschen zwischen sich und den Maschinen keinen klaren Unterschied mehr zu erkennen vermögen. Das ist natürlich eine unklare Sachlage. Soll das heißen, dass die Menschen zunehmend maschinenhafter *und* die Maschinen immer menschlicher werden? Nun gut, man könnte sich vorstellen, dass, aus welchen mysteriösen Gründen auch immer, die Maschinen ein Bewusstsein erhielten und deshalb wie Menschen zu empfinden begännen. Aber kann man sich ebenso vorstellen, dass die Menschen *als* Maschinen *zu empfinden* anfangen? Das Unklare an dieser Frage ist evident: Wie kann man beginnen, sich als etwas zu empfinden, was im Ursprung gar kein Bewusstsein und daher keine Empfindungen hat, nämlich eine Maschine?

Wenn es hier überhaupt eine sinnvolle Antwort gibt, dann liegt sie in dem Umstand, dass die Menschen, wie Mazlish sagt, „in bildhaften Begriffen denken und fühlen", und zwar auch und besonders, was ihre Selbstinterpretation anlangt. Und nun mag es sehr wohl der Fall sein, dass die Menschen im Umgang mit sich selbst und mit anderen in vermehrtem Maße eine Metaphorik verwenden, die sich aus der Welt der *combots,* der künstlichen Intelligenz und intelligenten Maschinen ableitet. Das heißt, dass die Menschen ihre eigenen humanen Verhältnisse sukzessive in Begriffen auffassen würden, die ursprünglich jenem Bereich angehörten, zu dem alles Humane in schärfster Diskontinuität stand: dem Bereich des Willenlosen, Determinierten, des Gefühl- und Absichtslosen, der absoluten Bewusstseinsleere. Nimmt man dieses Szenario ernst, dann hat es zwei Konsequenzen.

Konsequenz Nr. 1: An die Stelle all jener Begriffe und Bilder, die den Menschen als ein autonomes, selbstverantwortliches, mit einer natürlichen Würde ausgestattetes Wesen zeigen, treten Begriffe und Bilder des – um mit dem Arzt, Materialisten und Naturphilosophen Julien Offray de la Mettrie (gest. 1751) zu sprechen – *L'homme machine*, des Menschen als Biomaschine. Ist diese erst einmal durch die Schule der Aufklärung gegangen, dann konzipiert sie sich selbst – um mit dem Behavioristen und Lerntheoretiker B. F. Skinner (gest. 1990) zu sprechen – *beyond freedom and dignity*, „jenseits von Freiheit und Würde". Die wahre Natur des Menschen würde dann die altüberkommenen Vorstellungen von Sitte, Tradition, Religion und Ethik als Wahngebilde erscheinen lassen.[57]

Konsequenz Nr. 2: Sollte sich *L'homme machine* als Konzept und Realität im Kampf ums Überleben dem alten Menschen breitflächig überlegen erweisen, dann würde langfristig eine neue Quasi-Spezies (oder sogar Spezies?) herausselektiert werden. Mazlish nennt sie allen Ernstes, freilich ohne tiefer reichende genetische Aussagen zu machen, „Homo comboticus".

Was an der Homo-comboticus-Idee in unserem Zusammenhang interessiert, sind weniger Fragen humanevolutionärer Art auf biologischem Niveau.[58] Es sind vielmehr Fragen im Wechselspiel zwischen einer naturalistischen Selbstinterpretation des Menschen und den Möglichkeiten, sich selbst zu achten. Denn die Idee des Homo comboticus, die von Mazlish nicht umsonst als „Kränkung" konzipiert wird, ist ja nichts weiter als die Fortführung jenes Trends, der schon vor langer Zeit einsetzte, indem der Mensch versuchte, sich selbst als ein Stück Natur zu begreifen. Man nennt diesen Trend heute Naturalismus – gegen den einstigen Wortgebrauch, demgemäß ein *naturalist* nichts weiter war als ein Naturkundiger oder Liebhaber der Natur. Die schon bei La Mettrie hinzugetretene Maschinenmetapher hat dabei ein vielfältiges begriffliches Umfeld.

Die deistische Aufklärung wollte die Natur im Sinne eines Uhrwerks begreifen, das von seinem Schöpfer, Gott, im Akt der Schöpfung eingerichtet und aufgezogen wurde; seither läuft das Werk ohne weiteren göttlichen Eingriff ab. Wir sind ein Teil dieses Mechanismus. Von da ab beginnt das Spiel der Monismen und Dualismen. Während René Descartes noch davon ausging, dass der Körper eine Maschine ist, zu der beim Menschen eine Art Ich-Seele, die unräumliche, ihrer selbst bewusste *res cogitans* hinzutritt, ist für den Arzt La

Mettrie das Bewusstsein, einschließlich des Selbstbewusstseins, bloß eine Art Ausfluss der Gehirn- und anderer „Drüsen".

Schließlich tritt im 20. Jahrhundert zu der bereits wohlbekannten Vorstellung des Menschen als Maschine, des Körpers als Biomechanismus, hinzu, dass das menschliche Gehirn hinsichtlich seiner Funktionen und Leistungen mehr und mehr mit einem Computer verglichen wird. Und auch hier entfalten die Bilder ihre suggestive Wirkung. Ist der Begriff der Künstlichen Intelligenz (KI) zuerst eine Projektion vom Menschen, der den ersten Computer ersinnt, namentlich die Turing-Maschine, auf die möglichen Leistungen eines Apparats, so wächst mit den Leistungen der Apparate umgekehrt die Bereitschaft, natürliche Intelligenz am Vorbild der KI zu beurteilen.

Und in einer weiteren Drehung wird dann die Frage laut, ob nicht auch Computer Bewusstsein und Selbstbewusstsein haben – also die Cartesische *res cogitans* „nachbilden" – könnten, sobald ihre Leistungen stark genug sein werden, um alle Aspekte des menschlichen Gehirns zu produzieren. Dabei erwies sich als der schwierigste Test jener, der mit dem Namen Alan Turing verbunden ist: Wird es realen Computern einst gelingen, nicht nur Schachweltmeister zu besiegen und Forschungssonden zum Mars zu steuern, sondern Alltagskonversation in einer Art und Weise zu betreiben, dass sie ein Mensch nicht mehr von der eines Menschen zu unterscheiden vermag? Die Gegenfrage der KI-Fraktion lautete stets: „Warum nicht?"

Darin drückt sich, bei aller derzeit laufenden Erhitzung des Religiösen, die für unsere Zeit und dieses neue Jahrhundert typische Tendenz aus, den alten, humanistisch gedachten Menschen endgültig ins Endlager der metaphysischen Requisiten zu verfrachten. Aus der Kränkung, dass der Mensch auch nur eine Maschine sei, ein von der Evolution herausselektierter Biocomputer, wird eine neue Form der Selbstbeschreibung und Selbstwahrnehmung. Nach Mazlish sollte unser Wissen darum, dass wir drauf und dran sind, uns in einen Homo comboticus zu verwandeln, unsere Einstellung uns und der Welt gegenüber grundlegend verändern. Jenseits der „vierten Kränkung" werden wir affirmativ über uns selbst als Wesen nachdenken – und uns entsprechend zu erfahren beginnen, was immer das im Detail heißt –, dass wir nichts weiter sind als ein Teil der Natur, die aus dem Urknall hervorgeht, aber in sich die Fähigkeit birgt, nach den Gesetzen der Evolution Bewusstsein und Intelligenz zu entwickeln. Deshalb werden wir unsere Maschinen nicht mehr länger als unsere „Geschöpfe" sehen, sondern ihrerseits als Teile eines evolvierenden Ganzen, das uns und unsere Maschinen gleichermaßen mit umfasst.

Nun kann gar kein Zweifel bestehen, dass im Kontext des Homo comboticus die Idee, wonach wir Gleiche unter Gleichen sind, sich als unsinnig erweist. In einem bestimmten Sinne mag sie nach wie vor gelten, ja jetzt erst recht: Es gibt zwischen uns und der uns umgebenden Welt *keine humane Diskontinuität* mehr! Aber eben deshalb ist die Vorstellung, die dem Gleichheitsideal zugrunde lag, nämlich die universalethische oder naturrechtliche Vorstellung, als Mensch an der gleichen Würde aller Menschen teilzuhaben, *unsinnig* geworden. Sie steht zum Wissen des Homo comboticus oder, allgemeiner gesagt, des sich selbst naturalistisch interpretierenden *Homo sapiens sapiens* quer. Alle Gleichheit ist demnach empirisch oder gar nicht; empirisch indessen sind wir nicht gleich.

Damit versinkt der ganze metaphysische Kontinent, auf dem die Idee gedeihen konnte, die Menschen hätten Pflichten gegen sich selbst, weil ihnen nämlich „von Natur aus" eine Würde zukomme, die ihnen kein menschlicher Gesetzgeber absprechen dürfe und deren sie sich aber auch nicht durch eigenen Entschluss entledigen könnten. Von den Vertretern des „naturalistischen Weltbildes" wird die Vorstellung einer Natur, in der sich objektive Werte finden und entfalten könnten, als pseudoreligiöses Misskonstrukt abgewiesen. Zugleich betonen sie, dass es keinen Anlass zu der Befürchtung gebe, dass Menschen, die ihre Kontinuität mit der sie umgebenden Welt, einschließlich ihrer Maschinen, anerkennen, deswegen an Selbstachtung einbüßen müssten.

Psychologisch gesehen mag dieses Argument, zumindest eine Zeitlang, plausibel scheinen. Denn Selbstachtung ist ein, wie wir gesehen haben, tief verankertes Phänomen, das nicht nur an die Grundlagen unserer moralischen Überzeugungen rührt, sondern darüber hinaus auf einem ererbten Fundament an Gefühlen und Reaktionsbereitschaften ruht. Das zugegeben, bleibt aber dann der Punkt fehlender Rationalität, und der ist für unser Authentizitätserleben entscheidend. Falls wir uns selbst zu achten hätten, bloß weil unsere Natur uns dazu zwingt, würden wir unsere Selbstachtung vor uns selbst gering zu achten beginnen.

Wir würden zu Recht die Ansicht vertreten, dass so eine Form der Selbstachtung nicht mehr oder weniger wert ist als andere instinktive Neigungen, etwa die Neigung, es Personen, die uns geschädigt haben, heimzuzahlen („wie du mir, so ich dir"). Obwohl diese Neigung eine grundlegende Form der Gerechtigkeit darstellt, werden wir sie erst dann als solche ernst nehmen, wenn sich unsere Akte des instinktiven Gerechtigkeitsübens vor dem Tribunal der Moral mit allgemein einsichtigen Gründen rechtfertigen lassen. Können wir das nicht, wird unsere Reaktion darin bestehen, unserer instinktiven Neigung, Böses zu vergelten, ebenfalls nicht ohne Weiteres – mit dem guten Gewissen des sich moralisch berechtigt Glaubenden – nachzugeben. Mit anderen Worten: Das letzte Wort hat nicht unsere Naturausstattung, sondern wir als moralisches Subjekt, zu dessen Wesenscharakteristika es gehört, autonom und rational zu sein.

Angenommen, der freie Wille ist eine Illusion, wie uns die Gehirnwissenschaftler gerne versichern (und wie die Materialisten aller Zeiten behauptet haben); es gibt demnach keine Freiheit des Wollens, Entscheidens, Handelns. Aber unsere Natur zwingt uns die Illusion der Freiheit auf. Wir haben das unbezwingbare Gefühl, uns häufig *selbst* zu entscheiden und *aus uns selbst heraus zu handeln*. Nun stehen wir aber vor folgendem Problem: Sollte die Gehirnwissenschaft recht haben, dann würden wir, sobald wir uns ihrer Meinung anschließen, uns zwar noch immer als freie Wesen fühlen, aber wir wüssten zugleich, dass dieses Gefühl eine Illusion ist. Wollten wir uns also weiterhin als moralische Subjekte ernst nehmen, dann müssten wir so tun, als ob wir nicht wüssten, was wir wüssten, denn eine Moral ohne Freiheit ist, man kann es drehen und wenden, wie man will, ein Widerspruch in sich selbst.

Doch wie könnten wir so tun unter der Voraussetzung, dass wir uns selbst noch achten? Auf der Basis unserer vorgetäuschten Unwissenheit würden wir das moralische „Sprachspiel" weiterhin spielen, wir würden Lob und Tadel austeilen, die einen belohnen und die anderen bestrafen, und wir würden dabei vorgeben, nicht zu wissen, dass es für die typischen moralischen Empfindungen, Urteile und Reaktionen keine Rechtsgrundlage gibt. Diese hätte ja darin zu bestehen, dass es wahr wäre, dass wir als autonome Wesen uns *wirklich* entscheiden und *so oder auch anders* handeln könnten.

Uns bleiben hier nur zwei Möglichkeiten: Entweder wir lehnen den gehirnphysiologischen Determinismus ab (in moralischen Fragen haben wir und nicht unser Gehirn das letzte Wort), oder wir akzeptieren ihn und werden zu moralischen Zynikern. Beispielsweise sperren wir Leute ins Gefängnis, obwohl wir wissen, dass sie nicht anders konnten, als eben das zu tun, wofür sich ihr Gehirn auf der Basis der ihm vorliegenden „Informationen" genetischer und umweltbedingter Art „entschieden" hat.

Die verbleibende dritte Möglichkeit ist uns praktisch verschlossen. Sie würde darin bestehen, darauf zu verzichten, uns selbst noch als autonom und rational, als moralische Subjekte, als Gleiche unter

Gleichen mit gleicher Würde wahrzunehmen. Es steht uns indessen nicht frei, uns für unfrei zu erklären, es sei denn gedankenexperimentell im philosophischen Seminar, das heißt in einer Situation, in der wir gerade davon absehen, als moralische Subjekte aktiv sein zu müssen.

Aber können wir davon überhaupt vollständig absehen? Ist das Gedankenexperiment im Seminar nicht seinerseits moralisch in dem Sinne, dass es die Bedingungen der Möglichkeit (das „Apriori") des Moralischseins erkundet – eine Möglichkeit, die *ernsthaft* zu leugnen auch im Seminar bedeuten würde, sich bloß noch zynisch zu verhalten? Denn es gibt keine ernsthafte Leugnung des „Freiheitsapriori", man kann sich nur den *Anschein* der ernsthaften Leugnung geben, ein moralisches Subjekt zu sein. Noch während diese Leugnung von den Studierenden ernsthaft „erwogen" wird, unterstellen sie, es mit einem Lehrer zu tun zu haben, der ihnen eine wohlüberlegte Meinung darbietet, *und zwar aus der Freiheit heraus,* seine Zuhörer auch irreführen, manipulieren, belügen zu können. Wahrhaftigkeit ist eine moralische Kategorie, sich ihr verpflichtet zu fühlen eine Tugend. Sie setzt den Lehrer bereits als moralisches Subjekt voraus.

Man erkennt also die prekäre Situation, in die uns ein angeblich unbestreitbares Wissen bringt, das akkurat jene „Diskontinuität" in Abrede stellt, durch die wir uns erst als moralische Subjekte und damit als Gleiche unter Gleichen konstituieren. Es ist nicht leicht zu sagen, wie man dieser Situation entfliehen könnte. Denn je engmaschiger – bildlich gesprochen – die Netze werden, welche die Naturwissenschaftler flechten, um nach den physiologischen Faktoren unseres Bewusstseins zu fischen, und je tiefer und feiner die Sonden der Physiologen in unser Gehirn eindringen, um die neurologischen Orte unseres Selbst zu lokalisieren, umso schwieriger wird es, von der „Transzendenz des Ego", der diskontinuierlichen Funktion unseres Ichs, zu sprechen. Es ist aber dieses Mysterium der Transzendenz, das allein verbürgt, dass wir zugleich Wesen sind, die einander mit der Achtung derjenigen begegnen *sollten,* die angehalten sind, sich so zu verhalten, dass sie sich selbst achten *dürfen.*

Freilich liegt in dem menschlichen Beharrenmüssen auf Transzendenz etwas zugleich Pathetisches und Komisches. Über das Pathos haben wir genug Worte verloren: Es handelt sich um das Pathos der Selbstachtung. Das humane Pathos zu verleugnen, heißt, so zu tun, als ob man nichts weiter wäre als ein lebender Organismus unter anderen. Das ist keine wahre Bescheidenheit, sondern eine Form der Selbsterniedrigung infolge der Ableugnung unseres menschlichen

Schicksals. Dieses besteht darin, bei aller natürlichen Kontinuität *die* Wesen zu sein, die mit Diskontinuität *begabt* sind.

Aber es entbehrt auch nicht einer tiefen Komik, die an der Oberfläche sogar zum Spott herausfordert, dass das, wodurch unser Wesen zuinnerst bestimmt wird, nämlich die uns natürliche Form der Diskontinuität, sich im Inventar des Natürlichen nicht findet. „Wo ist sie?", fragt der Genetiker und zuckt mit den Achseln. „Wo steckt sie?", ruft der Gehirnforscher gleichsam in den Diskurs der Neuronen hinein und legt scheinschwerhörig die Hand ans Ohr, als ob er darauf warten wollte, dass ihm ein dünnes Stimmchen antwortet.

Nichts, keine Antwort. Aber es kommt noch schlimmer. Sobald wir, eingebettet in unsere Alltagssicht der Dinge, uns bei uns selbst nach unserer Diskontinuität zu erkundigen beginnen, scheint sie zu zergehen wie die Gespinste des Morgens im Sonnenlicht. Versuchen wir, unser Ich zu fassen, finden wir nichts. Sobald wir uns auf das Ichhafte unserer ichhaften Erfahrungen konzentrieren, stoßen wir ins Leere. War da was?

Ja, da war – zum Beispiel – das wunderbare Bild Pierre Bonnards, das ich soeben betrachtete, *La Nappe à carreaux rouges ou Le Déjeuner du chien*, aus dem Jahre 1910. Ein zum Frühstück gedeckter runder Tisch mit Tischdecke. Rote Karos. Am Tisch sitzend, mit dem Gesicht zum Betrachter, die Augen gesenkt, eine Frauengestalt in Ruhe. Schwerelose Versonnenheit über die ganze Gestalt hin. Ihre Hände liegen entspannt auf den Karos der Decke. Neben ihr, vom Betrachter aus links, ein großer schwarzer Hund, der über den Tischrand schaut. Große milde schwarze Schnauze. Im Hintergrund eine Art Täfelung oder Paravant (meine Kopie des Bildes ist schlecht), zusammengesetzt aus Farbtönen wie von Tauben. Hellgrau, graublau, blau, milchigweiß. Helligkeiten und Schatten, die sich im Tischgeschirr und der feiertäglich eingerollten Serviette mit großem Serviettenring wiederholen ... Ich habe dieses Interieur soeben mit Entzücken betrachtet, aber indem ich mich auf mich selbst zurückwende, um das Ichhafte meines Erlebens in das Zentrum meiner Aufmerksamkeit zu rücken, verliere ich sowohl das Bild aus den Augen als auch mich selbst.

Was bleibt, ist die banale Einsicht, dass ich, P. S., das wunderbare Bild Bonnards betrachtete. Und P. S. ist nichts, kein Mysterium, das sich nicht einfach identifizieren ließe: Hier sitzt er und schaut und denkt und ist frustriert, weil er nicht fand, was sich unter den Dingen der Welt, einschließlich des wunderbaren Bild Bonnards, nicht finden lässt: das Moment der Diskontinuität.

Was ich, der Betrachter, nicht finden kann, ist etwas, was wesentlich zum Bild Bonnards dazugehört: der Blick. Man kann nicht sagen, dass ohne Blick das Bild Bonnards existiert, denn ohne Blick ist es – wenn es das überhaupt ist und sein kann – ein unanschaubarer, abstrakter Gegenstand, ein physikalisches Ding. Um als das Bild des Pierre Bonnard zu existieren, das wunderbare Frühstücksbild mit rot karierter Tischdecke, muss es einen Blick geben, zu dem es sich, als Möglichkeit, schon immer in Beziehung gesetzt hat. Das ist das Mysterium.

Ich rede jetzt nicht vom Auge, der Netzhaut, dem Sehzentrum im Gehirn. Nur insofern der Blick Ausdruck jener Art von Transzendenz ist, die ich, der im Betrachten des Bildes versunkene Betrachter, *bin*, wird es sinnlos zu fragen, woher das schwerelose Wunder, die Schönheit und Versonnenheit dieses Bildes kommen: vom Subjekt her oder von der Seite des Objekts. Denn im Blick sind diese beiden Pole meiner Welt schon immer miteinander verschmolzen, aufeinander bezogen, durcheinander im Sein gehalten, während sie in der wissenschaftlichen „Rekonstruktion" des Sehvorganges, der auf „empirische" Mechanismen abstellt, stets und notwendig auseinanderfallen. Das ist das Zeichen der Diskontinuität.

Und nun besteht das Wunder des Pierre Bonnard darin, dass uns in seinen versonnenen Bildern, besonders in seinen intimen Interieurs, eine Welt entgegentritt, worin die Gestalten ihrerseits in einer Versonnenheit zu leben scheinen, als ob sie der Diskontinuität des Menschlichen nicht mehr bedürften. Sie bedürfen ihrer nicht mehr, nicht weil sie in einem Zustand der Inferiorität, des bloß Animalischen oder Maschinellen verharren wollten; nicht weil sie bestrebt oder getrieben wären, sich selbst an das Tote anzugleichen. Nein, dieses schwerelose Einsinken in die Valeurs und farbigen Schatten, das Bonnards Frauen und Mädchen eignet, während sie entspannt im Bett liegen oder Toilette machen, ist eine Metamorphose des Absoluten. Im Moment des Einsinkens realisiert sich der Moment der Ewigkeit, in dem die Dinge als Göttliches, aber ohne die Gewalt des Heiligen, erkennbar werden. Das Ich wird zum Welt-Ich, und in der Nuss-Schale eines Bonnardschen Wohnraumes (oft mit leichten Vorhängen, Stores, hinaus auf Frühlings- und Sommergärten) versöhnen sich Subjekt und Objekt. Sie erleben eine paradiesische Wiedergeburt, nicht durch Fanfaren und Trompeten, sondern in Polstern, auf Teppichen, bei ruhigen Händen am Frühstückstischtuch.

In der Versonnenheit der Figuren Bonnards tritt uns das Menschliche und sein tiefes Problem der Selbstachtung, wie beiläufig und aus einer denkbar weiten Distanz geschildert, noch einmal entgegen: *sub specie aeternitatis*. Wären wir in unserer Würde nicht auf unsere Diskontinuität festgelegt, sondern aufgehoben in der Schönheit, die sich nicht mehr nach sich selbst umzublicken braucht, dann könnten wir uns vollkommen achten, indem wir einfach *sind*. Das „Ich bin, der ich bin" hätte dann seine denkbar leichteste Form, seine schwerelose Erfüllung angenommen. Aus dem menschlichen Blick wäre der Blick Gottes geworden.

Und das bringt mich nun, aus meiner kleinen ästhetisch-metaphysischen *rêverie* erwachend, wieder zu unserem Thema und am Schluss zu unserem Anfang zurück. Denn worin immer die menschliche Selbstachtung ihren Ursprung haben mag, sie wurzelt jedenfalls ursprünglich im Phänomen der menschlichen Diskontinuität. Da diese jedoch ebenso evident wie ungreifbar bleibt, achtet sich jener unruhige Geist nicht unbedingt am Geringsten, dem nicht entgeht, dass unser Streben nach Selbstachtung auch irgendwie komisch ist. Denn wenn wir uns nach der Lichtquelle unseres Seins und Daseins, nach dem Ursprung unserer Würde umschauen, starren wir gleichsam durch uns hindurch.

Und starren wir nur lange und versonnen genug, dann werden wir zu Philosophen und wissen am Schluss eine Menge, aber nicht mehr genug, um genau sagen zu können, woher das kommt und was das ist: das Recht, sich selbst achten zu sollen, als Folge der „Transzendenz der Person" – meines Ichs, das ich bin und nicht habe, das ich habe und nicht bin.

ANHANG

Einleitend habe ich den Vorwürfen eines Freundes, der meinte, ein Philosoph solle sich würdevoll darstellen – eben so, wie es einem „Liebhaber der Weisheit" geziemt –, entgegengehalten, dass Philosophen, die sich subjektiv ernst nehmen, objektiv lächerlich sind.

Im Zentrum des philosophischen Verlangens, so sagte ich, steht eine metaphysische Don-Quichotterie, nämlich das Absolute und die Transzendenz begrifflich fassen zu wollen. Und nun haben wir aber gesehen, dass ebendiese Narretei zugleich den Kern des Verlangens bildet, uns unserer Diskontinuität in der Welt und damit zugleich der unabdingbaren Quelle unserer Selbstachtung zu vergewissern.

Deshalb ist die philosophische Passion nicht stillzulegen. Sie besteht darin, uns nach unserem diskontinuierlichen Wesen, unserer Freiheit, nach uns selbst als dem Ursprung der objektiven Werte in der Welt „umzuschauen".

Freilich, die Passion der Philosophie erinnert ein wenig daran, wie manche Trickfiguren in den Animationsfilmen eine Zeitlang über einen Abhang hinaus ins Leere laufen, bis sie bemerken, dass sie keinen Boden mehr unter den Füßen haben. Solange sie nichts merken, geht es flott dahin, immer geradeaus, auf das scheinbar nicht ferne Ziel zu. Doch sobald sie merken, dass unter ihren Füßen nur noch Leere ist, stürzen sie in die Tiefe.

Der Unterschied: Philosophen stürzen nicht ab. Stattdessen argumentieren sie, dass sich auch noch im luftleeren Raum laufen lasse. Nur manchmal passiert es eben, dass einer dabei verrückt wird.

So stelle ich ans Ende meiner fragmentarischen Ausführungen über die Pflicht und das Recht, sich selbst zu achten, einen Bericht, der zugleich ein Versuch über die philosophische Passion ist: „Streber". Vieles, wovon er handelt, entspricht der Wahrheit, und doch hat es nie einen Studenten gegeben, der „Streber" hieß – obwohl, ich will nicht ausschließen, dass er bloß einen anderen Namen trug, wenn auch nicht akkurat meinen eigenen ...

16.
STREBER

Versuch über die philosophische Passion

Es gibt solche Tage. In der Nacht hat ein eisiger Wind die Stadt blank gefegt, und nun, am Morgen, steht der Himmel blau im Fenster. Auf dem Fensterbrett schiebt sich das erste Blütenrot durch die harten, kugeligen Knospen der Zimmerkamelie. Ich aber sitze beim Frühstückstisch und denke an die Transzendenz des Ego. Die Folge: Morgengrausen.

Später am Tag dann meine Vorlesung zur Transzendenz des Ego. Hinterher kommt ein Student in meine Sprechstunde und schaut mich herausfordernd an. Er habe, sagt er, kein Ego, daher – und dabei kommt sein Gesicht dem meinen so nahe, dass ich den Eindruck habe, er will durch meine Augen hindurchstarren – habe er auch nichts, was transzendent sein könnte. Er ist da, sagt er, einfach *da*: „Und damit werden Sie leben müssen!" Er riecht nach Tabletten, ich will ihn fragen, ob er wegen seines Problems einen Arzt konsultiere, stattdessen sage ich bloß: „Ich kann Sie gut verstehen." Da beginnt er, über das ganze Gesicht zu strahlen, es macht ihn glücklich, so einfach verstanden zu werden, statt in eine quälende Diskussion über sein fehlendes Ego und sein totales Dasein eintreten zu müssen. Er sagt noch – wozu kein Anlass besteht, es ist ja meine Sprechstunde –: „Entschuldigen Sie die Störung", und schon ist er wieder draußen bei der Tür.

Tags darauf hat das Wetter umgeschlagen. Nebel, Regen, Smog. In meinem Dienstzimmer habe ich das Licht brennen. Das kann man von draußen durch die Oberlichten sehen. Ich habe keine Sprechstunde, dennoch tritt nach kurzem Anklopfen, das mir nicht einmal die Möglichkeit lässt, mich abwesend zu stellen, der Student herein, der behauptet, kein Ich zu haben. „Darf ich mich setzen?", fragt er und sitzt bereits. „Aber bitte", sage ich und rieche Tabletten.

Ich will ihn fragen, ob es ihm gut gehe, doch bevor ich den Mund aufmachen kann, sagt er: „Mir geht es gut."

Während ich mich zu ihm setze – mir fällt nichts Besseres ein, ich kann ihm nicht einfach die Tür weisen (Tablettengeruch!) –, ist mein Kopf leer; ich habe nicht die geringste Ahnung, wie ich das Gespräch beginnen soll. Er würde mir vermutlich ohnehin zuvorkommen und die Frage, die ich ihm stellen möchte, beantworten, bevor ich anfange, sie überhaupt auszusprechen. So sitzen wir eine Zeitlang da und schauen uns an.

Dann beginne ich ihm eine Geschichte zu erzählen, die mir plötzlich einfällt. Sie passt zu uns beiden, wie wir dasitzen und einander anschauen. Ich erzähle ihm, dass ich an der großen, zweiteiligen Tafel des Hörsaales, in dem ich meine Vorlesung zur Transzendenz des Ego halte, immer den falschen Knopf erwische, wenn ich versuche, den vorderen Teil der Tafel nach oben zu bewegen, sobald ich ihn vollgeschrieben habe. Immer. Immer bewegt sich der hintere Teil nach oben, was komplett sinnlos ist. Das brachte mich eines Tages auf die Idee, meinem Auditorium, das mein Treiben an der Tafel stets belustigt verfolgte, feierlich anzukündigen, ich würde von nun an, statt auf den Knopf zu drücken, den zu drücken ich mich bereits entschlossen hatte, immer auf den *anderen* drücken: das müsste, da ich zunächst ja immer den falschen Knopf drückte, dann immer der richtige sein. „Ich habe", sagte ich also, „mich soeben entschlossen, von diesen beiden Knöpfen hier den linken zu drücken, also drücke ich jetzt den rechten ..."

„Ich war damals dabei", sagt mein Gegenüber, „Sie haben den richtigen Kopf gedrückt." Jetzt habe ich ihn, denke ich mir, und schaue aus dem Fenster, um mir meinen kleinen Triumph nicht anmerken zu lassen. Draußen ist die Welt fast verschwunden. Der Nebel hat alles weggepackt. Oder ist es bloß die Lustlosigkeit der Dinge, sich zu zeigen? Morbide Gedanken, denke ich, das muss der Tablettengeruch sein. „Ich habe den falschen Knopf gedrückt", sage ich. „Und das", sagt mein Gegenüber, „war in gewissem Sinne der richtige."

Streber, denke ich. Strebergeruch. Der Streber weiß die Pointe schon im Voraus. Falls da eine Pointe ist, weiß er sie schon im Voraus.

„Wenn es wahr ist", sagt der Streber, „dass man zuerst immer den falschen Knopf drückt, dann hilft es nichts, sich vorzunehmen, den ersten Knopf, den zu drücken man sich bereits entschieden hat, nicht zu drücken. Denn dann ist der erste Knopf, den man drückt, eben der, den zu drücken man sich erst entscheidet, nachdem man sich entschieden hat, den Knopf, den zu drücken man sich bereits entschieden hatte, nicht zu drücken. Das ist dann eben der erste Knopf, den man drückt, und daher, weil der erste Knopf, den man drückt, immer der falsche ist, nicht der richtige, sondern der falsche."

„Und daher", fügt der Streber nun seinerseits mit verhaltenem Triumph hinzu, „in gewissem Sinne doch der richtige ..." Schön, denke ich, er hat zwar kein Ich, dafür ist er nicht auf den Kopf gefallen; ein dialektisches Talent.

„Wie heißen Sie übrigens, wenn ich fragen darf?", frage ich, was keine Beleidigung ist, denn ich kann mir nicht die Namen aller meiner Studenten, die zu Hunderten in meinen Vorlesungen sitzen, aber öfter noch nicht darin sitzen, auswendig merken. „Streber", sagt er. Da muss ich lachen, obwohl ich mir hätte denken können, dass ein Streber nicht so viel Selbstironie besitzt, sich selbst „Streber" zu nennen. Der Streber freilich schaut mich bloß an (so schauen Menschen, die sich eine dumme Bemerkung über sie selbst schon tausendmal haben anhören müssen) und sagt: „Ich bin kein Streber, ich heiße bloß so." Aha. Ich kann nicht sagen, dass mir das nicht peinlich wäre. Es ist mir peinlich, und wie so oft, wenn man eine Peinlichkeit dadurch überspielen möchte, dass man eine noch größere draufsetzt, will ich ihn jetzt unbedingt, sofort, nach den Tabletten fragen.

„Ich nehme Tabletten", sagt Streber. Das sagt er, ich hätte es voraussagen können, bevor ich ihn fragen konnte. Ich beginne mich zu verkrampfen. Wie soll man mit einem tablettensüchtigen Menschen ein kleines, gütiges therapeutisches Gespräch führen, wenn er die Antworten auf die Fragen, die man ihm stellen möchte, stets vor den Fragen parat hat? Ich merke, wie ich mich in mich hineinverkrampfe. Ich stehe unter dem Druck, Streber eine derart hochintelligente, von ihm nicht erwartbare Frage zu stellen, dass ihm gar nichts anderes übrig bleibt, als mir zu antworten, *nachdem* ich die Frage gestellt habe. Also frage ich:

„Sie nehmen Tabletten, weil Sie glauben, kein Ich zu haben?"

Das ist die dümmste Frage, die einem einfallen kann, wenn man mit einem Philosophen spricht. Und Streber ist ein Philosoph, so viel steht fest! Mehr als achtzig Prozent der heute lebenden Philosophen glauben, kein Ich zu haben. Sie glauben, ihr Ich sei eine von ihrem Gehirn in grauer Vorzeit produzierte Illusion im Dienste des Überlebenskampfes. Die Theorie dazu lautet, dass Biomaschinen, die glauben, ein Ich zu haben, jenen gegenüber, die tatsächlich keines haben, weil sie nicht einmal fälschlich glauben, eines zu haben, sich langfristig an ihre Umwelt besser anzupassen imstande sind.

„Ja", sagt Streber, „ich nehme Tabletten, weil ich glaube, kein Ich zu haben. Ich glaube aber nicht bloß, keines zu haben, ich habe keines..."

Vielleicht, denke ich, ist Streber doch kein Philosoph. Er bildet sich ein, er könnte ein Ich haben, das keine Illusion ist. Ich merke, wie ich mich entkrampfe, und in dem Maße, in dem ich mich wieder entspannt zu fühlen beginne, frage ich Streber ein wenig von oben herab:

„Warum nehmen Sie dann die Tabletten, was immer das für Tabletten sind?"

„Weil", sagt Streber, „mein Psychiater sagt, es sei zwar wahr, dass das Ich eine vom Gehirn produzierte Illusion sei, aber alle, die diese Illusion nicht hätten, schleunigst zum Psychiater sollten. Können Sie sich das vorstellen?"

„Ja", sage ich, weil ich ungehalten bin. Das Gespräch ist in eine falsche Richtung gelaufen. Wenn Streber verrückt ist, dann braucht er Tabletten, keine Gleichnisse. Ich aber wollte ihm ein Gleichnis offerieren. Das Gleichnis von den beiden Knöpfen, von denen man zuerst immer den falschen drückt.

„Angenommen", so wollte ich Streber belehren, „ich will wissen, ob ich ein Ich habe. Ich drücke also den einen Knopf, das heißt, ich konzentriere mich auf mein Ich. Das war der falsche Knopf, denn jetzt merke ich, dass meine Konzentration ins Leere geht. Es ist, als ob ich kein Ich hätte. Was also entspricht dem jeweils anderen Knopf, na?" So hätte ich gefragt, und nun, ohne gefragt zu sein, antwortet Streber:

„Dem jeweils anderen Knopf entspricht, nicht auf sein Ich zu achten und nicht darauf zu achten, dass man nicht auf sein Ich achtet. Einfach vor sich hin zu leben, dies und das zu tun, eingebettet in die Plazenta der eigenen Erlebnisse, die kommen und gehen. Das ist der andere Knopf, nicht wahr? Solange alles läuft, wie es läuft, ist das Ich da. So einfach, wie das Leben da ist. Da und ungreifbar."

„Nun also entschließe ich mich", fährt Streber fort, während ich mich jetzt über seine Gescheitheit zu ärgern beginne, wo er doch verrückt ist, „diesen anderen Knopf zu drücken. Dazu muss ich mich tüchtig anstrengen, nicht darauf zu achten, dass ich nicht auf mein Ich achte. Und peng! Schon beginne ich, auf mein Ich zu achten in der Absicht, nicht auf mein Ich zu achten. Peng! Ich habe wieder den falschen Knopf gedrückt."

„Es hilft nichts", fährt Streber fort, „man muss zuerst den falschen Knopf drücken, um dann – vielleicht – den richtigen drücken zu können, den Knopf, der alles laufen lässt, wie es läuft. Um zu wissen, dass man ein Ich hat – was ganz und gar nicht dasselbe ist, wie einfach eines zu haben –, muss man zuerst auf den falschen Knopf drücken, nicht wahr? Man muss zuerst *wissen*, wie es ist, kein Ich zu haben, um dann eines haben zu können, *bewusst* zu haben, ohne dass das Bewusstsein davon, dass man eines hat, es verschwinden lässt, weil man darauf achtet, wie es ist, eines zu haben. Habe ich recht?"

Hat er recht? Ich schaue aus dem Fenster, um ihm nicht in die Augen schauen zu müssen. Was Streber sagt, hätte ich in meiner Vorlesung über die Transzendenz des Ego selbst sagen können, und ich bin mir nicht sicher, ob ich nicht alles, was Streber sagt, in meiner Vorlesung selbst gesagt habe. Genau so. Mich beginnt ein Gefühl der Unwirklichkeit zu beschleichen. Ja, es ist tatsächlich ein Schleichen, oder besser, ein Nebel, der sich einschleicht. So, denke ich, genau so schleicht sich der Wahnsinn ein, zwei sitzen einander gegenüber und der eine hat plötzlich das Gefühl, nicht mehr zu wissen, ob er selbst es ist, der aus dem Mund des anderen spricht. Vor dem Fenster hat sich der Nebel ohne ersichtlichen Grund verzogen, was mein Gefühl, etwas Fremdes sei dabei, sich in mich einzuschleichen, vage verstärkt. In mir rumort ein Verdacht, den ich gleich wieder unterdrücke: Konspiriert Streber, der Nebulose, mit dem Nebel, um mich zu übernehmen? Ist das alles hier eine Inszenierung von Kräften, die mich schon seit meiner Kindheit dazu treiben, *ungesunde Gedanken* zu denken, beispielsweise den, dass ich ich bin, bloß, um in solchen auswegslosen Kreisläufen herumzuirren, bis ich reif bin zur Übernahme?

„Habe ich recht?", fragt Streber, ein wenig ungeduldig, und es ist diese durchschnittliche studentische Ungeduld, die den bösen Zauber löst.

Ich bin wieder bei mir, das heißt, ich sitze in meinem Dienstzimmer, im zweiten Stock meiner Fakultät und sehe, wie im vierten Stock des gegenüberliegenden Gebäudes ein alter Mann auf dem Balkon steht. Ich kenne den Mann schon lange. Jeden Tag um dieselbe Zeit tritt er aus seiner Wohnung auf den Balkon hinaus. Es ist, als ob er aus einem schwarzen Loch käme, sich materialisierte. Die Türe hinter ihm gestattet keinen Einblick in einen Wohnraum, niemals scheint irgendwo drinnen ein Licht zu brennen. Der Alte kommt wie aus dem Nichts, sommers und winters. Er stellt sich an die Brüstung des Balkons und schaut. Sein Kopf bewegt sich hin und her, wie der Kopf einer Puppe. Er schaut gleichsam ohne Fokus, als ob er gar nicht wirklich schaute, sondern sich bloß den Anschein gäbe, Ausschau zu halten. Was soll das? Und Ausschau wonach? Der Alte, denke ich, könnte Strebers Vater sein.

„Das ist mein Vater", sagt Streber, der meinem Blick gefolgt ist. „Also, habe ich recht?"

„Ja", sage ich, „Sie haben recht. Ich wusste gar nicht, dass das Ihr Vater ist. Was macht er eigentlich auf seinem Balkon, wenn ich fragen darf, ich sehe ihn jeden Tag, wie er da steht und schaut ..."

„Er schaut", sagt Streber.

„Aha."

Und dann erzählt mir Streber, warum er kein Ich hat. Er hat alles, was andere auch haben. An seine Kindheit kann er sich gut erinnern. Er will nicht ins Detail gehen, aber er war ein glückliches Kind. Die Mutter starb, der Vater lebt. Lebt noch. Streber schaut aus dem Fenster, zum Balkon hinüber. Dort ist nur mehr das dunkle Viereck der Türe zu sehen, die in die Wohnung hineinführt, aus der kein Licht dringt, obwohl der Tag, jetzt, da sich der Nebel verzogen hat, seine ganze Düsternis hervorkehrt. Ja, er war ein glückliches Kind, umgeben von den unsterblichen Helden von Raumschiff Enterprise und Baywatch, den Backstreet Boys, den Gummibärchen und all den labellolippigen Girls, mit denen die coolen älteren Typen herumhingen.

Aber dann, eines Tages, war dieser Riss in den Nächten da. Der machte alles kaputt. Das war schon, als er noch ein Ich hatte. Ihn quälte ein wiederkehrender Albtraum. Er schwebte. Von sich selbst sah er nichts. Er schwebte reglos im Dunkeln. Vor ihm, in einer Distanz, die unmöglich zu bestimmen war, sah er, das Blickfeld randlos ausfüllend, eine fast monochrome graue Fläche, die in der Dunkelheit schwach leuchtete. In der Mitte der Fläche war, von oben nach unten, ein Strich gezogen. Sonst nichts. Kein Grund zur Panik. Und doch begann Streber, vor der Wand mit dem Strich reglos schwebend, im Traum zu schreien. Schreiend wachte er auf. Er sah die besorgten Gesichter seiner Eltern, die zu ihm ans Bett gekommen waren. Als er ihnen seinen Traum erzählt hatte, schüttelten beide lachend den Kopf, sie waren ehrlich erleichtert. Man fürchtet sich doch nicht vor einem Strich an der Wand, oder? Seitdem erzählte er seinen Eltern, wenn sie ihn wieder einmal durch die Wand seines Zimmers hindurch schreien gehört, ihn aufgeweckt und befragt hatten, einen *wirklichen* Albtraum, den er sich am Abend zuvor ausgedacht hatte.

„Man fürchtet sich doch nicht vor einem Strich an der Wand", sage ich und versuche, nicht auf meine Armbanduhr zu schielen, denn ich weiß ja ohnehin, dass meine Sprechstunde längst vorüber wäre, hätte ich heute eine.

„Sie haben keine Sprechstunde", sagt Streber, „das tut mir leid."

Ich verkneife mir die spitzfindige Frage, ob es ihm leidtue, dass ich keine Sprechstunde habe, oder ob es ihm leidtue, dass er gerade dabei sei, mir sein ganzes junges albtraumdurchsetztes Leben zu erzählen, obwohl ich keine Sprechstunde habe. Stattdessen sage ich höflich und formal:

„Keine Ursache."
„Danke."
„Bitte."
„Man fürchtet sich", sagt Streber, „nicht vor einem Strich an der Wand, aber wenn man sich dennoch vor einem Strich an der Wand fürchtet, dann ist das keine Kleinigkeit."
Denn dann gibt es für diese Furcht oder Angst oder Panik, oder was das ist, das einen im Schlaf schreien lässt, keinen Grund und keinen Namen. Etwas Begriffloses ist im Spiel, eine Bedrohung ohne Gesicht. Da es nicht am Strich an der Wand liegen kann, ist es überall. Es. *It.*
„Stephen King."
„Nein", sagt Streber, „Es ist nicht gleich Es."
Das Es bei King ist eine geheimnisvolle, dunkle Macht, abgrundtief böse, aber sie ist besiegbar. Denn es ist ihr Wesen, sich in das zu verwandeln, wovor man am meisten Angst hat. Man muss seine größte Angst besiegen, dann besiegt man das *It.* Streber versuchte, seine größte Angst zu besiegen. Bevor er einschlief, konzentrierte er sich darauf, keine Angst mehr zu haben vor dem Strich an der Wand. Er würde, vor der Wand schwebend, an all die Dinge denken, die ihm Freude und lustvolle Unruhe bereiteten: an das knallgelbe Surfbrett von Pamela Anderson, das Kleben eines Gummibärchens am Gaumen, bevor es verschluckt wird, den Küss-mich-Geruch von Labellolippen. Tatsächlich wurde der Strich an der Wand blasser und blasser, um schließlich ganz zu verschwinden. *Aber es blieb die Wand.* Schwach leuchtend, fast monochrom, grau mit irisierend grauen Flecken, die sich kaum voneinander abhoben. Und es blieb die namenlose Angst des reglosen Schwebens. Als Streber wieder einmal schreiend erwachte, weil er dem Grauen der Wand nicht entkommen konnte, da wusste er es: Er war nicht da! Dieses Schauen im Traum war *er* und er war *abwesend,* ein blankes Gesichtsfeld, eine Leerstelle.
„Damals", sagt Streber, habe ich zu verstehen begonnen, ich verstand nur nicht, was es war, das ich verstand ..."
Aha, denke ich, das ist Strebers Verstehenstiefsinnskitsch. Heitere Aussichten, immerhin. Inzwischen scheint draußen die Sonne auf die Front des gegenüberliegenden Hauses. Hinter den Balkonen blinken die Fenster, da und dort werden Türen geöffnet, die Bewohner treten ins Freie: Pensionisten, Studenten, Arbeitslose in mittleren Jahren (man erkennt sie daran, dass sie geschäftig tun, sie halten Ausschau, auch wenn sie nur gelangweilt den unten vorbeifahrenden Autos nachschauen). Der alte Mann ist ebenfalls wieder zu sehen. Er ist

ausgehfertig, schaut nach oben, prüft wohl, ob das schöne Wetter halten wird. Das ist nicht sein Vater, denke ich, das hat Streber bloß gesagt, um sich interessant zu machen. Tiefsinnskitsch.

„Das ist nicht mein Vater", sagt Streber, „Entschuldigung, ich wollte nur, dass Sie mir eine Zeitlang zuhören. Ich wollte nur, dass Sie verstehen, wie es ist, kein Ich zu haben. Sie halten eine Vorlesung über die Transzendenz des Ego, doch Sie haben keine Ahnung, wie das ist …"

Keine Ahnung? Das also sind meine heiteren Aussichten! Ich bin ernsthaft gereizt, entschlossen, das Gespräch zu beenden. Schließlich spricht mir dieser Student, der in meine Nichtsprechstunde kommt und mich mit seiner Lebensgeschichte behelligt, die vor allem aus einem Albtraum zu bestehen scheint, nun die Kompetenz ab, eine Vorlesung über die Transzendenz des Ego zu halten. Und während ich beginne, mich von meinem Sessel zu erheben, frage ich, so wie man jemanden zum Abschied fragt, ob man noch etwas für ihn tun könne:

„Und wie ist es, kein Ich zu haben?"

„Das wollte ich Ihnen gerade erzählen", sagt Streber und schaut mich an. Ich rieche die Tabletten. Sein aufgeschwemmtes Gesicht, in das einige verschwitzte Haare gerutscht sind, zeigt Züge einer Marter, die mich veranlassen, mich wieder hinzusetzen. „Wenn Sie kein Ich haben", sagt Streber, „dann ist das so, als ob Sie an der Tafel jeden Knopf drücken könnten, und es wäre immer der richtige Knopf, gleichgültig, welcher Teil der Tafel nach oben geht. Es ist dann immer der richtige Knopf, weil alles, was Sie tun, zu Ihnen gehört wie das Amen zum Gebet. Sie können sich dann nicht von sich selbst abwenden. Sie können nicht sagen: ‚Zu dumm, ich hätte den anderen Knopf drücken sollen …' Denn welchen Knopf auch immer Sie drücken, es handelt sich stets um den einfachen, reinen Ausdruck Ihres Wesens, Ihres opaken Wesens, hinter dem nichts steckt außer all dem, was Sie tun oder lassen, was Sie anstoßen oder Ihnen zustößt. Alles gehört zu Ihnen. Sie sind, was Sie sind. Alle Tatsachen des Universums, bis hin zu den fernsten Galaxien, die zu Ihnen in irgendeiner Beziehung stehen – und alle Tatsachen stehen zu Ihnen in irgendeiner Beziehung –, definieren Sie als den, der Sie sind. Verstehen Sie das?"

Da ich zu begreifen beginne, dass Streber entweder vollkommen verrückt oder bloß ein durchschnittlich verwirrter Student der Philosophie ist, der von seinem Psychiater vollkommen verrückt gemacht wird, sage ich mit gespielter Leichtigkeit: „Natürlich verstehe ich."

Daraufhin bückt sich Streber und beginnt in seinem Beutel, den er am Boden zwischen seine Füße geklemmt hat, zu wühlen. Und als er sich wieder aufrichtet, sehe ich das Formular, ein wenig zerknüllt, 3-fach, in dem ich mich als Gutachter (Name: …) für eine Diplomarbeit zum Thema (Thema: …) zur Verfügung stelle, Datum (…), Unterschrift (…).

Da habe ich eine Idee. Ich sage: „Streber, ich sehe mich außerstande, Sie zu betreuen, solange Sie kein Ich haben."

Streber schaut mich mit wässrigen Augen an. Auf seinem Gesicht haben sich rote Flecken gebildet. Er versucht, die Haare, die ihm in die Augen gerutscht sind, zu entfernen. Aber weil bei ihm alles verschwitzt ist, Stirn, Haare, Hände, wirkt alles, was er in Ordnung zu bringen sucht, hintennach noch verschwitzter. Wie wird er sich aus der Affäre ziehen? So denke ich und komme mir, nicht ohne eine gewisse Genugtuung, ein wenig grausam vor. Da sagt Streber: „Wie wäre es, wenn ich morgen in Ihrer Vorlesung versuchen würde, für Sie den anderen Knopf zu drücken?"

Die Formularformalitäten sind rasch erledigt. Der Arbeitstitel zur Diplomarbeit lautet: „Neue Ansätze zur Transzendenz des Ego".

Am nächsten Tag betrete ich den Hörsaal ein paar Minuten zu früh. Einige Studenten sitzen bereits herum. Statt aber wie üblich vor sich hin zu dösen, schauen sie nach vorne und wissen nicht, was sie von dem zu halten haben, was sich dort ereignet. Dort steht einer und werkelt an den Knöpfen herum, sodass die beiden großen Tafeln ununterbrochen auf- und abfahren. Aus den Gesten der teils erheiterten, teils stellvertretend verlegenen Zuschauer lässt sich leicht eine Frage ablesen: Ist der da vorne völlig verrückt? Wie sollten sie wissen, dass Streber mir bloß zeigen will, was es bedeutet, den anderen Knopf zu drücken?

***

Seit jenem Auftritt Strebers an der Tafel des Hörsaales, in dem ich meine Vorlesung zur Transzendenz des Ego halte, sind Wochen vergangen. Die Zimmerkamelie auf dem Fensterbrett meines Wohnzimmers ist verwelkt. Draußen riecht es bereits nach Schnee, wenn der Wind über das Bergland in den Kessel der Stadt einweht. Ich erinnere mich, wie ich auf Streber zugegangen bin, der an den Knöpfen der Tafel herumwerkelte, bloß, um „den anderen Knopf" zu drücken. Plötzlich hatte mich ein wildes Mitleid für diesen jungen Menschen gepackt, der da vorne einsam und verloren werkelte, während sich in den Bänken hinter ihm seine Kollegen und Kolleginnen halb erstaunte, halb belustigte Blicke zuwarfen. Ich eilte auf ihn zu, er schien mich nicht zu hören. Als ich neben ihm stand, eingehüllt in einen Tablettennebel, flüsterte ich ihm ins Ohr: „Hören Sie doch auf, Streber, so hören Sie doch auf!"

Da drehte sich Streber um. Man kann das nicht anders sagen: Er drehte sich um im Schweiße seines Angesichts. Er schaute mir fest in die Augen wie jemand, der sich vorgenommen hat, seinem Richter in die Augen zu schauen, und sagte: „Es hilft nichts." Ich spürte ein Verlangen, ihn in meine Arme zu nehmen, an mich zu drücken. Zugleich spürte ich meine Hände an meinem Körper nach unten hängen. Was konnte ich noch sagen? Ich musste dem Gescharre und Gewitzel hinter mir ein Ende bereiten. Ich sagte also zu Streber, dass ich nicht ernsthaft gewollt hätte, er möge sich an der Tafel zu schaffen machen, der „andere Knopf" sei, darüber brauchten wird beide uns wohl nicht eigens zu verständigen, ein Gleichnis, oder? *Ein Gleichnis!*

Ich sagte zu Streber, er wisse so gut wie ich, dass es unmöglich sei, den Knopf in einem Gleichnis an einer realen Tafel zu finden, um ihn als ersten Knopf zu drücken, zumal der „erste Knopf" auch bloß ein Knopf im Gleichnis sei. Streber schaute mich an, als ob ich gar nichts gesagt hätte. Ich sagte also: „Haben Sie mich verstanden?" Und er sagte: „Natürlich, aber es hilft nichts ..."

Während ich jetzt, Wochen später, in meinem Dienstzimmer vor einem Packen Wiederholungsklausuren sitze, die möglichst schnell korrigiert sein wollen, denke ich an Streber. Er sagte: „Es hilft nichts", wandte sich ab und ging. In den Wiederholungsklausuren, die vor mir auf dem Tisch liegen, geht es um *Politeia,* Buch VII, 514a–541b. Dort findet sich Platons Höhlengleichnis. Wieder ertappe ich mich bei der Frage, die ich mir schon oft gestellt habe: Glaubte der Philosoph *wirklich,* was er zu wissen glaubte und daher seine Zuhörerschaft glauben machen wollte? Glaubte Platon daran, dass die vielgestaltige Welt der Sinne nichts weiter als eine Art Höhle sei, in der wir, die Gemeinsterblichen, unser ganzes Leben lang ausharren müssen, gefangen im Schattenreich, fern der Wahrheit? Glaubte er, dass die Befreiung darin bestünde, die sinnliche Fessel abzuwerfen, um das volle Licht der Wahrheit zu schauen? Glaubte Platon allen Ernstes, dass es wirklichkeitsnäher und beseligender sei, die *Idee* einer Frühlingswiese in Gedanken zu erfassen, statt die Frühlingswiese in ihrer frischen Pracht, ihrer bunten, summenden, duftenden Zartheit zu erleben? Das kann ich mir nicht vorstellen.

Meine Studenten offenbar schon. Während ich ihre Antworten lese, habe ich das ungute Gefühl, einer Kulissenschieberei aus Prüfungskalkül beizuwohnen. Je nach Talent und Laune wird Platons Höhlengleichnis wiedergegeben, als ob es sich dabei um eine der vielen Möglichkeiten handelte, die menschliche Situation innerhalb der Welt zu betrachten. Jawohl, die meisten von uns sind blind, fast blind, denn sie sehen nicht, dass die bunte Frühlingswiese bloß ein fahler Schatten ist, der, jawohl, kaum eine Ahnung vom herrlichen Licht der Ideen und ihrer abstrakten Wahrheit vermittelt. Das schreiben meine Studenten, Platon referierend, ohne sich zu fragen, wie es jemandem gehen muss, der so etwas behauptet.

Was beunruhigt Platon derart, dass er in der blühenden Frühlingswiese nichts sehen will als eine lichtlose Illusion im Kerker der Körperwelt? Wenn meine Studenten – zu zwei Drittel Studentinnen – daran nichts Beunruhigendes entdecken, dann wohl deshalb, weil sie das, was ihnen der Philosoph eröffnet, nicht ernst nehmen: nicht nehmen als eine Doktrin, die ihr Leben von Grund auf ändern sollte. Fühlte sich Platon, auf einer sonnigen Frühlingswiese stehend, tatsächlich in einer Höhle eingeschlossen, abgeschnitten von der Sonne des Lebens?

Im Großen und Ganzen bin ich, soweit man mir erzählte, ein normales Kind gewesen. Allerdings hatte ich, seit ich fähig war, mir über Dinge Gedanken zu machen, „ungesunde Gedanken" – meine Großmutter, bei der ich aufwuchs, nannte das so. Sie war eine bodenständige Frau. „Tot ist tot", pflegte sie zu sagen, wenn ihr jemand mit dem Tod kam, wobei sie ihren Standpunkt gerne unterstrich, indem sie hinzufügte: „... und Schnaps ist Schnaps." Der Tod war für sie eine handfeste Sache. Worüber sie sich Gedanken machte, war der Himmel. Es gehört zur Bodenständigkeit des Lebens, dass man einmal glücklich sein möchte; und dass man hofft, es möge, nachdem man gestorben ist, nicht aus sein für immer. „Tot ist tot" gilt nicht für das Leben danach.

Der Satz „Tot ist tot" löste in mir jedoch das Gegenteil von dem aus, was er auslösen sollte. Statt für mich das Thema „Tod" zu erledigen, wirkte er wie ein Mantra, eine dieser Gebetslitaneien, die man sich immer wieder und wieder vorsagt, bis man das Gefühl hat, durch die Begriffe zu starren wie durch ein Loch. Die buddhistische Nonne Patacara hat gesagt, es komme im Leben des Meditierenden darauf an, den Docht aus der Kerze zu ziehen. Was bleibt, sei das Leuchten. Das Leuchten blieb mir nie. Was mir blieb, war ein inneres, ein gebanntes, ein verkrümmtes Starren auf dieses Wort: *Tod*.

Schon als Schulkind erwachte ich mit dem Gedanken „Tod", durch den ich hindurchzustarren versuchte. Aber dort, auf der anderen Seite des Wortes, war nichts. Ich starrte in meinen Gedanken auf das Wort, und das Wort – Tod, Tod, Tod – schien mir manchmal, bevor ich meine Beine aus dem Bett schwang, alles zu sein. Das Wort schien mich aufzusaugen, umso gründlicher, je weniger sich hinter ihm etwas auftat. Eines Morgens sagte ich zu meiner Großmutter: „Wenn der Tod nichts ist, dann bin ich auch nichts." Damit meinte ich wohl, dass, wenn das Wort „Tod" für mich undurchdringlich bliebe, ich in dem rätselhaften Wort – „Tod", „Tod", „Tod" –, das wie ein blindes Fenster auf ein Nichts dahinter deutete, verschwinden müsste, nicht mit Haut und Haaren, aber als das denkstarre Wesen, als welches ich mich innerlich um dieses Nichts krümmte. Das war ein typischer Fall für das, was meine Großmutter „ungesunde Gedanken" nannte.

Meine Großmutter ist sicher in den Himmel gekommen. Für mich darf ich nichts erhoffen. Um in den Himmel zu kommen, muss man seine ungesunden Gedanken loswerden. Durch einen Spalt meines Fensters kommt dieser eigenartige Wind, der nach Schnee riecht und Fernweh erzeugt. Kalter Föhn. Was ist aus Streber geworden? Mein Blick saugt sich an dem Balkon gegenüber fest, wo der alte Mann stehen sollte, von dem Streber behauptet hatte, er sei sein Vater. Merkwürdig, jetzt schaut der Balkon aus, als ob er geschlossen wäre. Ein Balkon kann nicht geschlossen sein. Dennoch schaut er so aus, verlassen, vernagelt, mit dem schwarzen, nach hinten versetzten Türglas, in dem sich nichts spiegelt und durch das kein Licht zu sehen ist.

Ich zwinge mich, meine Konzentration auf die gerade vor mir liegende Klausurarbeit zu richten. Die Schreiberin behauptet, Platon sei ein MCP gewesen, ein „Male Chauvinist Pig". Das wird in den Wiederholungsterminen selten behauptet. Solche Aussagen sind den Hochambitionierten vorbehalten, die ihre Klausuren gleich im ersten Termin schreiben. Vor mir liegt offenbar das Zeugnis einer verspäteten Ambition. Die Höhle sei ja, so die Autorin, unschwer als Uterus zu entschlüsseln. Und so bringe Platon die ganze Weiblichkeit auf den einen männlichen Punkt: Das alles sei falscher Schein, Lüge, eine Art Tod. Darüber hinaus zeigt die Autorin, dass sie in der Metapherngeschichte bewandert ist. Das Licht bei Platon, dieses grelle und dabei buchstäblich abstrakte Licht der Ideen, sei dasselbe wie jenes der Aufklärung, *des lumières*: durch und durch männlich. Deshalb, so die Autorin, habe die französische Feministin Luce Irigaray zu Recht den Sexismus hervorgehoben, der in der Behauptung stecke, im Universum sei nichts schneller als das Licht – eine Behauptung, so die

Autorin, die durch neueste Forschungen bereits widerlegt sei, Stichwort „quantenmechanische Tunnelung". Kein Zweifel, denke ich, das ist eine Arbeit, die mit „sehr gut" zu benoten ist, und dabei will mir nicht aus dem Kopf, dass die Dunkelheit auf dem Balkon gegenüber gut zu der Vorstellung passt, Platons Höhle sei nichts Außergewöhnliches, sondern überall vorzufinden in dieser dunklen Welt, jedenfalls für den geübten, den halbwegs erleuchteten Blick.

Und während ich eine „1" unter die Klausurarbeit setze, samt der Bemerkung „souveräne Stoffbeherrschung, couragierte Durchführung", spüre ich in mir das Verlangen, in das Haus gegenüber, wo der alte Mann wohnt, zu gehen.

Und natürlich gehe ich nicht.

Aber dann, nachts, habe ich einen Traum. Ich gehe in das Haus gegenüber, vier Stockwerke hinauf. Schon am letzten Treppenabsatz versuche ich, die Türschilder zu entziffern. Ich trete näher, das erste Schild, das zweite. Beide Schilder sind unbeschriftet. Aha, denke ich im Traum, das ist ein Traum. Aber dann stehe ich vor der dritten Tür mit dem dritten Schild, und darauf steht: „Streber". Im selben Moment stürze ich bereits durch die Türe, seltsamerweise, wie mir durch den Kopf schießt, *weil ich nach draußen will*, ins Licht. Drinnen aber ist es dunkel und aus dem Dunkel begrüßt mich eine Stimme:

„Mein Name ist Streber, ich habe Sie schon erwartet."

„Bitt' um Entschuldigung, dass ich mit der Tür ins Haus falle", sage ich und bin erstaunt, dass mir in dieser Situation nichts weiter einfällt als eine Redensart. Und plötzlich, zusammenhanglos, habe ich den ekstatischen Eindruck, ich verstünde jetzt mehr vom Sterben, als ich bei allen meinen Todesmeditationen jemals zu fassen bekam. Im Augenblick des Todes stürzt man durch eine Türe, nach draußen, und während man über die Schwelle stolpert, sagt man zum Beispiel: „Bitt' um Entschuldigung, dass ich mit der Tür ins Haus falle." Man macht kein Aufhebens, verhält sich höflich. Das war's. Nachdem ich mich beruhigt habe, schaue ich mich um, aber ich sehe kaum etwas. Aha, denke ich, Jalousien heruntergelassen, Vorhänge zugezogen. Doch als sich meine Augen an die Dunkelheit gewöhnen, beginne ich die Umrisse der Tür zu sehen, die zum Balkon hinausführt, und auch, dass nichts vor den Fenstern hängt, keine Jalousie, kein Vorhang. Das ist unheimlich. Denn draußen, bilde ich mir ein, ist heller Tag. Zugleich spitzt sich in meinem Kopf ein Gedanke zu: Wo eigentlich ist hier draußen?

„Ich habe Sie erwartet", sagt die Stimme, die, wie ich nun sehe, zu einem alten Mann gehört, der regungslos auf einem Sessel sitzt, neben einem Tisch, der vollkommen abgeräumt ist. Will der alte Mann weggehen? Und ist das derselbe Mann, den ich so oft beobachtete, wie er auf dem Balkon stand und, ins Licht blickend, seinen Hals puppenhaft hin und her bewegte, als ob er – ja, was eigentlich? Da fällt mir plötzlich ein: Als ob er blind wäre!

„Ich bin blind", sagt die Stimme, die offenbar zu dem alten Mann gehört, „doch Sie brauchen sich deshalb nicht zu beunruhigen. Was mich betrifft, so sehe ich genug, mehr als genug."

Das hier ist eine Travestie, denke ich, der blinde alte Mann, der mehr als genug sieht, und die Dunkelheit herinnen und draußen, die Dunkelheit überall hier und jetzt, obwohl doch heller Tag ist und die Fenster nicht verhängt sind. Das hier ist eine Travestie des platonischen Höhlengleichnisses, nicht wahr?

„Vielleicht", sagt die Stimme, die vom alten Mann herkommt, „machen sich die Menschen, und besonders die Philosophen, falsche Gedanken über das Blindsein. Ich meine das Blindsein, das jeden betrifft ..."

Aha, denke ich, das ist der Beweis: Der alte Mann redet in billigen Metaphern, er ist gar nicht wirklich blind, seine Blindheit ist ein Symbol, so wie Platons Höhle ein Symbol ist für die Blindheit der Menschen, egal, ob sie sehen wie die scharfsichtigen Luchse oder kurzsichtig sind wie die sprichwörtlich blinden Hühner.

„... das jeden betrifft, sage ich, und glauben Sie bloß nicht, dass ich in billigen Metaphern rede. Ich habe auf Sie gewartet, um Ihnen zu zeigen, was ich meine. Treten Sie nur auf den Balkon!"

Aha, denke ich, das ist wie in Platons Höhle: Ist man erst ins Freie entkommen und betrachtet die Sonne mit ungeschütztem Auge, dann erblindet man. Statt nun aber den alten Mann zu fragen, ob er mit ungeschützten Augen zu lange in die Sonne geblickt habe, frage ich ihn geradeheraus (mein Verlangen nach Faktizität, nach einem festen Boden unter den Füßen treibt mich an), ob er der Vater von Streber sei. Da passiert etwas, das mir nur deshalb nicht das Herz stillstehen lässt, weil ich bereits davon überzeugt bin, in einem abschüssigen Traum zu agieren. Die Stimme, die von dem alten Mann herzukommen schien, hat sich von ihm abgelöst; sie kommt nun aus der Richtung des Balkons, sie ist sanft geworden, lockend; sie sagt:

„Kommen Sie, dann werden Sie es wissen."

Es ist das förmliche „Sie", das mich davon abhält, besinnungslos nach hinten Reißaus zu nehmen. Immerhin: Auch wenn ich gerade dabei bin, im Wahnsinn zu versinken, es gilt noch die eine oder andere Konvention. Und so zwinge ich mich, ein, zwei Schritte in die

Richtung des alten Mannes zu machen, der noch immer reglos auf seinem Sessel sitzt, nach vorne geneigt, mit einem Ellbogen auf den abgeräumten Tisch gestützt. Jetzt kann ich sein Gesicht sehen, und jetzt sehe ich, dass der alte Mann tot ist. Nein, nicht einfach tot. Sein Schädel ist, das sehe ich als schwaches Leuchten durch die Dunkelheit hindurch, mumifiziert. Die Haut, die sich über seine Gesichtsknochen spannt, hat das Aussehen von hauchdünnem, brüchigem Pergament. Dieser alte Mann ist tausend Jahre tot, zweitausend, dreitausend Jahre, oder schon ewig. Er könnte Platon sein oder der Priester eines Pharaos oder – *ungesunder Gedanke!* – der erste Mensch, in Gedanken versunken.

„Kommen Sie", sagt die Stimme vom Balkon her. Nun hat die Mechanik des Traums vollends von mir Besitz ergriffen. Ich gehe nicht auf den Balkon, ich werde gegangen, und während von der Straße die Geräusche des Tages zu mir heraufdringen, liegt über allem ein Zwielicht ohne Licht, eine Finsternis, die aus den Dingen zu sickern scheint. Ich spüre, wie sich mein Kopf auf meinem Hals hin und her bewegt, und mir kommt vor, die Stimme, die vom Balkon kam, auf dem ich nun stehe, ist meine eigene. „Sie wollen wissen, ob ich Streber bin?", sagt die Stimme: „So schauen Sie doch!"

Da hält mein Kopf mit einem Ruck inne und meine Augen sind auf das Haus gegenüber gerichtet. Dort drüben, im zweiten Stock des Universitätsgebäudes sehe ich ein Fenster, das mitten am hellen Tag, zu dem ich mich nicht durchsehen kann, aus der Dunkelheit hervorleuchtet. Das Fenster ist das Fenster meines Arbeitszimmers, und hinter dem Fenster sitze ich, über meinen Arbeitstisch gebeugt, und mir ist klar: Ich sitze dort, um die Wiederholungsklausuren zu lesen, die von Platons Höhlengleichnis handeln. Ich kenne diese Szene, denke ich, solange ich mich darauf konzentriere, dass ich diese Szene kenne, werde ich nicht wahnsinnig. Da fällt es mir ein, das ist die Szene aus Roman Polanskis *Der Mieter,* in welcher – so erinnere ich mich – der bereits wahnsinnig gewordene Mieter durch ein Fenster des Klosetts auf dem Treppenflur des alten Mietshauses blickt, hinüber in einen anderen Flügel des Hauses, wo ein Fenster in einem Klosett leuchtet, in dem der Mieter sich selbst sieht, wie er sich aus dem Fenster von drüben entgegenschaut. Und das, dieser eine Gedanke, ist das Ende meines Traums: Ich bin Streber, niemand anderes.

Noch im Aufwachen habe ich den zwingenden Eindruck, mit einer tiefen Wahrheit konfrontiert worden zu sein. Niemand kann der Dunkelheit entkommen, denn im Grunde gibt es keine Dunkelheit. Die Dunkelheit ist das eigene Ich, und alle Ekstasen, hinein und hinauf ins Licht, führen wieder nur dorthin zurück: in die Dunkelheit, die gar keine ist. Ich hatte den Weg nach draußen beschritten, und als ich mich aus mir selbst so weit herausgedreht hatte, dass ich mich selber sehen konnte, da sah ich zugleich, dass es nichts weiter gab – so, wie ich Tag für Tag vor meinen Klausuren saß, die dringend erledigt sein wollten, so war es. Und mehr war da nicht!

Ich mache das Licht meiner Nachttischlampe an, erleichtert, voller Einsicht und Einverständnis, und will gleich alles aufschreiben. Doch noch während ich aus dem Bett steige, verflüchtigt sich meine Euphorie. Statt alles aufzuschreiben, gehe ich zuerst in die Küche, um ein Glas Wasser zu trinken, und dann wieder ins Bett. Ich wollte alles aufschreiben. Aber was? Aber was?

***

Streber bleibt verschollen. Der alte Mann auf dem Balkon gegenüber ist wieder da, ich sehe seinen Atem wegdampfen in der kalten Luft, der Winter ist heuer früher gekommen als sonst.

Und eines Tages treffe ich auch Streber wieder. Es ist ein nervöser Einkaufssamstag. Ich stehe im Schneeregen. Meine Frau und meine Tochter sind in einem Modegeschäft verschwunden, ich mochte da nicht mit hinein. Missmutig denke ich an Heidegger, der sich über die tiefe Langeweile verbreitete. In der tiefen Langeweile, sagt Heidegger, treffen wir auf das Sein. Oder auf das Nichts? Ich versuche, mir die tiefe Langeweile auszumalen, was mir, da mir ohnehin tief langweilig ist, nicht schwer fallen sollte.

Es fällt mir aber schwer, denn während ich mir die tiefe Langeweile auszumalen versuche, schwindet meine dahin, löst sich auf wie der patzige Schnee auf meinen Händen, die ich anstarre, um mir die tiefe Langeweile auszumalen. Aber obwohl ich nun, im Starren auf meine Hände, über die der Schnee abrinnt, zu vergessen beginne, dass mir langweilig ist, bin ich dennoch missgestimmt. Wie konnte ich vergessen, worauf wir laut Heidegger im Zustand der tiefen Langeweile stoßen, auf das Sein oder das Nichts?

Ich stehe da und horche in mich hinein und schaue um mich herum: kein Sein, kein Nichts. Nur heftiges Treiben. Banale Einzelheiten, denen ich gerne entfliehen möchte. Mir kommt vor, Heidegger hat alles nur herbeigeredet. Entbergung und Verbergung des Seins. Das Nichts, das nichtet. Der Mensch als Sorge. Ich stecke fest. Daher kommt mir der heiße Atem, der mir plötzlich in den Hals fährt, gerade recht. Doch bevor ich mich umdrehen und zu schreien beginnen kann, ist Tablettengeruch um mich und eine Stimme flüstert mir konspirativ ins Ohr: „Ich hatte eine Offenbarung."

Als ich mich Streber zuwende, schaut er mich aus runden Augen freundlich an. Er ist aufgedunsen; fleckige Zähne, aschgelbe Farbe, Omelettengesicht. Seine Haare, die ihm sonst stets schweißnass in die Augen hingen, sind nun kurzgeschnitten, sodass der Schnee zwischen den Haarstoppeln taut und kleine Rinnsale stirnabwärts bildet. Strebers Lippen formen ein O, als ob sie von innen her aufgeblasen würden: O wie Omelett, O wie Offenbarung.

„Ich hatte eine Offenbarung", sagt Streber. „Darüber müssen wir reden, ja?"

Er hat seine Offenbarung gezeichnet, aufgezeichnet, niedergemalt und abgedruckt. Er bückt sich, indem er mir unverwandt sein freundliches Omelettengesicht zuwendet, hinunter zu seinem Beutel, den er zwischen seinen Füßen abgestellt hat. Da drinnen, denke ich, muss alles tropfnass sein, und schon hat er einen tropfnassen, in der Mitte zusammengefalteten Karton hervorgezogen, den er mir in die Hand drückt.

„Wir müssen reden, ja?", sagt er. Ich deute hinter mich, auf den Eingang zu dem Modegeschäft in meinem Rücken, und sage ins Unbestimmte hinein: „Meine Frau, meine Tochter, die sollten schon längst wieder …"

„Eine Offenbarung", sagt Streber, „ich bin mir ganz sicher. Total. Ich habe keine schlechten Träume mehr. Der eine Knopf ist so gut wie der andere. Meine Diplomarbeit muss warten, es gibt Wichtigeres."

„Und was ist mit Ihrem Ich? Haben Sie es gefunden?" Ich will ihn ablenken, auf andere Gedanken bringen. Dabei halte ich, indem ich meinen Kopf von ihm wegdrehe, nach meiner Frau und meiner Tochter Ausschau. Ich will weg. Wen interessiert schon Strebers Ich?

„Wen interessiert schon mein Ich?", sagt Streber.

Ich spüre das Strahlen seines Omelettengesichts. Da bin ich bereit zu kapitulieren: „Also gut, reden wir."

„Ich hatte eine Offenbarung", sagt Streber: „Es ist, wie ist es, und es ist gut."

„Das war Ihre Offenbarung?"

„Das war meine Offenbarung."

„…"

„…"

Jetzt müssen wir reden, denke ich, und deshalb sage ich, weil ich nicht weiß, was ich sagen soll:

„Und?"

„Und was? Das war's. Es ist, wie es ist. Das war's."
„Das war's?"
„Und es ist gut."
Noch immer steht Streber vor mir, ein großes, rundes, freundliches O, dem das Schneewasser über Stirne und Wangen in den Hals rinnt. Doch ich habe den Eindruck, dass seine gelbe Haut inzwischen aschiger geworden ist, so, als ob sich von innen her der Schatten einer Mumifizierung über sein Gesicht zu legen begänne. Das ist, ich weiß es, ein irgendwie preziöses Bild, aber eines, das irgendwie passt. Ich schaue unverwandt in Strebers Augen, die an meinen Augen zu kleben scheinen, und habe den Eindruck, dass Streber, dieser junge, leidende, strebsame Mensch, schon lange tot ist. Das ist es, er ist schon lange tot, er ist schon immer tot gewesen. Nur einer, der schon immer tot gewesen oder jedenfalls schon lange tot ist, kann sich herstellen, da, in diesen wässrigen Dreck ringsum, und sagen: Es ist, wie es ist, und es ist gut. Und was soll ich nun sagen? Keine Ahnung, also sage ich:

„Streber, Sie haben recht."

„Nicht wahr", sagt Streber, und seine Augen saugen sich an meinen fest, „da gibt es keinen Zweifel. Ich hatte eine Offenbarung, im Namen des Vaters und der Mutter und des Sohnes, amen."

Streber hat mich mit der einen Hand am Revers meines Mantels gepackt, um mich näher an sich heranzuziehen, während er mit der anderen Hand seinen klatschnassen Beutel an sich drückt. Und weil ich seinen weit aufgerissenen Augen so nahe bin, dass ich praktisch nichts mehr sehe außer seine Pupillen, sehe ich darin das Flackern der Angst. Das ist es, denke ich, die Angst der Toten, ins Leben hinein aufzuwachen. Das ist unser aller Angst, denke ich. Ein ungesunder Gedanke! War es das, wovor sich Platon fürchtete und dann, zweieinhalb Jahrtausende später, Heidegger? War es das, warum der eine sich nach seiner dunklen Höhle sehnte, indem er angeblich stets nur nach draußen, ans Licht, drängte, während der andere sich's im seinsfernen Zivilisationszeug gemütlich machen wollte, um am Papier scheinheilig den Seinshüter zu mimen? Ich spüre, wie Strebers Atem mir heiß in der Ohrmuschel rauscht. Ich höre die immer gleichen Worte: „Es ist, wie es ist, und es ist gut." Das bringt mich in Rage, also werde ich pädagogisch:

„Streber", sage ich, „mag sein, dass Sie eine Offenbarung hatten. Man kennt das, glauben Sie mir, es kommt vom inneren Totsein. Das ist in Ordnung, Streber, Sie sind nicht der Einzige. Aber Sie haben ein Problem. Ihr Erlebnis beginnt zu verblassen. Sie sind sich

schon nicht mehr sicher, Sie sind sich nur noch sicher, dass Sie sich sicher gewesen sind. Aber das ist nicht dasselbe, wie sich sicher zu sein. Das ist in Ordnung, Streber, glauben Sie mir!"
Daraufhin sagt Streber: „Vergelt's Gott", während ich hinter mir endlich meine Frau und meine Tochter höre. Aus dem Modegeschäft kommend, rufen sie mir gutgelaunt akkurat jene Frage zu, die jedem, der bereits einmal vor einem Modegeschäft wartend über die tiefe Langeweile nachgegrübelt hat, in höchstem Maße provokativ anmuten muss: „Hat's lange gedauert?" Höflich antworte ich mit einem überzeugungslosen „Nein", und Streber, der gerade im Samstagsgewühle untertaucht, ruft mir nun seinerseits zum Abschied zu: „Besuchen Sie mich doch!"
„Wer war das?", fragt meine Frau.
„Ein Student", sage ich.
„Warum sollst du ihn besuchen?", fragt meine Tochter und schwenkt zwei Einkaufssäcke vor meiner Nase hin und her. Sie will, dass ich sie frage, was sie sich gekauft hat. Erst wenn ich sie frage, was sie sich gekauft hat, wird das, was sie sich gekauft hat, *wirklich* wirklich. Jedenfalls hat mir meine Tochter diesen entscheidenden Punkt eines jeden guten Shoppingbegleiters so erklärt.
„Weil", sage ich, „mein Student *wirklich* wirklich werden möchte."
„Das verstehe ich nicht", sagt meine Frau und hakt sich bei mir unter, um mich zum Weitergehen zu bewegen, denn unter unseren Schuhen haben sich bereits Pfützen gebildet.
„Ich eigentlich auch nicht", sage ich und entfalte den von der Nässe gewölbten, an den Rändern aufquellenden Karton, den mir Streber in die Hand drückte. Es ist ein Offsetdruck nach einem Gemälde, das Streber selbst signiert hat. Auf der linken Seite sehe ich das ungelenke Porträt eines jungen Mannes mit kurzgeschnittenem Haar, auf der rechten Seite ein verwaschenfarbiges Frauenbildnis mit einem schlauchähnlichen Gebilde über dem Kopf. Am linken unteren Rand des Bildes steht zu lesen: „15. 9. 2007 offenbarung. es ist wie es ist und es ist gut. im namen des vaters und der mutter und des sohnes. amen"; daneben, mit Bleistift hingekritzelt: „selbstbildnis nikolaus streber. sigmund freud klinik 14. 10. 07". Zwischen Strebers Offenbarung und Strebers Selbstbildnis liegt kaum ein Monat.
„Ist er verrückt, dein Student?", fragt mich meine Tochter.
Das dachte ich, doch nun, da es ausgesprochen wurde, kommt mir vor, es handle sich um ein Missverständnis. Ich falte den klatschnassen Karton zusammen und stecke ihn in meine Manteltasche. Immerhin weiß ich jetzt, wo Streber wohnt.

„Ja", sage ich zu meiner Tochter, „mein Student ist verrückt." Und dabei fühle ich mich merkwürdig heiter, als ob ich nun, da es ausgesprochen wurde, Strebers Komplize wäre.

ANMERKUNGEN

1 Paul Auster: *The Brooklyn Follies*, London 2006, 6 f.
2 George Edward Moore: *Eine Verteidigung des Common Sense. Fünf Aufsätze aus den Jahren 1903–1941*, a. d. Engl. v. Eberhard Bubser, Frankfurt a. M. 1969, 178.
3 Freilich haben beide Autoren bereits renommierte Preise für Spannungs- und Phantastik-Literatur erhalten. Besonders auf die Palme brachte die Kritiker, dass Stephen King 2003 im Rahmen des National Book Award die „Medal of Distinguished Contribution to American Letters" für sein Lebenswerk verliehen wurde. Seither rangiert King auf einer Ebene mit John Updike, Arthur Miller, Norman Mailer und Oprah Winfrey (!).
4 Philip Roth: *Everyman*, London 2006, 182.
5 Kings Reaktion auf Roths *Everyman* ist eine Variation auf Oscar Wildes Bemerkung zu Charles Dickens schauerlichem Roman *The Old Curiosity Shop*. Bezug nehmend auf das geradezu pompös trostlose Leben und Ende der weiblichen Romanfigur Little Nell, bemerkte Wilde ironisch: „One would have to have a heart oft stone to read the death of Little Nell without laughing." Dementsprechend schildert King seine Reaktion auf einige Bücher derselben Machart, die Lebenselend auf Lebenselend häufen, ohne dem Helden die geringste Chance zu lassen, darunter eben auch Roths *Everyman*: „— at some point while reading these books, I just start to laugh, wave my hands, and shout: ‚Bring on the cancer! Bring on the blindness! We haven't had those yet!'" Kings Bachman-Bücher, d.h. die Bücher, die er unter dem Pseudonym Richard Bachman schrieb, sind gewissermaßen die befreiende Übersteigerung dieser Art von „lachhafter" Elendsliteratur. (Richard Bachman: *Blaze. A Novel*, Foreword by Stephen King, New York etc. 2007, 2, Fn. 6.)
6 Cf. Thomas Mann: *Buddenbrooks. Verfall einer Familie*, 52. Aufl., Frankfurt a. M. 2002, 680 u. 751 ff.
7 Wolfgang Fleischer: *Das verleugnete Leben. Die Biographie des Heimito von Doderer*, Wien 1996, 48.
8 Nur um Missverständnisse zu vermeiden: Zwischen der ästhetischen Theorie, die ein Dichter, bezogen auf seine eigene Produktion, entwickelt (so wie Doderer in seinen Tagebüchern, den *Tangenten* und *Commentarii*), und der ästhetischen Qualität seines Werks bestehen zwar Zusammenhänge, aber nicht derart, dass der Obskurantismus des einen Teils dadurch den anderen zwangsläufig beschädigen müsste. Es gibt hier vielmehr indirekte und teilweise paradoxe Wirkungen. Doderers Werk, namentlich die *Strudlhofstiege* (1951) und die *Dämonen* (1956), dazu auch die *Wasserfälle von Slunj* (1963), gehört zu den großen literarischen Schöpfungen des 20. Jahrhunderts, und manche der schönsten Passagen in diesen Werken verdanken sich dem Versuch, ebenjene frei schwebende Haltung einzunehmen, die, psychologisch betrachtet, der ungelenke Rationalisierungsversuch eines

Lebens ist, von dem Doderers Biograph meinte, es sei eines, das der Autor vor sich selbst immerfort verleugnete.

9 Robert Musil: *Der Mann ohne Eigenschaften. Roman,* 1, hg. v. Adolf Frisé, Sonderausgabe, Reinbek b. H. 1990 [72. –75. Tsd.], 150.

10 Vgl. die manifestartige Sammelschrift *Die selbstbewusste Nation,* hg. v. Heimo Schwilk u. Ulrich Schacht, 2., veränd. u. erw. Aufl., Frankfurt a. M. / Berlin 1994. Geradezu als programmatisches Glanzstück wurde vorneweg der Kurzessay von Botho Strauß, *Anschwellender Bocksgesang,* abgedruckt.

11 Botho Strauß: *Diese Erinnerung an einen, der nur einen Tag zu Gast war. Gedicht,* München / Wien 1985, 50f. Der Titel ist einer Stelle aus dem biblischen *Buch der Weisheit* entlehnt: „Ja, die Hoffnung des Frevlers ist wie die Spreu, die der Wind verweht, / wie der Gischt, den der Sturm verjagt, / wie der Rauch, den der Wind zerstäubt; / sie schwindet wie die Erinnerung an einen flüchtigen Gast." (5,14; Einheitsübersetzung.)

12 Vgl. den Abschnitt „Der Blick des Hasses" in meinem Buch *Das Menschenmögliche. Späte Gedanken zum Humanismus,* Wien 1996, 91 ff.

13 Zu den sinistren Einzelheiten vgl. Rüdiger Safranskis ausgezeichnetes Heidegger-Buch *Ein Meister aus Deutschland* (Frankfurt a. M. 1999). Parteischer, aber detailreicher Victór Farias: *Heidegger und der Nationalsozialismus,* a. d. Span. u. Franz. übers. v. Klaus Laermann, mit einem Vorwort v. Jürgen Habermas, Frankfurt a. M. 1989.

14 Vgl. meinen Aufsatz „Heidegger's Silence Revisited", in: *Contemporary Portrayals of Auschwitz. Philosophical Challenges,* hg. v. Alan Rosenberg, James R. Watson u. Detlef Linke, New York 2000, 125–135.

15 Martin Heidegger: *Gesamtausgabe,* Bd. 79 (Bremer und Freiburger Vorträge), Frankfurt a. M. 1994, 27.

16 Nur damit ich nicht falsch verstanden werde: Für das Verhältnis von Heideggers Werk zu Heideggers Person (und jenen Stellen im Werk, welche das Elend dieser Person rationalisieren) gilt, mutatis mutandis, dasselbe wie das, was ich oben in Anm. 8 über Heimito von Doderer sagte.

17 Benützte Internetquelle: http://www.smoc.net/haiderwatch/bio.html. Ferner der Aufsatz von Gerd Hollenstein: „Jugend in einer österreichischen Stadt: Haider, Schwarzenegger, Jelinek", in: Ausblicke 14, *Zeitschrift für österreichische Kultur und Sprache,* Zentrum für Österreichstudien, Nov. 2001, Jg. 7, H. 2, 7 ff.

18 Nicht alle Aspekte des Begriffes der Menschenwürde sind mit dem Konzept der Selbstachtung verzahnt. Es gibt Menschen, die keine moralischen Subjekte sind, weil sie aufgrund ihrer Entwicklung oder einer geistigen Behinderung in moralischen Fragen nicht selbst entscheiden können, sondern eines Stellvertreters bedürfen. Hierher zählen Säuglinge oder Alzheimer-Patienten. Für solche Menschen stellt sich das Problem der Selbstachtung nicht, wohl aber verfügen sie über menschliche Würde. Das schließt ein, dass sie nicht jener Menschenrechte beraubt werden dürfen, deren Inanspruchnahme auch in ihrem beschränkten persönlichen Zustand (als *moral patients*) gewährleistet sein muss, zum Beispiel das Recht auf körperliche Integrität und Schutz vor unnötigem Leiden.

19 Zur Rolle der Unpersönlichkeit moralischer Urteile im Kontext der Selbstachtung vgl. die Ausführungen des nächsten Abschnitts.

20 Vgl. *Dignity, Character, and Self-Respect,* hg. mit einer Einleitung v. Robin S. Dillon, New York / London 1994. Darin besonders die Beiträge von Thomas E. Hill, Jr.: „Servility and Self-Respect", 76 ff., sowie „Self-Respect Reconsidered", 117 ff.
21 „Onkel Tom" steht hier als – abschätziges – Synonym für „guter, gefügiger Sklave", was dem gleichnamigen tragischen Helden in Harriet Beecher-Stowes Roman *Uncle Tom's Cabin* (1852) natürlich nicht gerecht wird.
22 Zu den Details vgl. Thomas Nagel: *Das letzte Wort,* a. d. Engl. v. Joachim Schulte, Stuttgart 1999, bes. Kap. 6, „Ethik", 148 ff. Außerdem mein Buch *Gut in allen möglichen Welten. Der ethische Horizont,* 2., verbesserte Aufl., Paderborn 2008.
23 Dieses Ergebnis steht nur scheinbar in Widerspruch zur Konzeption der Pflichten gegen sich selbst, die davon ausgeht, dass *ich,* als Person, *mir selbst,* als moralischem Subjekt, *gegenüber* verpflichtet bin. Pflichten gegen sich selbst können, so lautet der Einwand, gar nicht anders formuliert werden als eben dadurch, dass, wer immer ich bin, *ich* es bin, der als *Bedingung der Pflicht* wesentlich in Erscheinung tritt. Das ist richtig und doch völlig falsch. Denn falls es objektive Werte und ein moralisches Sollen gibt, dessen Gegenstand jedes moralische Subjekt ausschließlich für sich selbst ist, dann bin ich die Bedingung des Sollens nur insofern, als jeder andere als moralisches Subjekt ebendiese Bedingung *auch* ist. Es handelt sich folglich, wird die Bedingung so formuliert, dass in ihr das Wörtchen „ich" oder eine seiner funktionalen Ableitungen („Pflichten gegen *mich* selbst") auftaucht, um eine generische Verwendungsweise des Personalpronomens der ersten Person: „Ich" bedeutet hier soviel wie „jedes moralische Subjekt, das verständig zu fragen imstande ist, was es sich selbst schuldig sei".
24 Kant: *Grundlegung zur Metaphysik der Sitten,* B 53 f. Vgl. dazu ausführlich mein Buch *Gut in allen möglichen Welten,* loc. cit. (s. Anm. 22), 110 ff.
25 Vgl. Philippa Foot: *Die Natur des Guten,* dt. v. Michael Reuter, Frankfurt a. M. 2004.
26 Ray Monk: *Wittgenstein. Das Handwerk des Geistes,* a. d. Engl. v. Hans Günter Holl u. Eberhard Rathgeb, Stuttgart 1992, 390 ff, die zitierte Stelle 392.
27 Zum Motiv des „Hinüberreichens in den anderen" vgl. mein Buch *Dunkle Gnade. Willkür und Wohlwollen,* München 2007, 55 ff.
28 Vgl. *Tractatus logico-philosophicus,* 6.41: „In der Welt ist alles wie es ist und geschieht alles wie es geschieht; es gibt *in* ihr keinen Wert – und wenn es ihn gäbe, so hätte er keinen Wert." 6.421: „Es ist klar, dass sich die Ethik nicht aussprechen lässt. Die Ethik ist transcendental."
29 Johann Sebastian Bach: *Ich habe genug,* Kantate BWV 82a. Darin heißt es – der Dichter des Textes ist anonym –: „Ich hab ihn erblickt, mein Glaube hat Jesum ans Herze gedrückt; / Nun wünsch ich noch heute mit Freuden von hinnen zu scheiden: / Ich habe genug!" Es geht hier darum, dass sich jemand in der Erfülltheit seines Glaubens und angesichts der Nöte des Lebens auf seinen Tod *freut.* Es ist gerade diese religiöse Freude, *Vorfreude,* die den Gedanken an ein selbstgesetztes Ende gar nicht erst aufkommen lässt. Die Vorfreude auf den eigenen Tod legt über das beschwerte Leben einen tiefen Glanz, den Glanz des Erfülltseins.
30 Ich übersetze den englischen Begriff „self-deprecator", der von Thomas E. Hill, Jr. (s. Anm. 20) verwendet wird, durch „Selbstbezichtiger". „Selbsterniedriger" käme

der Bedeutung des englischen Worts näher, würde sich jedoch von den Typen des guten Sklaven und der servilen Ehefrau zu wenig unterscheiden.
31 „Grundlegung zur Metaphysik der Sitten", BA 52. Zitiert nach Immanuel Kant: *Werkausgabe,* Bd. VII, hg. v. Wilhelm Weischedl, Frankfurt a. M. 1968, 51.
32 Und „die Götter" werden im Laufe des religiösen Rationalisierungsprozesses immer mehr zu dem einen Gott oder dem Göttlichen, in jedem Fall ethische Instanzen, denen die Eskapaden und Untugenden der Homerischen Götter unmöglich zuschreibbar sind. Gott oder das Göttliche bewegt sich entwicklungslogisch auf die Definition des Anselm von Canterbury zu: *aliquid quo nihil maius cogitari potest,* „etwas, über das hinaus nichts Größeres (Vollkommeneres) gedacht werden kann".
33 Yukio Mishima: *Patriotismus,* dt. v. Ulla Hengst u. Wulf Teichmann, Berlin (1987), 5.
34 Mishima, loc. cit., 49. – Freilich ist diese Ruhe eine literarische Stilisierung, der Mishimas eigenes Leben am allerwenigsten gerecht wurde. Mishima war eine narzisstische, von sich selbst besessene Persönlichkeit, dem Körperkult hingegeben, ein Popstar der Literatur, der auch seine politische Radikalisierung bis hin zum öffentlichen Selbstmord als Medienspektakel inszenierte.
35 Zitiert nach Immanuel Kant: *Werke in sechs Bänden,* hg. v. Wilhelm Weischedel, Bd. VI, „Schriften zur Ethik und Religionsphilosophie", Darmstadt 1983, 53 f.
36 George Edward Moore: *Principia Ethica,* a. d. Engl. übersetzt u. hg. v. Burkhard Wisser, Stuttgart 1970, 260.
37 Aurelius Augustinus: *Der freie Wille* [dt. v. Carl Johann Perl], 4. Aufl., Paderborn 1972, 123 f.
38 Charles Darwin: *Reise eines Naturforschers um die Welt,* a. d. Engl. v. J. Victor Carus, Frankfurt a. M. o. J., 56.
39 Patrick White: *The Aunt's Story,* London 1994 (EA 1948), 98.
40 Darwin: *Reise eines Naturforschers um die Welt* (s. Anm. 38), 65.
41 In jedem Fall mutet die Redeweise unbedacht an, wonach es mittlerweile empirisch bewiesen sei, dass mein Gehirn immer schon entschieden habe, was ich tun werde, bevor mir dessen Entscheidung *bewusst* wird. Was immer mein Gehirn „tut", es tut nichts in dem Sinne, in dem *ich* etwas tue, wenn ich mich, zumal aus Gründen, die ich als gute Gründe anerkenne, für etwas entscheide und danach handle.
42 Peter Strasser: *Gut in allen möglichen Welten* (s. Anm. 22), 215 ff.
43 Martin Kandor: *The Psychopathy of Everyday Life. How Antisocial Personality Disorder Affects All of Us,* Westport, Connecticut / London 2006.
44 Robert D. Hare: *Without Conscience. The Disturbing World of the Psychopaths Among Us,* New York / London 1993, 142 f.
45 Die Erwähnung Polens bezieht sich wohl auf die Zeit der kommunistischen Diktatur, die mit dem Zusammenbruch des europäischen Kommunismus 1989 endete, während Fidel Castros kommunistisches Regime in Kuba bis 2008 währte (mit unbestimmter Zukunft unter der Regentschaft seines Bruders Raúl).
46 Amin Maalouf: *Mörderische Identitäten,* a. d. Frz. v. Christian Hansen, Frankfurt a. M. 2000, 96.
47 Kazuo Ishiguro: *Was vom Tage übrigblieb,* a. d. Engl. v. Hermann Stiehl, Rheda-Wiedenbrück 1998; „Fibel", 1.

48 Ishiguro, loc. cit., 52 f. Dieselbe Überlegung findet sich zum Teil fast wortgleich auf S. 188.
49 Ishiguro, loc. cit., 216 f. Vgl. *The Remains of the Day*, London 1989, 205 f.
50 Ishiguro, loc. cit., 218.
51 Ishiguro, loc. cit., 218.
52 Ishiguro, loc cit. (1989), 207.
53 Ishiguro, loc. cit. (1998), 221.
54 Ishiguro, loc. cit., 222.
55 Bruce Mazlish: *The Fourth Discontinuity: The Co-Evolution of Humans and Machines,* New Haven / London, YUP, 1993.
56 Mazlish, loc. cit., 228. (Übersetzung von mir, P. S.)
57 La Mettries Werk *L'homme machine* erscheint zuerst anonym 1784. Skinners *Beyond Freedom and Dignity* wird 1971 publiziert.
58 Ich weiß nicht, ob der Begriff „Quasi-Spezies" biologisch einen guten Sinn ergibt. Andererseits: Es gibt gute Gründe, warum „Homo comboticus" als Terminus mehr einen kulturellen Wandel in der Selbstwahrnehmung des Menschen (so wie in Konsequenz Nr. 1 angegeben) als eine reale genetische Konstellation markiert.

M